MIGRANT CITY

Les Back / Shamsser Sinha

Charlynne Bryan / Vlad Baraku / Mardoche Yembi

ARIMOTO Takeshi / HIKICHI Yasuhiko / KAYANOKI Seigo

移民都市

レス・バック／シャムサー・シンハ

シャーリン・ブライアン

ヴラッド・バラク

マルドーシュ・イェンビ

有元健／挽地康彦／栢木清吾 訳

人文書院

MIGRANT CITY (Routledge Advances in Ethnography)
by Les Back and Shamser Sinha

Authorised translation from the English language edition published by Routledge,
a member of the Taylor & Francis Group

Japanese translation published by arrangement with Taylor & Francis Group
through The English Agency (Japan) Ltd.

アルヴィとクレン、そしてかれらの未来のために

目次

凡例

一、本書は Les Back and Shamser Sinha with Charlynne Bryan, Vlad Baraku and Mardoche Yembi, *Migrant City* (Routledge, 2018) の全訳である。

一、原文中、イタリック体で強調されている箇所には、文脈に応じて、傍点あるいは「 」を付した。

一、書名、雑誌名、新聞名、ウェブサイト名には『 』を、新聞・雑誌等の記事名、論文名には「 」を付した。

一、原文中の引用符は、「 」で示した。

一、引用文中の［ ］は原著者による補足、「……」は省略を示す。

一、〔 〕内は訳者による補足ないし注記である。

一、原文中の引用文については、可能なかぎり原典に当たり、引用文に誤記や遺漏を発見した場合は、適宜訂正の上で訳出した。

一、引用文に既訳がある場合も、訳者が英文から新たに訳出し、既訳書の該当頁数を併記した。

一、原書では各章末に記載されている参考文献一覧は、統合の上、巻末に記載した。その際、原書での間違いと思われる箇所も修正した。

一、読者の理解に資すると考え、訳者の判断で「 」を補った箇所がある。

一、原文中の明らかな間違いについては、訳者の判断で適宜訂正した。

図版一覧

移民都市

日本語版への序文——心からの社会学

Preface to the Japanese Edition - Sociology from the Heart

レス・バック、シャムサー・シンハ、
そしてシャーリン・ブライアンとマルドーシュ・イェンビ

アリ（Ali）の移民申請はわずか二〇分で却下されましたが、それを覆すのにかかった時間は一〇年でした。本書（第二章）で描かれるように、彼はアフガニスタンにおける命の危機から逃れ、ロンドンで未来を構築しようともがいてきました。アリはついに強制送還を恐れずに在留できるようになりました。彼の友人たちは帰国を命じられ、そのうちの何人かは殺されました。アリはもうあの場所に送り返されることはありません。英国の市民権を獲得してオーストラリアに暮らす母親と幼い姪たちに再会するという夢をかなえることが、ようやく現実味を帯びてきたのです。それが二〇一八年、本書の初版が出版された年のことでした。

時間がたつにつれ、過去と現在は異なった意味を持つようになります。社会学が「知る」ために用いてきた理論と調査方法を、まずブレグジットが、次いでCOVID-19が妨害し、一方で出入国管理制度《イミグレーション・システム》の暴力はますます残酷になりました。アリの環境は変わってしまいました。市民権の申請にかかる時間と費用、不親切な弁護士、ロックダウン下における自営の仕事の激減。これらは、自由に旅するために必要な英国パスポートを取得しようという彼の思いを砕いたのです。私たちがそれを知ったのは、二〇二一年四月に彼と再会した時でした。しかし私たちはすでにそれを知っていたともいえます。なぜなら私たちは二〇〇八年にいくつかのことを彼と取り決めていたからです。本当のところはっきりと計画を決めていたわけではないのですが、私たちはそのつながりを通じて心の社会学を培ってきました。それは今日も光を放ち続けていると思いますし、おそらく今日こそ、その光は必要に感じられます。

アリの姪たちはもう大きくなりました。彼女たちはアリを知らないし、アリもまた彼女たちを知りません。姪たちに会いたいという彼の切実な思いはすでに消え去っています。厳しさを増す出入国管理制度とそれに伴う申請費用は一種の暴力として彼にのしかかり、経過していく時間の重みと日々の生活の困窮によって、彼の夢は挫かれました。むしろ、ある程度そうした過去から解放されなければ、アリは現在を生きられないともいえます。しかし夢がすべて消えたわけではありません。母に会いたいという思いを彼はまだ持っています。しかしながらアリはもう英国パスポートはいらないと言います。当局は申請を処理するのに一九五〇ポンドを要求するのです――「これら膨大な請求書が来ていますので、いったん目を閉じて、来月に目を開けてください」と。英国市民権を初めて申請した際、役所のミスと非良心的な弁護士のせいで正しく処理が行われず、アリは二重に損害を被りました。二度目の申請にも同じく一九五〇ポンドかかるとは知る由もありませんでした。彼がそれを知ったのは、市民権取得の条件となっている屈辱的な「英国性テスト」を受けた後です。このテストで彼は、英語で一から十まで数えるように言われました。「ふざけるのもいい加減にしろ」とアリは言います。

・・・

本書『移民都市』の調査と執筆に私たちは長い時間を費やしました。これは、二一世紀初頭の激しい反移民感情が渦巻く時代にこの首都を生きる、若い移民たちの目から見たロンドンの物語です。私たちは二〇〇八年に調査を始め、それを終えたのが二〇一八年でした。これほどの時間がかかったのは、それがより社交的で継続的なあり方で調査を行う一つの実験だったからでもあります。かれらの物語が展開していくにつれて、私たちが直観的に感じたのは、この参加者たちはもはや単なる参加者ではなく、ある意味では著者にもなっているということでした。既存の著者ではなく、新たな意味での著者です。ある参加者は、私たちがいま「参与‐著者（participant-author）」と考えているものになりつつあったのです。

ある意味で本書は、調査過程における私たち研究者の権威を緩め、それを私たちがともに研究してきた移民の若者たちに開放する一つの実験でもありました。実際に著者あるいはコメンテーターとして認められ、名前を明記された参加者もいます。またアリのように、出入国管理制度による発覚や調査の危険を考慮して、そうできなかった参加者もいました。ひどい場合には帰国を強制される可能性があるからです。

本書の完成には一〇年もの時間がかかりましたが、その理由の一つは、私たちが対話と社交的社会学に深くコミットしたからです。私たちはできる限り、移民についてではなく、移民とともに研究しようとしてきました。そしてこの若者たちの人生は常に新たな展開を見せるため、私たちがそれまでに聞いたことを単に書き記すということで終われなかったのです。さらに私たちは、かれらについて書くのではなく、かれらと協働で書きたいと思いました。こうした入念な作業が続き、本書のような形に完結するまでかなりの時間を要したのです。

本書の執筆に一〇年かかったもう一つの理由は、ここロンドンで起きていることをあらためて理解するための時間が私たちに必要だったということです。ロンドンは、移民たちにとっては避難所でありチャンスの場所である一方、「後悔すべき多文化」を象徴する場所でもあり、それこそがイギリス全体の失敗だとみなされてきました。イギリスのEU離脱が可決されたブレグジット投票によって、私たちは一度立ち止まり、あらためて物事を理解しようと試みました。私たちは、現在のロンドンがいかに人々の移住によって成り立っているか、だが同時に、移民たちが自分自身のために築き上げてきたこの都市がいかに移民にとって敵対的な環境であるのかを示そうとしたのです。

二〇一八年の本書の出版から現在にいたるこの数年間もまた、非常に劇的で解釈しづらいものだといえます。COVID-19のパンデミックは、移民の経験と都市生活に新たな次元をもたらしました。そこで、私たちが物語を書き終えた地点と現在とのギャップを埋めるため、私たちは再度、自分たちの調査理念に則って、本書に登場した主要な人物の元へと向かったのです。しかしながら、かれらの声をあらためて聞く前に、私たちがこれまでどのように研究を行ってきたか、さらにそこでどのような分析と記述のスタイルを用いたかを記しておきましょう。

本書『移民都市』を書くことに関わった著者 - 参加者たちは、積極的な知識生産者として社会学的対話に加わってくれました。あなたがもうすぐその声を聞くことになるシャーリン・ブライアン（Charlynne Bryan）のように、著者として記名されたものもいます。かれらの人生は、単に社会学的な腹話術によって証拠として提示されるために利用されたのではありません。むしろ対話のプロセスを通じて、かれらは能動的な読者かつ解釈者となり、さらに理論構築にも貢献したのです。本書で示されるように、ある参加者にとってそれはまた、ストーリーテリングや絵画、詩といった手段によって、この都市の観察者・記録者になる旅路の一部となりました。私たちは本書を書くにあたって、多くのことを教えてくれた参加者を、質感のないインタビュー対象ではなく、丸みのある人間として描きたかったのです。もしある人物を切り詰めた引用に還元してしまうなら、人間的な観点からもその人生を単純化することになります。日々展開していく複雑な人生が圧縮され、平板なものへと書き起こされてしまうのです。私たちは別のやり方を求めました。それは、移民都市に生きるという日々の経験から生まれる鮮やかな洞察を創造することだったのです。

私たちがここで提唱している社交的な調査様式の多くは、あらかじめ計画されたものではありませんでした。こうしたアイデアを思いついたのは即興的でしたし、混乱のなかで見いだされたものもありました。私たちが感じたのは、人々はもっと語りたいのではないか、そして、私たちの質問には収まらないさまざまな物語を持っているのではないかということでした。だから私たちはやり方を変え、それが意味するものを見出し、そのことについて考えなければならなかった――いや、考えるというより、感じなければならなかったのです。書き起こしという社会学の道具では、私たちが感じたものを伝えることができませんでした。それがどう表現されたか、そこでのボディランゲージはどうだったかを見なければならないし、かれらの声を聞かなければならないのです。本書において、私たちは自分が感じたことに基づいて研究を進め、それによって移民に対する理解を深めることができました。本書で提示されているアイデアの多くは試行錯誤の末に辿り着いたものです。たとえば、線と糸で移民の人生の地図を美しく描いたデザイナーのレイチェル・マレーとの共同作業は、偶然の出会いが導いたものでした（第二章）。

私たちは分析プロジェクトを維持すると同時に、不利な状況に陥ったり、現実の暴力と危険に直面することもある人々の人生の感情的な質感に寄り添いたいと思いました。『移民都市』は頭と心を結びつけようとした社会学です。しかしおそらく何よりもそれは、心から書かれた社会学であって、個人的・社会学的・政治的に深く、長く結びついた友好関係と知的友情から生まれたものなのです。だから私たちはこの日本語版序文を書くにあたって、本書の中心部分を生み出してくれた何人かの参与者に再び話を聞くことがよいのではないかと考えたのです。

深刻なトラブルの只中でマルドーシュ（Mardoche）はなんとか成功を手に入れましたが、それは彼が忍耐力を、そしてある種の耳の傾け方を習得したからでした。そしてそれは、今日における「心からの社会学」にとって方法論的に重要なものだったのです。質的調査では、インタビューから記録、書き起こし、データ、分析へとスムーズに移行します。いずれの場面でも、オリジナルな会話に含まれる多感覚的な文脈は切り離されます。思考はますますその文脈から切り離され、私たちは心が「現場《フィールド》」から離れたままプラトンの洞窟に座り続けることになりますが、そうすることで、きれいで純粋な書き起こしのデータを手に入れるのです。しかし、二〇二一年の四月に再びマルドーシュと出会ったとき、彼のやり方は違っていました。かつて彼は、過去に戻ることもできず、未来に希望も見えず、そして現在の状況で生きていくことも難しいのではないか、と苦しんでいました。だがなんとか出口を見つけ出し、彼自身のやり方を身に付けて、困難を抱える若者たちを支える仕事をするようになりました。マルドーシュはそうした若者たちとハイキングに出かけるのです。若者たちが未来に希望を見出す手助けをするために、日差しの強い暑い日に、かれらと歩き、語り合う経験について、彼はこう語ってくれました。

マルドーシュ：俺たちがそこにいるときは、うーん、それはお互いを助け合うためにいる、っていう感じで。そしてあのー、何人か、誰かが挫折することがあって、でもそれは良いことなんだよね。なぜならもうそれに出会っているということだから。だからもうどこかに辿り着こうとしているわけで。それで十分なんだ。

（マルドーシュは要点を強調するために手を叩く）

だからつまり、もう壁にぶつかっていて、あとはその先に行こうとするか、あるいはやめてしまうかを決めるだけだから。だから良いんだよね……。

シャムサー：それが大事なんだよね。

マルドーシュ：それが大事なんだよ。

シャムサー：自分で決めたんだから。

マルドーシュ：あとはもう、どうするのかっていうことだから。

彼の実践は「心からの社会学」に向かういくつかの指針を示すものでした。それは、目の前にいる人々から受動的に話を聞き取り、その後はかれらから心を切り離して社会学者として自分の洞窟に引きこもるようなものではありません。そうではなく、一人の人間と一緒に歩き、かれらが望めば会話をするようなものでした。理解するためにともに歩くことは、社会学者が自分の知りたいことだけを対象者に尋ねようとするのとは大きく異なります。マルドーシュは人々の傷ついた心の壁を愛で乗り越えていきます。彼の実践において、知ることは存在の現前であって、消極的な不在ではないのです。

・・・

二〇二一年の夏、イースト・ロンドンにあるウェストフィールド・ショッピングセンターで私たちはシャーリンと再会しました。そこのコスタは、私たちがコーヒーとケーキを嗜みながらいつも話し合う場所でした。本書で描かれるように、彼女はイースト・ロンドン大学で学ぶために故郷のドミニカからロンドンへやってきました。シャーリンは言います。「ここに来てもう一四年よ！　どこにいたとしても一四年って長いでしょ。あと数年もすれば、カリブにいた時間よりロンドンにいる時間のほうが長くなるの。もうあと五年よ」。

父親がフランスの市民権を持っていたので、シャーリンはEU市民としてロンドンにやってきました。しかしブレグジット投票の結果、彼女は在留資格を内務省に申請しなければなりませんでした。「イギリスがEUから離脱したことは一大事だったの。出身地に送還されるんじゃないかって思ったんだから。移民にはそうしたことがよく起きるから。その時は、先がどうなるかわからなかった。だって、どこに送り返されるっていうの？　遠い昔に旅立っていまは何のつながりもないドミニカ？それとも、市民権はあるけど一度も住んだことがないフランス？」

シャーリンは「英国定住資格のパイロットプログラム」を通じてイギリスの永住権を申請しました。彼女が正規雇用の教員であるにもかかわらず、内務省は二年間にわたって聞き取りを行い、ロンドンに住んでいる証明書を提出するように求めました。それは不安を駆り立てるものでしたが、シャーリンは居住地を証明する書類を見つけてそれを送付しました。当初は若干の混乱がありましたが、最終的に彼女は定住資格を与えられました。シャーリンは COVID-19 の世界的パンデミックが移民都市に与えた影響について次のように語ります。「私はいつもこの国が移民たちで成り立っているという事実から考え始めるの。このパンデミックでそれが一層明らかになった。国民保健サービスの職員や教員といった最前線の労働者の中にはたくさんの移民がいるんだから」。公共サービスだけではありません。レストランが閉まると、ロンドン市民が飢えないよう移民労働者たちがUber Eatsで食事を運びました。また、パンデミック下でもエスニックマイノリティが経営する何千もの小売りスーパーマーケットは在庫も切らさず開いていたため、ロンドン全域で人々は徒歩圏内で食品を買うことができました。

パンデミック下において、ロンドンの移民労働者たちは極度の物理的・精神的プレッシャーに晒されていました。ヤスミン・グナラトナムは「医者が死ぬとき」という論考において、移民の出自をもつ医療従事者が医療を提供する際に危険に晒され、実際に命を落としていると指摘しています。二〇二〇年三月、国民保健サービスの医師が初めてコロナウイルスで命を落としましたが、その三人――アディル・エル・タイヤー、ハビブ・ザイディ、エル・ハウラニ――はすべて移民の出自でした。また、英国医療協会で発行された最近の論文では、ほぼすべての項目でエスニックマイノリティ集団、とりわけ黒人と南アジア系が最悪の結果になっていることが示されました。あるマイノリティ・コミュニティの死亡率は、白人イギリス人の三倍から四倍になっています。[1]

社会的孤立と「ロックダウン」は、移民コミュニティにおいてより深刻に経験されるとシャーリンは言います。「自分の経験からしか言えないんだけど、それでも私は他の移民の人たちともつながっているから。他の場所から来た人たちね。コロンビアとか、メキシコ。セントルシアから来た人も知ってる。ブルガリアやポーランド出身の人も知ってる。パンデミックで最も辛いことの一つは、ロンドンみたいな場所に私のように家族と離れて一人で住んでいると、不安が襲ってきたときに本当に辛いの。誰に頼っていいかわからなくて。パンデミックが始まる当初、私はとても苦しかった。仕事に行くとき、私は車が運転できないから電車を使ってた。でも、ある朝電車に乗って、そして降りたときに、急にこう思ったの。もしこれがパンデミックになったら、仕事を続けられるかどうかわからないって。そのとき胸が苦しくなって、息ができないくらいだった。でも幸運なことに私の周りには、そして職場にもそれを理解してくれる人がいて、すごく仲の良い同僚の一人が毎日私を車で迎えに来て、職場まで送ってくれることになったの。本当に彼女の善意からそう提案してくれた。だから、コミュニティの中につながりを持つと、どんなネガティブなことが起きてもそれを和らげてくれるっていうことね。みんなわかってるように、事実私たちは人間として、人間を必要とするの。誰も孤島にはなれないの」。

このパンデミックは法的な在留資格を持たずに暮らしている移民たちに「また別の不安」を与えたとシャーリンは言います。「もし法的な資格を持っていなかったら、かかりつけ医を持つこともできないだろうし、COVID-19 にかかっても必要な治療を受けることができないかもしれないでしょ？　病院に行って「私はこのように具合が悪くて……」なんて言うこともできない。だって、正式な書類

1　Iqbal, S. 'COVID-19: how infectious disease exposes the racism within our healthcare system', 15th September, 2020　British Society for Antimocrobial Chemotheraphy https://bsac.org.uk/covid-19-how-infectious-disease-exposes-the-deadly-racism-at-the-heart-of-our-healthcare/

を見せるように言われるかもしれないし、一体それをどうやって説明すればいいの？「いや、持っていないんです」って言うの？ たとえ在留資格がないことを説明して治療を受けたとしても、さらに不安が募るの。「あの人が誰かに報告するかもしれないから、逃げ出さなければならないんじゃないか？」ってね。いつもそうなの。二つのことを同時に考えなければならない。健康面での安全を優先するか、それとも現状のまま暮らせることの安全面を優先するかって」。パンデミック下のロンドンにおいて、国家による移民の監視や拘束、管理は一層強化されたのです。

マジョリティの白人と比較して、エスニックマイノリティのコミュニティではCOVID-19による死亡率が非常に高くなっています。社会的な不平等は健康面での不平等を生み出したのです。黒人やエスニックマイノリティのコミュニティ出身の人々は、ウイルス感染の割合が高い過密な居住環境に暮らす傾向があります。これは貧しい居住環境のためですが、さらに何世代もが同居することにも関係しているかもしれません。

一般開業医のシエマ・イクバル医師は二〇二〇年九月にそれを次のようにまとめました。「移民と有色人の人々はパンデミック下においてこの国を支えたし、現在もそうである。この国に存在する構造的かつ制度的な人種差別と不平等をはっきりと問題視し、その原因究明に取り組むべきである。私たちはもう本当に目を覚ますべきなのだ」[2]。

シャーリンにとって、このパニックから深く学んだことの一つは、感染の可能性といつ死ぬかわからないという恐怖のなかで、いかに生きていくかということでした。彼女は言います。「もしかしたら死ぬかもしれないってみんな思ってた。だからみんなが死についてずっと考えてたと思う。

COVIDによって、私たちはずっと生きられるわけじゃない、人生には終わりがある、って思い知らされたの。そしてそれがいつ来るかわからない、いつでもその可能性があるって」。それは彼女に、こうした現実のなかでいかに生きるべきかについての道徳的・哲学的問いを投げかけました。多くの人々にとってそれは、他者に対するひどい恐怖心や嫌悪感となって表れました。シャーリンはこう説明します。「多くの人は、「ああ、だったら最善を尽くしてできるだけ良い人生にしなきゃ」とはならなかったの。むしろ、「誰もが私のこの人生を脅かしたり、私に死をもたらす可能性があると疑おう」という感じだった」。

COVID-19は他者への恐怖を増幅させました。人々が街で交流するあり方をパンデミックがいかに変えたかについて、シャーリンはあるエピソードを語ってくれました。「仕事に行くのにマイルエンド駅を歩いていて、そのとき咳をしたの。パンデミックの初めの頃で、みんな誰もまだマスクをしていなかった。でも一人の男性が顔を押さえてプラットフォームを走り出したの。私が咳をしたから」。そしてパンデミックは移住が原因であるという考えが、移民たちがロンドンでかねてより経験してきた「敵対的な環境」に拍車をかけたのです。

いまシャーリンには強い思いがあります。それは、より良い、より寛容な人生を送ることです。彼女は本研究のために詩を書いてくれ、それは本書にも収録されていますが、パンデミックのなかで新たな詩集『私の心への手紙』を出版しました。シャーリンはこの状況下でも、彼女がイースト・ロ

---

2 Razai M S, Kankam H K N, Majeed A, Esmail A, Williams D R. 'Mitigating ethnic disparities in covid-19 and beyond' BMJ 2021; 372 https://www.bmj.com/content/372/bmj.m4921

ンドンで行っている詩の会を続けました。「私がやっている詩の会はオンラインで行うことにしたの。コロンビアやジャマイカ、トリニダード、あとはバングラディッシュ出身の人たちがみんな集まって、自分たちの書いた詩を共有したり、COVID-19によってどんな影響があったかとか、こうなればいいのにということ、またこの状態がこの先の人生ずっと当たり前になるのかどうかについて話し合った。人々がすごく孤立しているなかでさえ、そうやってコミュニティがちゃんとあるのがわかるのは本当に素晴らしいの」。パンデミック下で死の影を感じながらも、シャーリンはいかに孤立と恐怖を乗り越えるか、そしてより良い人生を送るために、いかに人々のつながりとコミュニティを選択すればよいかを教えてくれたのです。

移民都市でこのパンデミックを生きた経験は、シャーリンに大きな誇りを与えました。「私はあまり一般化するのは好きじゃないけど、私のような人について考えると……私のような人っていうのは、一般的な移民のこと……たとえばカリブ系やヨーロッパ系、あるいはアフリカ系の移民ね。私たち移民は物事がうまくいかないときになんとかそれをうまくいかせることができるの。それが移民コミュニティについていつも私が驚くことの一つ。つまり……たとえば移民たちが何も持っていない状況に置かれても、そこで魔法のようにゼロから何かを生み出すの。もし不法滞在で働けないとなっても、どうにかして家族を養うお金を稼いでくるし、パンデミックみたいな厳しい状況でも、そこから何かを生み出して、それに負けないようにするの。ほら、このパンデミックではっきりとわかったのは、私たちはいろいろな面で必要とされているし、いろいろな面で貢献できるということ。それは私にとって素晴らしいことなの。わかるでしょう。だから私は、私のような移民の人々を本当に誇りに思うの」。

・・・

私たちは本書を日本の読者に届けてくれる三人の翻訳者、有元健、栢木清吾、挽地康彦に感謝します。彼らの情熱と労力、繊細な作業は、刺激的かつ美しい贈り物です。三人がこの翻訳のために寄与してくれた時間を本当にありがたく思うし、それはもう一つの愛の作業なのです。

読者の皆さんには本書を楽しんでもらえればと思います。そして、本書の内容と日本の状況との違いを吟味してください。私たちはシャーリンに日本の読者に何かメッセージはないかと尋ねました。彼女は少し考えてこう言いました。「日本の読者に言いたいのは……この本を読んで、そこで語られている言葉を読んでください。それは移民都市ロンドンに生きる実際の人間の声なんです。そして、移民であるとはどういうことなのかを、他の誰かから聞くのではなくて、移民であるかれらの視点から理解しようとしてください」。

移動する世代

Introduction: A generation on the move

そもそもの初めから、ロンドンは人々とモノの国際的な流動によって形成された都市だった。そこは世界の諸文化が一か所に集められ、結びつき、堆積していく場所なのだ。かつて帝国の中心であったロンドンは、いまやグローバル資本主義の回路における主要な連絡地点であり分岐点である。チーズ・グレーターやガーキン、ウォーキー・トーキー、シャードといった名称の超高層ビルが並ぶ眺望には、世界のなかでロンドンが占める位置が視覚的に示されている。それらはまるで、情報とマネーのグローバルな回路に接続されたプラグのようである。早朝の薄明りのなか、若い移民労働者たちがこれらの金融の聖堂を掃除しメンテナンスをする。かれらはこの都市を機能させるための目立たない仕事をしているのだ。スーツを着た通勤中のビジネスマンが朝のコーヒーを買い、高層階のオフィスへ向かう電車に乗り込み、携帯をチェックして仕事を始めるずいぶん前にこれらの仕事は終わっている。とはいえ、そのコーヒーを淹れているのはポーランドやルーマニア出身のバリスタであることもしばしばだ。ロンドンの朝の鉄道駅におけるコーヒーの香り。それは、この高級化《ジェントリファイ》された都市の目覚めを告げるものだ。だが身だしなみを整えたこのビジネスマンの多くもまた移民であり、通勤中に携帯でチェックしているのはアクラやミラノに住む親類のことであったりする。

　ロンドンのこの慌ただしく表現しがたいシティスケープは、さまざまな政治的関心によって流用されてきた。この首都は、「その文化を失い」解体されつつある世界として表象されることもあれば、コスモポリタンな超多様性《スーパー・ダイバーシティ》という魅惑によって熱狂的に賛えられることもある。住宅不足から病院の長い待ち時間にいたるまで、「移民」はすべての社会的病理の原因を表す抽象的記号となっているが、若い移民たちがどのように考え感じているかはめったに聞かれることはないし、公共的関心の外に投げ出されたままである。英国の移民都市としてのロンドンは、明確なコントラストのある場所である。そこは住むことなど考えずただ投資の対象として百万ポンドの物件を買い上げるグローバル・エリートや、ケンジントンの特権階級のホームである。その一方で、そこからわずかの通りを隔てたところには、放置された狭苦しい公営住宅《カウンシル・エステイト》に戦争や貧困から脱出してきた世界中の避難者が住んでいる。本書は、三〇人の青年移民の目から見た今日のロンドンの物語を記録するものである。その背景はさまざまであるが、それでもかれらは、この困難で不安定な時代に、なんとかこの矛盾に満ちた都市を自分たちのホームにしてきたのである。

　五〇年以上前にルース・グラスは次のように述べた――「この都市はもはや〝帝国の中心〞ではなく、いまや〝コモンウェルス（英連邦）の首都〞だともいえない。そして、かつての帝国のつけはまだ清算されておらず、新たなコミットがなされなければならない。ロンドンではこのことがすべて目に見える」(Glass 1964: xxvii)。過去と現在のあいだの清算は、今日のロンドンの生活リズムにはっきりと表れている。ほとんどのロンドン市民は何事においても待つことができないのだ。たとえばユーストン駅での切符の発券や、注文したコーヒーの到着に時間がかかったりすることでさえも。ロンドンは我慢を忘れた都市であり、いつも成り行きで動き続けている都市なのだ。しかしながら、何千もの人々が合法的に働くことを禁じられたまま、ここに留まっている。他の者たちが活発に駆け抜けていく一方で、移民たちは内務省《ホーム・オフィス》が在留資格申請を処理してくれるのをひっそりと待っている。人生が進んでいくなかでのこうした不平等な時間の経験もまた、この移民都市の一側面なのだ。

こうした人々の運命を握っているのは、出入国管理制度を執行している、クロイドンにあるルナー・ハウスと呼ばれるまた別の高層ビルである。二一世紀の初頭、そこには人々の長蛇の列ができ、ウィットギフト・センターに買い物に向かう人々の目からそれを隠すために内務省がついたてを立てたほどである。今日、警備員から出入国審査官まで、ルナー・ハウスに入っていく労働者はその訪問者と同じぐらい多様な出自である。月の家という名前に相応しく、ビザの申請や庇護申請をしに行く人々のほとんどが、この場所を冷たく、荒れ果てた、歓迎されない場所だと感じている。

二〇一三年、国連は「かつてないほど多くの人々が外国で暮らしている」と報告した。国連によれば二億三二〇〇万人、すなわち世界人口の三・二%が国際的な移民であるという。二〇〇〇年には一億七五〇〇万人、一九九〇年では一億五四〇〇万人であった(United Nations Department of Economic and Social Affairs 2014a: 1)。これら移民のほぼ三人に一人は二〇歳から三四歳の青年で、国連の推計によればすべての国際的移民の二八%、およそ六五〇〇万人を数える。また推計によればそのうちの六〇%

が男性で四〇%が女性である（United Nations Department of Economic and Social Affairs 2014b: 1)。本書『移民都市』はこうした移動する若者たちの経験について書かれたものだ。かれらは、この世界的に移動する世代の人生の機会《チャンス》を階層化し序列づける都市において、分断と制約に直面しているのである。

今日移動の経験とは、空路や陸路、海路で安価に旅することが可能になったということにまったくとどまらない。私たちは携帯やパソコンを通じて「スクリーン上で」生き、そして自分の最も親密な瞬間を世界中のイベントや、他の場所で暮らす親類・恋人に結びつけている（Madianou and Miller 2012)。いまや若いという経験は、このかつてない移動性と接続性《コネクテッドネス》とともに生きるということである。その結果、リサ・アドキンスとセリア・ルーリーが指摘するように、私たちは「新たに調整された現実、すなわち開かれ、プロセスのうちにあり、非線形的で、常に移動している現実」を取り扱っているのだ（Adkins and Lury 2009: 16)。しかしながら私たちはこの接続性が人々のあいだの分断を減少させてはいないと論じる。むしろ、思いのままに移動できる人々と、移動の能力を妨げられ、取り締まられ、（移民政策の偽善的な言葉を使えば）「管理《マネージ》される」人々とのあいだには、明確な区別が存在するのだ。私たちはこれを分断された接続性《ディバイデッド・コネクテッドネス》と呼ぼうと思う。

本書で論じていく議論は、分断された接続性の経験がとりわけ若者たちにとって矛盾を孕み、困難を伴うものであるということだ。というのもそれは機会と束縛の両方を結びつけるからである。接続性という開口部によって、若者たちは自分たちの期待を再定義し、何が「普通であるか」の枠組みを押し開く可能性を得る一方で、同時にかれらには新たな制約や制限がのしかかるのだ。本書はこうした矛盾をめぐるものである。本書はロンドンに暮らし、自由と制限のこうした結びつきに囚われてきた三〇人の若者たちとの対話から書かれたものだ。本研究では、本名を使用し、自分自身の人生と物語の所有者になりたいと考える参加者もいた。また、そうでない場合には私たちはかれらの人生の詳細に変更を加えた。それら参加者の匿名性を守り、移民管理の諸機構からさらなる監視を受けないようにするためである。

本書『移民都市』において私たち著者は、移民をめぐる議論についての一般的な見方や定型的なイメージとは大きく異なるこうした経験を記述する方法を探究した。ニュース報道はまったくお決まりのイメージを不用意にリサイクルする。溢れんばかりの人々が乗り込んで沈みそうになるボート、有刺鉄線のフェンスの向こう側に閉じ込められた顔、砂浜に打ち上げられた子どもの死体といったものだ。本書にはボートの写真はないし、悲しくも故郷からの離脱を余儀なくされた人々の哀れな姿も含まれていない。マルティン・ルーサー・キング・Jrは、哀れみ《ピティ》は距離を取ることだといった。彼はこう述べている——「哀れみとは誰かを気の毒に思うことである。共感《エンパシー》とは誰かとともに残念がることである。共感は仲間の感情《フェロー・フィーリング》である……」(King 1967: 119 = 1968: 108)。調査を行い、本書を書くことを通じて私たちがなそうとしたことは、「仲間の感情」を獲得すること、この移民都市において決して目立つことはない人々の人生の肖像を描くことだった。

移民の苦しみを見世物的に描くことは、ほとんどの場合痛ましい同情を導いてしまう。移民や難民の物語は餌となりリベラル派の良心をつつく。〝私たち〟が状況をよりよく理解するために、かれらの苦境というトラウマ・悲劇が掘り出されるのだ。その惨事は安全な距離に保たれ、遠くから哀れに思われる。私たちが提示したいのはそれとは異なった描き方である。移民たちが直面する日常的な課題への注目を通じて、近いものと離れたものとの溝を架橋するようなものだ。私たちはかれらの経験を読者にとって理解できるものにしたいし、読者へと近づけたいのである——ストラトフォード・ブロードウェイ行きの二五番バスであなたの隣に座る乗客と同じほど近くへ。移民都市としてのロンドンの物語はまた、この場所におけるビジネスの関与と別の場所での経済的搾取を含んでいる。ロンドンは鉱物関連産業への投資について世界最大のセンターである。グローバル・サウスを中心とした天然資源の採掘と利用に関わる数百の企業や会社が、ロンドン中心部に点在している。ロンドン市民はポートマン・スクエアやロイヤル・エクスチェンジにあるそうした企業の前を通り過ぎていくが、これらの無害で優雅なビルのなかで行われている企業活動には鉱物関連の貿易が含まれており、それがフィリピンのような場所で壊滅的な社会的・環境的損失を生み出しているとは知らない。私たちは、こうした結びつきの目録を作成することが、たとえばなぜフィリピン人移民がロンドンにやってくるのかを、さらにはいかにして二一世紀における移民論争のスケールを再考すべきかを理解しようとするための、重要な方法だと考える。

庇護申請者《アサイラム・シーカー》の表象に関する研究において、イモージェン・タイラーは、まさに繰り返し「庇護申請者の姿を一つの脅威として構築すること」を通じて社会的な切り捨てのプロセスが機能すると論じる（Tyler 2006: 191）。スティグマ的イメージは質的な戯画化としてだけでなく、文字通り計算と列挙を通じても構築される。ジャーナリストや政治家は単純に移民の数が多すぎると抗議する。二〇一一年九月一八日木曜日の『デイリー・エクスプレス』紙は、「英国には四〇〇万人の移民がいる。どうりで仕事がなくなるわけだ」という見出しを掲げた。イギリスは干ばつの水のように機会も資源も乏しい場所として描かれる。対照的に移民はまた別の水にまつわる比喩で表象される。新聞の見出しは繰り返し移民の「洪水」や「潮流」を語り、余所者によって「沈められる」という切迫した脅威を伝えるのだ。

タイラーは、左派やリベラル派の評論家もまた特定のやり方で庇護申請者の姿を描くという。彼女によれば、人道主義者や文化理論家、哲学者などは、難民という状態を抽象的アナロジーとして用いるというのだ。これはまた別の重要な制約を導いている。庇護申請者というより移民全般に関してであるが、『ニューヨーク・タイムズ』紙の外交問題のコラムニスト、トム・L・フリードマンはその一例である。ここのところずっとフリードマンは、経済成長を刺激するために移民の規制緩和を支持してきた。二〇一一年九月に彼はＩＢＭのシンク・フォーラムでプレゼンテーションを行ったが、そこで彼は、移民という人物像の特徴は普遍的な経済的修正を表象しうると主張した。彼は次のように述べた。

> 皆さん、私たちはみな新たな移民なのです。私たちはこの高度に接続《ハイパー・コネクテッド》された世界における新たな移民なのです。この新たな移民はどのように思考するでしょうか？　かれらは一日の始まりにこういいます――「私に借りはない。この世界で私に借りはない。ＩＢＭにも、ハーバードにも、州立大学にも、私が借りを返さなければならないような場所はない。私は自分がどんな世界にいるのか、どこにチャンスがあるのかを理解し、そして隣のやつよりも絶対に一生懸命働かねばならない。私は新たな移民であり、ここに借りはないのだ」、と。私たちはみな、新たな移民なのです。[1]

フリードマンがこのように新自由主義経済と移民推進のレトリックを結びつけることには興味深い点が多々ある。だが強調したいのは、「私たちはみな移民である」という普遍化された語り口は、私たちが本書で描く実際の分断された接続性の経験を排除し抹消するということだ。制約や制限もまたフリードマンがいう高度に接続された世界の一特徴であるにもかかわらず、それらが視野から除外されるのである。タイラーは次のように述べる——「アナロジーや一般化、抽象化によって、耳を傾けることや翻訳が失われてしまうならば……、そうした説明がまさに拠り所にしたはずの人々の苦しみ、そしてその身体が忘れ去られてしまうのだ」(Tyler 2006: 199-200)。このような意味で、本書『移民都市』は、対話、耳を傾けること、そして翻訳にそれぞれ深くコミットすることから生まれたものである。私たちは用語の正確性を主張するジョーンズら (Jones *et al.* 2017) に同意し、移民とは「ある国から別の国に一時的、もしくは永続的に移動した」人であると定義する (Jones *et al.* 2017: xvi)。嫌悪の意味合いが込められた「不法移民」という表現には、過去のナチスからその現代の模倣である右派のポピュリズム運動まで、人々を熱狂に巻き込むプロジェクトの主題である人間性の否定の痕跡が含まれている。ニコラス・デ・ジェノヴァが論じるように、「非正規《アンドキュメンテッド》の移民の〝不法性〟については何も事実がない」のであり、むしろそれは法や政治の働きによって積極的に生産されるものなのだ (De Genova 2002: 439)。移民の移動は、公式文書によるもの、ビザによる入国資格を伴ったもの、そしていまや制限なしに英国に出入国できるEU市民としての自由な移動といった規則通りのものもあれば、規則通りでなかったり正式書類がなかったりすることもある。移動の理由はさまざまであるが、「根拠ある迫害の恐怖」が原因となっているものもある。そうしたケースでは、一九五一年の難民条約に基づいて難民として庇護を求めるために、市民権のある母国から脱出せざるを得なくなるわけだ。

本書の執筆において私たち著者はより協働的な調査方法を実験的に取り入れようとした。私たちはそれぞれ別の場所からこの調査へと関わることになった。レスは白人イングランド人としてサウス・ロンドンに生まれ、「サウス・ロンドン市民《シティズン》」の一員としてルナー・ハウスで内務省の管理下にある移民たちの経験を調査していたが、それが本書の執筆へと導くきっかけであった（Back, Farrell and Vandermass 2005 を参照）。インド系イギリス人のシャムサーは特にイースト・ロンドンにおいて若者支援活動とコミュニティ活動を通じて若い移民たちの支援にずっと携わってきた。彼は調査者としてそのプロジェクトで働き、本書で用いられる初期の資料を収集した。私たちはまた本書を書くにあたり、以下のページにおいてその人生が描かれる人々と長期間にわたって作業をともにした。かれらの人生の起伏を、そして政治的に非常に不安定で有害な時代を、ともに旅したといってもよい。人生の断片を提供してくれた参加者もいたが、多くの参加者とはほぼ一〇年の付き合いになる。ラシター（2005）は、調査者は参加者の肩越しに読むのではなく参加者の傍らで読むべきだと述べるが、それは私たち筆者のエートスをいい当てたものだ。私たちの理解は参加者によって異議を受けることもあったし、それによって豊かにもなった。

本書は、意図的に束の間の瞬間を選び、そこから得られた深い洞察をまとめたものである。バッキ

1　IBMシンク・フォーラムにおけるトム・L・フリードマンのプレゼンテーションは以下で閲覧可能である。www.youtube.com/watch?v=0hHFpS8-WIs.（最終閲覧二〇一七年八月一五日）

ンガム宮殿の前で撮られたドロシー（Dorothy）の観光写真、アフリカン・クイーン（African Queen）による日々の生活のスケッチ、入管での出入国審査官との遭遇について書かれたシャーリンの詩、などである。これらの断片から私たちは多文化的ロンドンの日常生活が当たり前のものであることを伝えたいし、同時に、監視や嫌悪、国境管理によってそうした日常生活が脅威に晒されていることを示したい。この時代において、トム・L・フリードマンがいうように私たちは「みな移民」なのではなく、むしろ私たちはみなますます「出入国審査官」になりつつある。国境の管理と取り締まりの技術は、教員や医師、家主、雇用主、さらには隣人に課されようとしているのだから。後ほど論じるように、移民たち自身もまた、ブリジット・アンダーソンのいう「価値のコミュニティ」を定義するそうした分断の技術に引き込まれている（Anderson 2013）。そこでは「ふさわしい市民・良い市民」と「ふさわしくない市民・非‐市民」とが区別され、「良い移民」は受け入れる一方で同時に大多数の移民を貶めるといった、今日の反移民感情の複雑性が生み出されている。

　私たちは調査に参加してくれそうな人に、この研究は若い移民たちがどのような人生を送っているか、あるいはどのような人生を送りたいかに関するものだと説明した。またどうすればそれができたりできなかったりするのか、その結果としてかれらが何を行い、あるいは何ができそうにないと感じたのかを調査するものである、と。さらに私たちが探究したかったのは、新たな形の人種主義が生まれているのか、生まれているとすればどのようにしてか、ということであった。この説明はそれ自体が簡単ではなかったが、参加者との率直な関係をつくるには不可欠なものであった。その後私たちは参加者と、何をどのように分析するかを一緒に考える前に、かれらの移住の経験と現在の状況について語り合った。そこでは今後のミーティングのために参加者や調査者が何を持ち寄り、記録するかの話し合いも行われた。私たちの調査テーマを深掘りするために、参加者はその作業を引き受け、あるいは同意された計画を採用してくれた。それから私たちは参加者と何度かミーティングを重ね、持ち寄られた資料について話し合い、アイデアと分析を交換しながら、さらなる資料の収集につなげていった。こうした調査プロセスにおいては、参加者とのフィールドワークと研究者のみが行う批判的思考による分析とを切り離すような、フィールドワークと分析の二分法はなかば壊れていたといえる。

もともとこの調査は、EU MARGINSというEUの大きなプロジェクトの一部として、二〇〇八年から二〇一一年に7th Frameworkから資金提供を受けて行われたものである。私たちはヨーロッパ七か国を比較するための部分的調査として三〇人の参加者を募集し、シャムサーはそのプロジェクトのフルタイム研究員として二年半働いていた。ただ参加者は直ちに集められなければならず、いつも急かされているような感覚だった。こうした大きなプロジェクトの特徴の一つだが、調査を行っているとまさに調査競争のようで、いつも次の「ワーク・パッケージ」の最終ラインに到着するよう急かされているように感じるのだ。

シャムサーは九人の参加者をすぐに集め、レスは自分の人脈から一人追加したが、残りの二〇人を集めるという難題について話し合わなければならなかった。その会話のなかでシャムサーがはっきりさせようとしたのが、私たちはどのような種類の人を探しているのか、ということだった。レスはただ、「興味深い人たちかな」とあまり役に立たない返答をした。シャムサーはその言葉にあきれる前に、それがどんな意味を持ちうるかを考えた。誰が「興味深い」かなど前もって知ることは不可能である。私たちは調査を特定のグループや、移住をめぐる特定の経験に絞りたくなく、多岐にわたる経験を聞き取りたかったたし、またロンドンへの個々の旅について調査したかった。そうしてシャムサーが探したのは、異なる場所の出身で、ロンドンでは違ったことをしており、それぞれ個々の理由から別々のビザ／道のりでやってきた人々だった。ときには偶然の出会いがきっかけで参加してくれた者もいたし、シャムサーがイースト・ロンドン大学で教えたかつての学生もいた。一人の参加者はイースト・ロンドンのレイトンストーンにある彼のお気に入りのカフェで働いていた。私たちはまたロンドンの移民支援組織、特にプラクシス・コミュニティ・プロジェクトを通じて参加者を募った。いまや伝統的な質的手法であるスノーボール・サンプリングを使って私たちは参加者を集めたのである。

このプロジェクトを完結するのにずいぶん時間がかかった理由の一つは、当初の資金提供付きの調査があまりにも作業を急かしたことに対する反動ではないかと思う。最終的に私たちは、その資金提供の期限を過ぎてもこの調査を無提供で継続していくことを決めた（Fangen, Johansson and Hammerén 2012を参照）。私たちはEU MARGINSプロジェクトが終了してもなお、長期にわたって参加者と対話を続けた。リンダ・トゥヒワイ・スミスはなぜこうしたことが重要であるかを次のようにまとめている。「知識を共有すること」は、「情報をばら撒く」ことと反対に、「長期間の関わり」を必要とする、と（Smith 2012: 16）。それには時間がかかるし、深く、継続的で、協働的な対話が必要なのである。

本書のなかで示されるように、私たちが出会った移民たちは驚くべき出来事を語ってくれた。わずか三〇人ではあるが、私たちはかれらから非常に多くを学ぶことになった。それは社会科学的な意味で統計学上の一般化はできないかもしれないが、それでもなお注目すべきものだったのだ。これをどのように説明できるのだろうか？　私たちがこのような興味深い人々を見つけたのは単なる幸運で、統計学的な例外なのだろうか？　それとも、若い移民たちがとりわけ驚くべき経験をしていると説明できるのだろうか？　ジョーンズらが指摘しているように、移民をめぐる理想化された議論にある思い込みの一つは、「移民たちは〝普通〟であることを許されず、〝例外的なもの《エクストラオーディナリー》〟でなければならない」ということだ（Jones *et al.* 2017: 153）。あるいはこうも考えられる。かれらに正しく耳を傾け、協働する方法を見いだすことによって、驚くべきことであると同時にかれらにとっては普通のことが現われ始める、と。そして私たちはおそらくそうであったと考えている。私たちの協働のあり方が、継続的な熟考と洞察を促進し、それを育むことを通じて、調査結果に違いを生み出したのである。

　このプロジェクトのなかで参加者と行った対話からいくつかの主要なテーマが現われたが、本書の構成はそれをもとにしている。第一章「モバイルな生、移動する国境」は近年のロンドンの移民の歴史を、ポストコロニアルな歴史、いまも続く軍事紛争やいわゆる「テロとの戦い」の影響、そしてついには二〇一六年の国民投票とその結果としてのＥＵ離脱を導くことになったヨーロッパの移民問題のなかに文脈づけようとするものだ。私たちはまたロンドンの多様性が、政治的に対照的な意味合いで捉えられていることを論じる。さらに移民管理と監視がいかに公務員や家主、雇用主といった幅広い人々へと「内部委託」され、また私企業に「外部委託」されると同時に、一連の情報技術に「媒介」されているのかが示されるだろう。第二章「あなたたちがそこにいるから、私たちがここにいる」では、移民をめぐる議論のスケールを修正し、ロンドンの帝国の歴史とグローバルな結びつきにもっと注目する必要があると論じられる。英国における移民論争は「現在主義《プレゼンティズム》」と「偏狭主義《パロキアリズム》」という二つの制約に囚われている。私たちは調査参加者の多様な背景と移住の道のりを紹介することでこうした制約に対抗し、ロンドンが外の世界と関わってきたまた別の歴史の痕跡が、かれらの人生のなかにいかに刻まれているかを示そうと思う。そしてまた、正当とみなされる移動形態と不法とみなされるそれとは、カーンズとリード＝ヘンリーが「地理的な運」と呼ぶ、生まれの偶然にいかに左右されるものであるかを論じる（Kearns and Reid-Henry 2009）。

第三章「ボートでやってきた新参者《フレッシー》」では、若い移民たちの経験のなかで帰属の分断とヒエラルキーがどのように現われてきたかを探究し、私たちが「移民の問題系《マイグランシー・プロブレマティック》」と呼ぶものの限界について考える（Gilroy 2004）。この章では参加者の説明を通じて、現代の人種主義の形態がいかに多様性をフィルターにかけ、階層化・序列化しているのかについて理解を深めていきたい。フランツ・ファノンの作品（Fanon 1980＝2008, 1986＝2020）を参照しながら、私たちはこうしたヒエラルキーが――それは移民が自分たち自身を見る見方も構造化するのだが――人種主義とその社会的重み（と私たちは呼ぶ）との遺産から生まれたものであることを論じる。私たちの現在の状況が複雑である理由の一つは、イギリス人であることについて一定の文化的多様性が認められうる一方で、同時に、新たな外国人もしくは「新参者」との関係で堅固で敵意のある境界線が引かれることにある。

第四章「待つこと、デッドタイム、より自由な生」では、移住を理解するためには将来に向けて展開していく生のなかの時間の経験を把握する必要があることを考えていく。帰属のヒエラルキーにはまた移民たちの時間に対する関係の序列がともなうことが論じられる。特に私たちが注目するのは待つという経験である。それは移民都市において拘束衣のように人生を束縛し、その人生を決定づけるようになるのだ。参加者の経験を通じて私たちは、出入国管理制度のなかで生み出される時間的な拘束衣あるいは時間の落とし穴の分析を展開する。私たちが示すのは、本研究の参加者たちが「生を吹き込む《ヴァイタライジング》戦略」を発達させることでこうした制約から自由を獲得しようとしていることだ。それを通じてかれらは、自分たちの人生が「捕えられている」という感覚に縛られる死んだ時間（デッドタイム）から脱出できるのである。

第五章と第六章は、いかに若い移民たちの生がロンドンという地域に置かれながらも同時に国境を越えたつながりを持ち、グローバルな規模で生きられているかを論じるものである。第五章「国境をまたいで生きる」ではこうしたつながりがどのように新たな経験を生み出しているのかに焦点を合わせるが、それは、自己、アイデンティティというレッテル、社会という三者の関係をめぐる私たちの考え方に再考を迫るものとなる。私たちは若い移民たちに貼り付けられるレッテルや、かれらがいつも耐え忍ばなければならない出自についての質問だけでなく、ハイフンのついたアイデンティティや文化的混淆性といった概念をめぐる学術的な先入観についても考察する。かれらの経験を通じて、可動的でますますグローバル化する生のあり方とその複雑性を私たちはよりよく理解することができるだろう。これは次のようなシャーリンの言葉によって端的に示されている――「私は自分のかけらをいろんな場所に置いてきたし、私が住んできたいろんな場所のかけらが私のなかにあるの」。

第六章「人種主義の廃墟の只中にある多文化的コンヴィヴィアリティ」で論じられるのは、参加者たちがどのようにしてロンドンを自分のホームにしているのかである。私たちが明らかにするのは、不寛容を退けること、あるいはジー・ジー（Zee Zee）のいう「憎しみを心に抱く」ことへの拒否が、コンヴィヴィアルな多文化を形成する資源・道具になるということである（Gilroy 2004）。参加者たちの人生には、どのようにすれば多文化的生活がうまくいくかを教えてくれる日常的な美徳への洞察が含まれている。これらの経験が多文化的コンヴィヴィアリティを理論化する基礎として用いられ、それは人種主義や都市の分断の只中でさえ、さまざまな背景を架橋する共生の文化がどのように作り出されるかを示してくれる。

第七章は本書全体の結論をまとめ、移民たちの人生に注意深く耳を傾けることによって学べることの重要性を論じている。ここで私たちは自分たちの議論を、（私たちのいう）反移民感情の時代の激化の中に位置づけようと試み（Massey and Sánchez 2010）、そして、二〇一五年の「移民危機」と翌二〇一六年のEU離脱へのブレグジット投票が若い移民たちからどのように見られていたのかを論じる。私たちはまた反移民感情の通俗的な語り口を批判的に考察し、「ホスト社会」の自尊的なコミットが、いかに私たちのいう国民的利己主義のなかで移民の議論を形成しているかを明らかにする。そして最後にこの調査に参加してくれたかれらが今日ロンドンの未来をどのように見据えているかを記すことで章を閉じる。

「おわりに——別のやり方で民族誌《エスノグラフィー》を書くこと」では、より協働的なやり方で民族誌を書くという私たちの実験について考察している。いくつかの古典的な人類学のテキストに立ち返りながら、私たちは民族誌が一人で孤独に文化生活を記述するような作業である必要はないと主張する。反植民地やポスト植民地の作品、そしてフェミニストの作品を通じて、私たちは社交的な調査モデルの必要性を示し、民族誌がすぐれて協働的な執筆の手法と形態として再構成されうることを提案したい。

私たちがこうして協働的民族誌にコミットしたことは予期せぬ結果をもたらした。それはどういうことかというと、あたかも本書が完成することに抗っているかのような気がするのである。常に変わり続けている物語をどうしたら終わらせることができるだろうか？　あるいは、私たちの傍らで常に進化し続ける経験をいかに描くことができるのだろうか？　私たちがこの民族誌をこのようなやり方で行ったということは、ほとんどそれを終わらせることができないということを意味するわけだ。本書執筆の最終段階では、私たちが書きとめた言葉が諸々の政治的な出来事によって絶えず追い越されていくように思われた。原稿に最後の修正を加えたとき、その最新の文章でさえすぐに削除され別の表現を使うべきであるような感じがしたのだ。これには二つの理由がある。一つには、この協働的作業を尊重し、参加者が自身の人生の作者になるために、私たちは何度も原稿を参加者に渡したからである。そうして注釈が加えられ、修正がなされ、推薦すべき参考文献が追加された。かれらは私たちに読むべき文献を示唆してくれ、より優れた議論を構築するように導いてくれた。ときとしてそれはまるで、参加者たちが博士論文の指導教官の役割を演じているような感じだった。もう一つの理由は、この一〇年間これら三〇人の参加者を取り巻く世界があまりにも激しく変化し、かれらをめぐって生じていると思われる出来事を正確に確定することが困難だったということである。

私たちはこのプロジェクトを二〇〇八年の世界的金融危機の直後に開始したが、その後移民政策は強化され、望まれない移民を拘留、規制、管理、および追放することが目指されるようになった。さらに最近では、二〇一五年のいわゆる「移民危機」と二〇一六年夏の投票によるブレグジットという文脈に、私たちの分析を位置づける必要性が生じた。移民をめぐる議論は移り変わりが激しいために分析を深めるのが難しく、この不確実性のためになかなか最終的な結論を（あるいは一時的な結論でさえ）出すのがためらわれた。問題が私たちの前から逃げていくように感じたのはいつものことであった。したがって本書はおそらく、印刷機から出てくる瞬間に時代遅れのものになっているだろう。本書はいままさに完成されたけれども、私たちはそれが現代的であることを望んでいるわけではないのである。

第一章

モバイルな生、移動する国境

Mobile lives, moving borders

はじめに――「ＵＫＢＡからのメッセージを受信しました」

二〇〇九年、本研究の参加者の一人であるクリスチャン（Christian）は、内務省内にある英国国境局（ＵＫＢＡ）から、ある連絡を受けた。それは、彼の在留許可が失効したため、いつ出国する予定なのか、その詳細を求める内容であった。彼は、帰国することになった、とフェイスブックで友人に伝えた。そして旅程を決め、フライトを予約し、期日通りにＵＫＢＡに連絡した。

クリスチャンは空港に向かい、イギリスを離れる準備を整えた。頭上のコンパートメントに荷物を収納し終えたとき、ポケットの中で携帯電話が振動するのを感じた。彼は離陸に備えて座席に腰を下ろし、携帯電話の電源を切る前に新しいメッセージを確認した。驚いたことに、それはＵＫＢＡからのメッセージだった――「快適な旅をお楽しみください」。自分の審査を行ってきたイギリス入国管理官らのその丁重さは、どうにも受け入れがたいものだった。

このクリスチャンの逸話は、国境管理と分断メカニズムの新たなリアリティを象徴的に表している。在留者を取り締り追跡する技術は、移民たちと同じように可動的になり、学校教員から医療従事者に至るまで多くの公務員を国境がらみの仕事に関わらせている。ニラ・ユヴァル＝デイヴィス、ジョジー・ウェミス、キャサリン・キャシディら（Yuval-Davis, Wemyss and Cassidy 2017）は、これを「日常生活の国境化《エブリディ・ボーダリング》」と呼んでいる。高度に接続された世界では、移動の規制はこれまで以上に複雑に、そして技術的に洗練されたものになっている。メッサードラとニールソンが指摘するように、国境は「世界を構成する機能」を果たし、私たちが世界を認識する方法を形作っている。彼らはまた、「ホスト社会」内部に国境がらみの仕事が拡散することで、移民たちが経験する時間と差別的な包摂に対していかなる影響を及ぼすかについても教えてくれている（Mezzadra and Nielson 2013: 6-7）。「在留許可証」を持たない非正規滞在の移民たちは、都市生活の匿名性のなかにまぎれ、気づかれずに生活を送ろうとするだろう。在留許可を申請したり、庇護を申請したりすることは、移民の就労範囲が制限されることを意味すると同時に、公的な資金援助を受ける手立てがないか、もしくは最小限しか受けられないことを意味する。移民に課せられるこうした措置は、さまざまな形でマージナル化を制度化する。また、移民たちは不安感に苛まれながら生活しなければならないが、その不安感はポケットのなかの携帯電話によって増幅されるのである。

モバイル世代を地図化する

一九七五年、ジョン・バージャーとジャン・モアは、ヨーロッパの移民労働者に関する歴史的研究書、『第七の男』(*A Seventh Man*)を出版した。多くの点で本書は、バージャーらが提起したいくつもの重要テーマを二一世紀の文脈のなかで再検討しようとするものである。バージャーとモアが調査を行った時点では、ヨーロッパにいる男性の七人に一人が移民であり、その一人がヨーロッパの資本主義が求める安価な非熟練労働者の予備軍であったと二人は見ていた。低開発の農村部から都会部へと引き寄せられたこうした移民たちは、工場や鉱山、屠殺場で人々が敬遠する非熟練の肉体労働に従事し、必要がなくなったと判断されれば切り捨てられる不安定な仕事に就いていた。写真と言葉を用いて、バージャーとモアは、罠にかけられ、封じ込まれる移民たちの状況を痛烈に描写している。たとえば、彼らはイスタンブールの就職斡旋センターを描いているが、そこでは「ガストアルバイター」(ゲストワーカー)として旧西ドイツへの入国資格を得るために、男性たちが一列に並ばせられ、裸にされ、屈辱的な医学的検査を受けさせられている(Berger and Mohr 1975: 48-49=2024: 52-53を参照)。

『第七の男』が語るのは、同書を通じて「彼」としか呼ばれることのない一人の元型《アーキタイプ》的な移民の物語である。同書を評したハワード・S・ベッカーは、モアの写真とバージャーの文章が魅力的なのは、それらが合わさることで、「個別的でありながら一般的でもあり、抽象的でありながら具体的でもある」という「特異な一般論」を生み出しているからだと指摘する。「そこでは、抽象的な物語のなかに血肉の通った人間の生があると信じさせることができる」(Becker 2002: 11)。本書もこれと同様の特質を捉えることを目指しており、一つの元型を取り出すことはしないが、三〇名のそれぞれに異なった個別の生に着目しながら、一般性を備えた議論を行っていくつもりだ。バージャーとモアが記述した内容に比べて、二一世紀の文脈がどのように異なっているかを考える上でも、彼らの歴史研究は参考になる。

『第七の男』には、代表的な移動のパターンを示す地図が収められている(図1・1参照)。この地図は、重要な人口移動を複数のベクトルで表している。彼らは、イギリスを除くヨーロッパには一一〇〇万人の男性移住労働者がいたと推定し、フランスや北欧へ移住したイタリア人やスペイン人の労働者、トルコやギリシャからドイツへ移住してきた「ゲストワーカー」など、北方への大規模な移動という意識が捉えられている。また、アルジェリアなどの北アフリカ地域から南フランスを経由して北上している植民地市民の移動や、(この地図からは外れているが)カリブ海地域のイギリス植民地から大西洋を越えて英国に移動している様子も描かれている。イギリス諸島内では、アイルランドからの移民がイギリス本島での職を求めて移動していた。スペインやイタリアなどのヨーロッパ南部に移民が入ってくるのはもっと後の時代のことだが、地中海地域の内部には、数世紀にわたって複雑な形態の文化の相互交流が存在していたことがうかがえる。

この地図が描かれたのは、一九八九年にベルリンの壁が崩れ、(一九九一年に)ソビエト連邦が解体する前のことである。今日この地図を見たときに印象的に映る特徴の一つは、東西間の移動が見られないことである。それはウィンストン・チャーチルが「鉄のカーテン」と呼んだものによって遮断されていた。バージャーとモアの地図が偏狭的なものに見えるという点も、今日の世界と比べたときに印象的に映る特徴である。ヨーロッパだけを「枠取り」、世界の他の地域から切り離されているからだ。

地形を完全に捉えることができていないという意味では、あらゆる地図は失敗作である。移住の地図は、たとえそれが批判的な意図を持って描かれたとしても、結局は軍事的な侵攻図と似通ったものになってしまう。シヴァム・ヴィジ（Vij 2012）が述べるように、私たちの心理は、国民を人ではなく地図として捉えるように訓練されている。イアン・チェンバースが、「地図（map）」という言葉は「モノを包み、一纏めにして持ち運ぶための」布を指すアラビア語に由来すると指摘したのも、この点である（Chambers 2008: 50）。どれほど入念に描かれた地図であろうとも、そこから事物や人間は抜け落ちてしまう。過去四〇年の間に人の移動の規模は根本的に変化してきたため、移動の地図は描き直される必要がある（Castles, De Hass and Miller 2014: 105＝2011: 127 参照）。

若者たちはどのように移住を経験しているのか。その複雑さを把握するためには、移住自体についての理解を脱‐地方化しなければならない、というのが私たちの主な主張の一つである。そのためには、ドリーン・マッシーが「グローバルな場所感覚」（Massey 1991）と呼んだ

図 1.1　ジョン・バージャーとジャン・モアによる『第七の男』（Granta, 1975）当時の移民のパターン

ものが必要となる。よく知られた言葉だが、デヴィッド・ハーヴェイが述べたように、「時空間の圧縮」によって現代社会はいっそう相互の接続性が高まり、人間をより移動しやすく、空間をより近接的なものにしたからだ（Harvey 1990: 240＝1999: 364）。

たとえば、西インド諸島からイギリスまで四九二人の植民地住民を運んだＳＳエンパイア・ウィンドラッシュ号の歴史的な航海は、二二日間を要した。一九四八年六月二二日に彼らがティルベリー・ドックに到着したことは、イギリスが多文化社会となる過程の重要な瞬間を象徴していた（Phillips and Phillips 1998）。西インド諸島出身の多くの労働者たちが海路を選択したのは、片道二八ポンド一一シリングと安く済んだからである。他方、ジャマイカから空路を使えば、七五ポンドと三倍近い費用がかかった。エンパイア・ウィンドラッシュ号は時速約一五マイルで航行したが、今日では四六〇〇マイルのジャマイカ発の旅はジェット機でわずか九時間しかかからない。空の旅が可能にした高速移動の驚異は、今日では当たり前のことになってしまっている。

今日における旅行と相互接続の速度は、デジタル時代のソーシャル・メディアや携帯電話を介した即時的なコミュニケーションによっても拍車がかかっている。バージャーとモアの研究に収められている逸話は、一九七〇年代の移民たちの窮状が現在のそれとは非常に異なっていたことを端的に示している。一九七〇年代、ポルトガルからの移民たちは出発前に撮影した自分の写真を半分に破り、片方を「ガイド」に渡し、もう片方を自分で持っていた（Berger and Mohr 1975: 44-45＝2024: 48-49）。この写真は目的地に到着した証拠として扱われ、彼らはフランスに辿り着くと、その片方をポルトガルにいる家族のもとへ送った。密航斡旋業者に一年分の給料に相当する三五〇ドルを支払うことで、この引き裂かれた写真は確かな渡航を約束するサインとなったのだ。それに対して、今日ではクリスチャンの逸話が示すように、「帰国するよ」とフェイスブックでメッセージを送信するだけで事足りてしまう。今日の移民たちにとって、通信の速さには、密航の斡旋で利益をむさぼる悪徳業者から自分の身を守ってくれる側面があるのかもしれない。

縮小する世界という通俗的なイメージは、グローバルな移動が一部の人間だけに開かれた選択肢に過ぎないという事実を覆い隠している。本研究の参加者の多くは、ロンドンに来るのに空路を利用していた。たしかに飛行機は移住の可能性を著しく増大させてきた交通手段ではあるが、国境警備やその管理に利用される出入国管理のネットワークをますます精緻なものにしてきた側面もある。一方、ロンドンを目指す旅は高速移動の経験ばかりでなく、迂回を繰り返す長い旅であった事例も、私たちの調査のなかでいくつも見られた。たとえば、あるアフガニスタン出身の若い参加者はロンドンまでの旅に二年を要したが、ロンドンで彼が行った庇護申請は二〇分足らずであっさりと却下された。他の参加者のなかには、短いフライトと鉄道や車での長い陸路の旅を組み合わせ、ときにはトラックの荷台に忍び込んで国境検査をすり抜けた者もいた。こうした旅には大抵多額の費用が必要となり、私たちが知りえた事例では、アルバニアや中国といったさまざまな場所からイギリスに入国する際には、五〇〇〇ポンドから一万ポンドの手数料が密航を請け負う業者に支払われている。

国連の推計によれば、ヨーロッパに暮らす男性の移民は二〇一三年までに三五〇〇万人に達した（UN Department of Economic and Social Affairs 2014c）。しかし、人のフローに関してバージャーとモアが研究を行った頃から大きく変った点の一つは、ヨーロッパへ渡る女性の移民の割合である。一九七〇年代にバージャーとモアが推計したヨーロッパの女性移民はわずか二〇〇万人だったが、それ以降、その割合は飛躍的に増大し、いまではおよそ三三〇〇万人にまで膨らんでいる（UN Department of Economic and Social Affairs 2014c）。たしかに、製造業が労働者予備軍を呼び寄せるのではなく、安価な労働力を求めて生産拠点が移っていくにつれて移民たちが担う仕事の性質も変化し、移住労働がより増大していったという側面もある。後述するように、留学生の移動もまた、人のフローに人口動態的な変化をもたらした重要な要因であり、男性労働者という移民の支配的なイメージを揺さぶっている。このモバイル世代には、ジェンダー化された多様な経験が見られることも、私たちの研究で裏づけられた側面の一つである。

　ここでは、現代の移住のパターンを理解するために、個別的だが相互に連関する三つの歴史的・地政学的文脈のなかにそれを位置づけたいと考えている。第一は、イギリスのポストコロニアル状況という契機である。現代の移住を理解するには帝国が残した未解決の遺産が現在に執拗な影響を及ぼし続けていることを理解しなければならない、というのが私たちの主張である。過去二〇年の間に、移住についての議論はかつてのイギリス帝国が残した遺産から徐々に切り離されてきた。そのため、幅広い政治的な見識をもった政治家やジャーナリストらが、人種主義と反移民感情のあいだにいかなる関連性も認めず、平然と拒否するまでになっている。その結果、イギリスにおける人種主義の遺産は、歴史の遺物として過去に葬られるか、完全に否認されるかのいずれかになっている。旧植民地とのあいだの帝国的な関係は、イギリスへの移住の流れを大きく方向づけていた。旧植民地出身の人々がイギリスにやってきたとき、かれらは「移民」としてではなく、イギリス帝国の臣民か、もしくは後にコモンウェルスとなる市民として旅してきた。このような人のフローのパターンはいまでは揺らいできており、終焉を迎えつつある。だが、そうした移住市民の人生の変容を形作ってきた人種主義の遺産は消え去ったわけではなく、単にその形態を変化させただけであると私たちは考えている。そのため、国際移動はさらに異質で複雑なものとなっているが、それは依然として、イギリス帝国の過去に根ざす人種主義の遺産に取り憑かれていることに変わりはない（Gilroy 2004）。

二〇世紀を通じて帝国的なつながりは、旧宗主国と帝国の後背地とのあいだで国際的な移住のパターンをつなぐ主要な水路となってきた。ジョージ・オーウェルが一九三九年に指摘したように、「我々がいつも忘れてしまうのは、イギリスのプロレタリアートの圧倒的な大部分がイギリスではなく、アジアとアフリカに住んでいるということである」（Orwell 1968[1939]: 437）。そして「その結果として、植民地化した者と植民地化された者の歴史が絡み合い、かれらの文化的地理が重なり合うようになる」とエドワード・サイードは『文化と帝国主義』で述べる（Said 1993＝1998/2001）。イギリスでは帝国との関係が規定していた移民のパターンが終わりを迎えようとしている。サイードの言葉を借りれば、現代の移民政策は、かつての植民地との結びつきを切断し、ポストコロニアルな文化的風景を分離・解体しようとしているのである。このことは、長年にわたってイギリスとのあいだに家族的なつながりやポストコロニアルなつながりを保ってきたが、現在は入国を拒まれている若者たちに深刻な困難をもたらしているのだ。

現在三〇代になったナナ（Nana）の体験が、こうした変化の影響を如実に物語っている。彼の母親はロンドンで暮らしており、彼の父親や妹、三人のおじと二人のおばもロンドンにいる。彼の母親は、妊娠してからの最初の七か月間はナナを身ごもったままロンドンで生活していた。ナナの母親は、ガーナで彼を産みたいと考えていた。当時、彼女はファッションを学んでおり、彼女が学業を終えられるようにとナナの祖母がナナの養育を買って出たが、ナナの母は彼がガーナで教育を受けることを望んでいた。彼女はイギリス市民であり、一人のおじを除くと、ナナの親族は皆イギリスの永住者である。その意味で、彼の家族史は、イギリスとガーナの「重なり合った歴史」と「絡み合った領土」を例証している（Said 1993＝1998/2001）。ナナは九歳のときにイギリスに一年半滞在して、イースト・ロンドンの学校に通っていた。その後、彼は訪問ビザでイギリスに戻り、市民権の取得を試みてきたが、今でも申請が認可されるのを待っている。彼は公的な給付や国からの手当を全く受けることができず、長期にわたって家族や妻に経済面で依存していた。「僕は正当な手続きを踏みたいんです。何事も法律にそって行いたいのですが、システム全体によって非合法なものの方に追い詰められるんです。当局の人たちに言いたいですね。僕が何者であれ、こういう僕をつくったのはあなたたちだって」。公式には「超過滞在者」であっても、彼は「れっきとしたイギリス人」だと自認している。

一九八一年の移民法により、イギリスで生まれた子どもは出生地主義（jus soli）——つまり、その土地で生まれたという事実——の原則にしたがって、イギリスの市民権と永住権が自動的に与えられている。他方、イギリスの外で生まれた子どもの場合は、イギリスに一〇年間住み続けた後でしか市民権を取得することができない。

ナナは出生する三か月前からイギリスを離れたために、自動的に取得できたはずの地位を逃すことになった。また、彼の両親はコモンウェルス市民であったため、彼は血統主義（jus sanguinis）に基づく市民権（血統または子孫による市民権）を得る資格もなかった。彼が市民権から締め出されたことは、旧植民地からの移住のパターンを法律という手段を用いて体系的に差し止めてきた、帝国解体後の環境変化がもたらした帰結のひとつである。ナナはこの状況を次のような言葉で要約している。「かつてイギリスに植民地化された地域からやってきた人たちは、いま、このロンドンのなかで注意深く監視されています。……旧植民地との関係はいま、ＥＵとの関係よりも弱くなってるよ」。もっとも、ナナの話はイギリスがＥＵ離脱を決議する二〇一六年の夏から劇的に変化することになるのだが、後の章で見るように、ナナ自身のロンドンでの立場も時間の経過とともに変化することになる。

二つ目の地政学的な文脈は次のようなものだ。イギリスのＥＵへの政治的統合は、国境管理と移民受け入れに関する議論を一変させてきた。ＥＵとヨーロッパ諸国間の移民政策の協調路線は、ヨーロッパ外との重要な境界区分を変更させただけでなく、移民の動態をも変容させたのだ。ポストコロニアル・フェミニズムの理論家であるアヴターー・ブラーは、一九九〇年代にこの変化を予測して、次のように述べていた。「新生ヨーロッパは、利害が競合する不安定な複合体になる可能性が高いだろう。現在の経済的、政治的な不確実性は、人種主義と外国人嫌悪を成長させ、それらとナショナリズム的想像力とが節合する肥沃な土壌を提供している」(Brah 1993: 26)、と。反移民の政治的レトリックの高まりは、英国独立党（ＵＫＩＰ）のような政党に利用され、同党は政治的に無名な存在から、二〇一四年の欧州議会選挙において最多の票数（二七・四九％）を獲得するまでに台頭した。ＵＫＩＰはナイジェル・ファラージの指導のもとで、人種主義であるとの非難を再三にわたって否定し、「常識」を擁護しながら、移民反対の議論を牽引していった。ジョーンズら（Jones *et al.* 2017: 150-153）が移民受け入れの政治に関する見事な研究で示したように、右翼政治家たち（ジェームズ・ブロケンシャーのような閣外大臣《ミニスター・オブ・ステイト》を含む）は「普通の人々」に訴えかけることで、「大都市エリート」に裏切られ、望まれない余所者たちに生活を脅かされてきた、声なき多数派という意識を呼び起こしている。

ＥＵ域内の移動の自由に関する議論は、いくつかの重要な問題を提起していた。まず、この文脈における「移民」への関心は、文字通りの移民ではなくＥＵ市民に、つまりビザや労働許可証を必要とせずに合法的に居住する人々に焦点を合わせていた。つぎに、「ＥＵ移民」の増加は、少なくとも表面的には、移民が人種的にどのようにコード化されてきたのかという見方を狂わせていた。アイルランド人コミュニティのように、数多くの「白人移民」グループの例は以前から存在したが、多数のＥＵ市民がイギリスにやってくるという傾向は、移住を人種化するパターンに変化をもたらすきっかけとなったのである。しかし、これから論じるように、これは完全な断絶を意味するものではなく、人種主義によって確立された帰属のヒエラルキーは、新たな状況に適応するということである。ブレグジット投票と二〇一六年にイギリスが出したＥＵ離脱の決断の影響で、こうしたＥＵ市民は再び正式な移民となるのかもしれない。

三つ目として、「テロとの戦い」とイラク、アフガニスタン、シリア、その他の南側の途上国《グローバル・サウス》における軍事行動の継続は、とりわけヨーロッパにおける憎悪と憤りの表現に影響を与えている。テロリズムと安全保障への懸念は、移民を疑惑と敵意の対象にしている。これは時に、リベラルなジェンダー観やヨーロッパの寛容さを擁護するものとして正当化されることもある（Barber 2003＝2004, Butler 2008＝2012）。

過去二〇年は、イギリス史上おそらく最も移民が集中した時期であった。イングランドとウェールズにおける外国生まれの人口は、一九七一年には三一〇万人であったが、二〇年の間にゆっくりと増加し、一九九一年には三六二万五〇〇〇人までになった。その後の二〇年間で外国生まれの人口はほぼ倍増し、二〇一一年の国勢調査では七五〇万人に達した。この移住には庇護希望者や難民も含まれているが、そうした人々は大抵、アフガニスタンやイラクなど近年イギリスが戦争を行った地域の出身である。またEUの拡大により、加盟八か国（A8諸国）に加え、中東欧のA10諸国も含まれるようになっている。二〇一一年の国勢調査によれば、EUのパスポートを持つ二五〇万人がイングランドとウェールズに住んでいる。オックスフォード大学の「移民観測所」は、一九九三年には約三八〇万人だったイギリスの外国生まれの人口が、二〇一四年には八三〇万人を超えるまでに増加したとまとめている（Rienzo and Vargas-Silva 2016）。

以上の三つの時勢は、イギリスの移民問題をめぐって政治的不安が高まる背景となっている。二〇一〇年一月一〇日、保守党党首のデヴィッド・キャメロンはBBCの番組『アンドルー・マー・ショー』で次のように述べた。「私たちは、純移民数〔入国した移民の数から出国した移民の数を引いた純増数〕が一〇万単位ではなく、万単位になればと思っているのです。私はそれが非現実的だとは思いません」。二〇一〇年の総選挙後に政権の座についたキャメロン連立政権は、入国者数を制限し、在留許可をもたない人々を国外退去させる施策の実施に着手した。新労働党時代の歴代政権が移民数、とりわけEUからの移民数をあまりに少なく見積もっていたという政治的見解が各政党の路線の違いを越えて一致を得ていた。反移民の姿勢がとられていたにもかかわらず、近年までEUからの移民はイギリスに惹かれ続けていたのである。二〇一六年の国民投票を受けて、この傾向に変化の兆しが見え始めている。国家統計局が二〇一七年夏に発表した数字によれば、長期滞在の国際移民の純増数（二〇一七年三月時点で二四万六千人と推定）は前年比八万一〇〇〇人減となっている（Office of National Statistics 2017）。この変化の半分以上はＥＵ市民の移動によるもので、イギリスへの移住が五万一〇〇〇人減少し、イギリスからの移住が三万三〇〇〇人増加したのだ。

ヨーロッパでは「移民（the immigrant）」という人物イメージが、道徳的・政治的な懸念を示す重要な象徴となっているが、移動の最中に不安定な生活を送りがちな若者にとって、それが何を意味するのかについてはほとんど知られていない。こうした動きは、経済的な不確実性と反移民感情のもとで若い移民に対する態度が冷淡になる状況を出み出すと私たちは主張する。ヨーロッパは、ダグラス・マッシーとマガリー・サンチェスが言うところの「反移民の時代」を生きているのだ（Massey and Sánchez 2010）。

本研究は、帝国の中心都市であり、ポスト工業都市であり、ネオリベラルな資本主義の「グラウンド・ゼロ」と称されるロンドンに焦点を当てるものだ。かつてはテムズ川を大動脈とするイギリス帝国の海運の中心地であったロンドンは、巨大な港湾施設と大規模な工業生産を誇っていた。ディック・ホッブスによれば、戦後ロンドンにおける工業経済の衰退は、その都市の社会生活における歴史的に重要な分断をともなっていた。コンテナ輸送が始まったことで、ロンドンの港湾地域のコミュニティでは一九六六年から一九七六年の間に約一五万人分の雇用が失われ、同時期に、ロンドンの材木業や家具製造業、衣料産業や履物産業の雇用も大幅に縮小した。こうした経済的変化は労働者階級の生活のモラルエコノミーを一変させた。旧来の居住区域に取り残された人々がいた一方で、郊外や都市周辺の後背地に移り住んだ人々は、地域によっては人口変動率が三〇％にも達するような移り変わりの激しい、地縁の切れた世界のなかで暮らすことを余儀なくされた。ホッブスはこう鋭く結論づけている。「こうした変化によってもたらされた損害は、……グローバル資本主義の所産であることに疑いの余地はない」（Hobbs 2013: 234）、と。ロンドンのニューエコノミーは、金融、サービス産業、知識経済と結びついていたが、これらのセクターでは、真新しい商業施設の清掃作業員、地元のコーヒーショップでカプチーノを提供する従業員、ロンドンのエリート層の住宅を装飾し改装する労働者など、非熟練で低賃金の仕事に就く労働力を必要としており、その種の仕事に従事した人々の多くにとって、それらは自らの学歴や資格、職務経験に見合った仕事ではなかった。

その新たな金融経済とともに、ロンドンの人口は急成長した。二〇一一年現在のロンドンの人口は八〇〇万人に上る。外国生まれの居住者は総人口の三七％を占め、約三〇〇万人を数える。誰を移民として数えるのか、これは大きな論争の的である。「外国生まれ（foreign-born）」という概念を移民の指標として使用することに問題がないわけではない。たとえば、外国生まれの人々は、イギリス国籍の両親のあいだに外国で生まれた子供かもしれないし、「外国籍住民（foreign nationals）」の中にはロンドンに何十年も住んでいる人もいれば、一年しか住んでいない人もいる。外国生まれの人の中には出入国管理の対象になる人もいれば、そうでない人もいる。たとえば、欧州市民、もしくは欧州経済領域（ＥＥＡ）の市民は、公的な議論では「移住者（migrants）」と見なされることが多いが、公式には入国管理の対象ではないため、厳密に言えば「移民（immigrants）」ではない。

表 1.2 ロンドンの人口変動における主な側面（Census 2001 and 2011, ONS. Usual resident population）

	2001	2011	変化（%）
通常居住人口の合計	7,172,091	8,173,941	+14%
英国生まれの居住人口	5,229,187	5,175,677	−1%
英国外生まれの居住人口	1,942,904	2,998,264	+54%
地域人口に占める英国外生まれの割合	27.1%	36.7%	+35.4%
イングランドとウェールズで生まれた非英国人の割合	41.8%	40%	−4.3%
英国以外のパスポートを所持する者		1,714,606	
地域人口に占める英国以外のパスポート所持者の割合		20.9%	

以上のような留保を踏まえなければならないが、二〇一一年の国勢調査はこの大都市の人口構成において、考察を要するいくつかの変化があることを示している（Krausova and Vargas-Silva 2013）。二〇〇一年から二〇一一年までに、同都市の総人口は一〇〇万人増加した。増加率は一四％になる。他方、イギリス生まれの人口はこの間に約五万人（一％）減少している。したがって、ロンドンの人口増加は、端的に外国生まれの人口のみの増加によるものであり、二〇一一年までの増加分は一〇五万五三六〇人に上る（表1・2参照）。この一〇年間で外国生まれの人口は五四％増加し、ロンドンの人口増加分の一〇五％を占めた。つまり、ロンドンはその地理的境界を越え、前例のない形で世界とつながる移民都市へと大きく変貌したのである。

先ほど議論したより大きな世界的傾向にもれず、外国生まれの人口はその大部分が若年層（図1・3参照）であり、ロンドン在住の外国生まれの人口三〇〇万人のほぼ半数（四七％）は二〇歳から三九歳である。

図1・3が示すように、新たなロンドン市民は若年層であるだけでなく、そのジェンダーバランスにも見るべき点がある。女性の

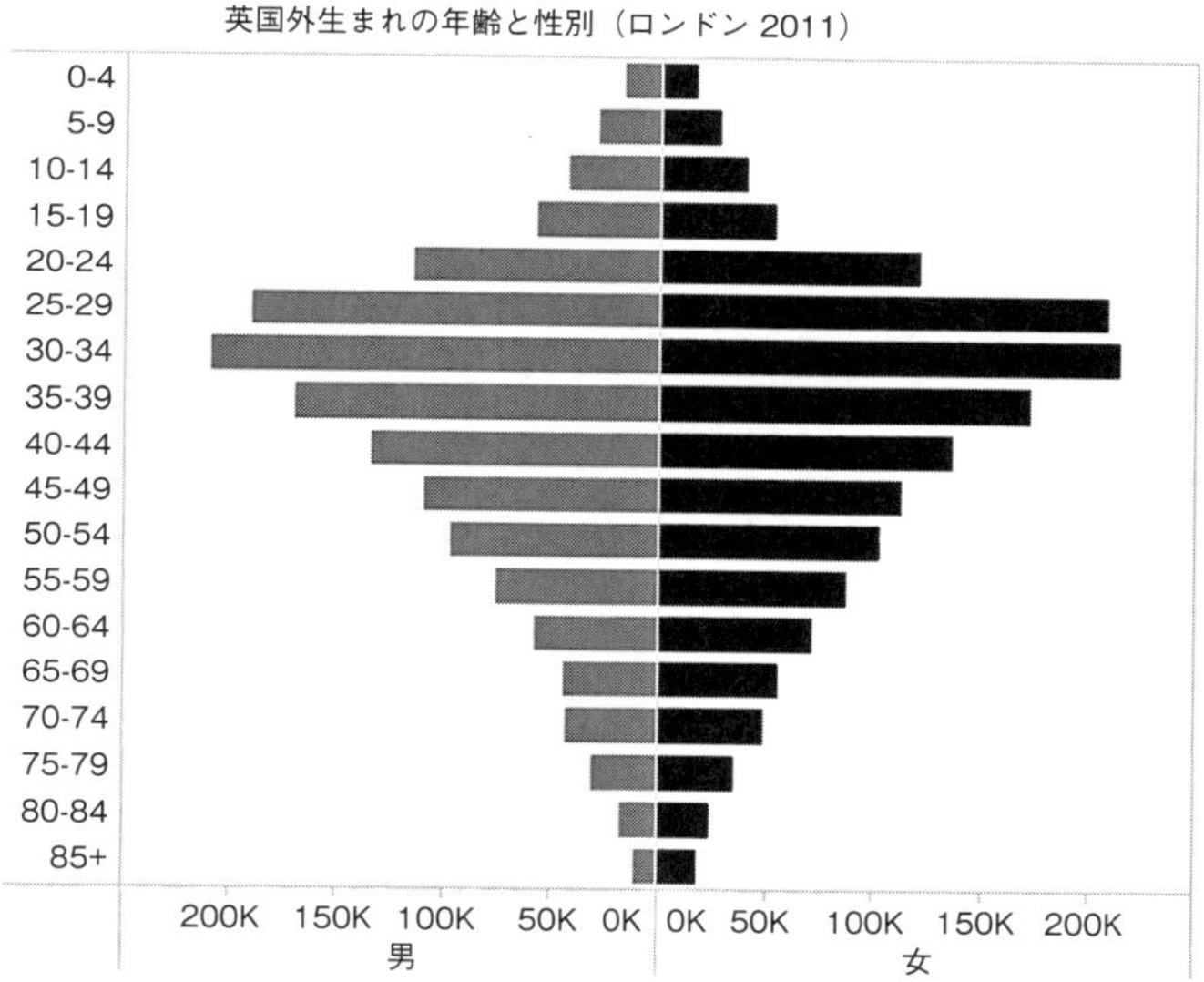

図 1.3 ロンドンにおける外国生まれの国民の年齢と性別のプロフィール（2011）
（Chart provided by migrationsobservatory.ox.ac.uk）

数がわずかながらも過半数を上回っているからだ（五二％）。もはや私たちは、移住労働者をバージャーとモア（1975=2024）が描いたような形で捉えることができなくなっている。なぜなら、総人口八〇〇万人のうち三〇〇万人を移住者で占めるロンドンでは、ほぼ二人に一人が、つまり「二人目の男」ないし「二人目の女」が移民になっているからだ。

また、過去一〇年間にこの都市にやってきた数百万人のロンドン市民は、都市全体に均一に分布しているわけではない。図1・4からは、そのような変化が、ロンドン東部ではタワーハムレッツ区とニューハム区、ロンドン北部ではバーネット区とブレント区、西部ではイーリング区を中心として分布

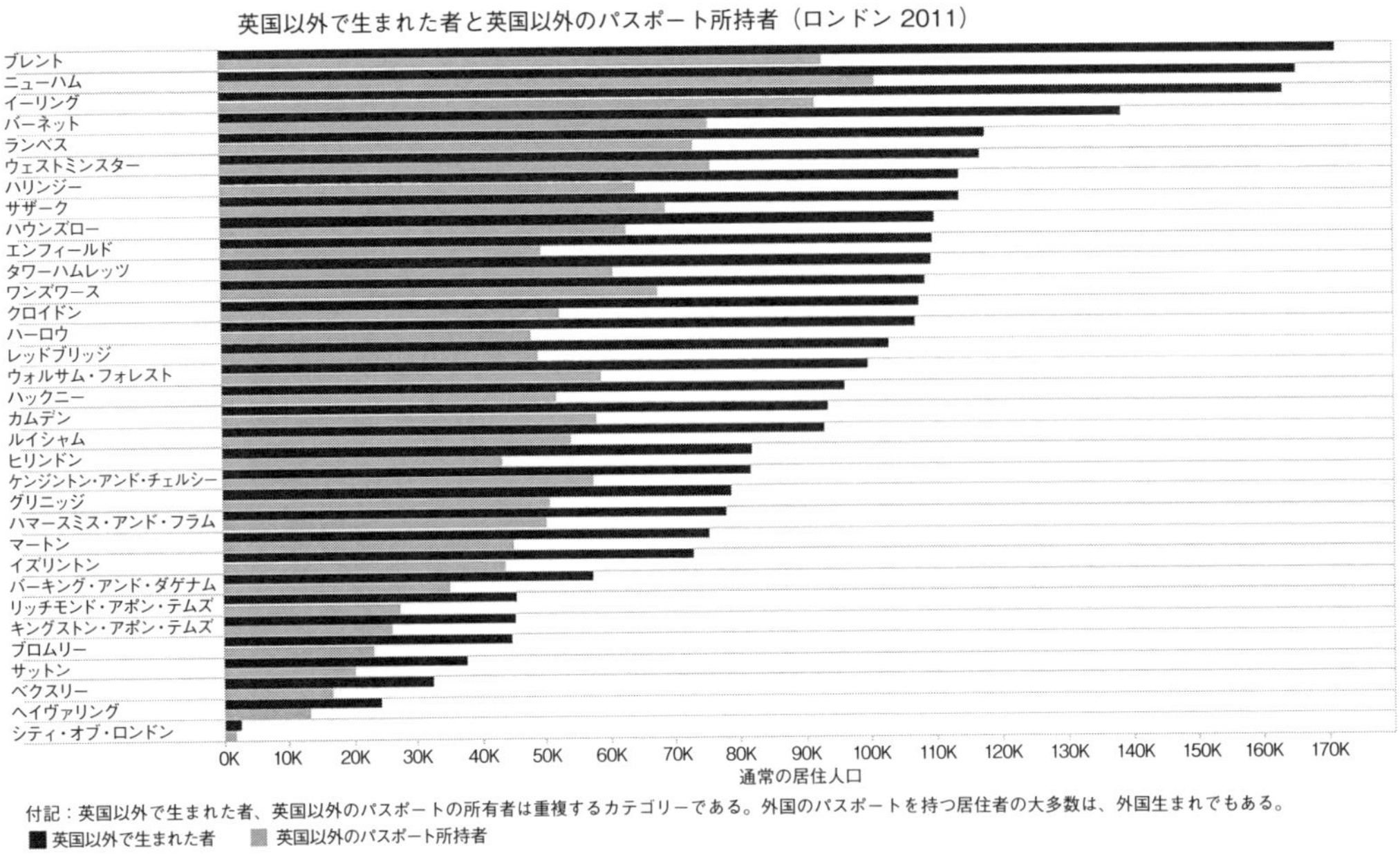

図 1.4　英国以外で生まれた者と英国以外のパスポート所持者の地理的分布（2011）(Chart provided by migrationobservatory.ox.ac.uk/ Source: England and Wales Census 2011, ONS. Usual resident population)

している様子が見て取れる。ランベス、ハリンジー、サザークといったロンドン中心部の区もそうした動きの中心地となっているが、クロイドンやエンフィールドのようなロンドン郊外には、イギリス生まれでない居住者、あるいはイギリス国籍でないパスポート所持者が数多く暮らしている。ロンドンにおける移民現象にはあるパターンや集住が見られる一方で、移住がロンドンに及ぼしてきた影響の広がりにも注目すべきである。

私たちは、統計データのさまざまな提示の仕方が移住についての私たちの理解を枠づけ、移民について語るプロセスがグローバルに移動する人間に対する不安の本質に深く関わっていると考えている。本節で検討してきた人口数も「不活性の事実」ではない。新聞の一面記事で非常によく描かれる「移民の物語」のなかでは、人口に関する数字が公衆の不安を引き起こし、その不安が今度は人種主義や反移民感情を「理解可能」なものにするために使用されるのだ。ここでの私たちの主張は、選び出された物語が移民に関する事実を形作るのであって、その逆ではないということである。移民都市としてのロンドンは、移民がもたらすインパクトに関して真逆の物語を象徴するようにもなる。そうした側面に焦点をあてることで、私たちはこの議論を発展させたいと考えている。

文化の喪失、あるいは超多様性《スーパー・ダイバーシティ》の発見？

二〇一三年初版のデヴィッド・グッドハートの著書『イギリスの夢』（*The British Dream*）は、ロンドンひいてはイギリス全体が「その文化を喪失しつつある」という、多くの評論家たちが共有する切迫した不安感を体現する格好の例である。グッドハートは言う。「多くの人々が想像するように、また都市の中心部を歩き回ると人はそのように思いかねないのだが、ロンドンは肌の色の違いを意識しない《カラー・ブラインド》幸福な多人種都市ではない」（Goodhart 2014a: 51）。むしろ「イングランドの都市部」は、彼の言葉を借りれば、「角を曲がったところにある、あるいは……地下鉄で数駅のところにある、神秘的で馴染みのない世界」の寄せ集めになっているという（2014a: 47）。多文化の都市は、とりわけ高齢者や貧困層にとっては不安と悩みの源泉となる。だがグッドハートによれば、「人種関係」の専門家や「学者」たちは、移民の社会的コストに対して「普通の市民」が抱くまっとうな懸念に検閲を加えてきたという。サウス・ロンドンのマートンに「巨大なモスク」が建設されたことは、彼にとっては度を越えた多様性がもたらした損害の徴候なのである。

ロンドン郊外に位置するマートンは、研究者や政治評論家から注目されることはほとんどない。ロンドン郊外の多くの地域がそうであるように、マートンは高級住宅街と、労働者階級向けに建てられた戦後の公営住宅とがパッチワーク状に並ぶ街であり、一九八〇年代以降は労働者階級の住民の多くも自宅を購入している。このモスクを礼拝所にしているのは、スンニ派やシーア派など主流のイスラム教徒に比べて周縁的な立場におかれてきた非体制派のアフマディーヤ信徒である。二〇一三年に開所した同モスクは、数年間使用されずに放置されていた地元のエクスプレス・デアリーズ〔イギリスの乳製品製造会社〕の工場跡を再利用して建てられたものだ。グッドハートは次のように述べている。

> 計画段階での取り決めによって、礼拝の呼びかけがミナレットから鳴り響くことはないが、それは

近隣地域に威圧感を与えている。そのモスクが建つ前にあったエクスプレス・デアリーズの瓶詰工場は、一九八〇年代後半まで地元住民に数百人分の熟練ないし半熟練の単純労働の雇用と、言うまでもないが、大量の瓶入り牛乳とを提供していた。それは往時の、いまより同質的な時代のアイコンだったのである。

（2014a: 47–48）

すでに失われた、より同質的だった時代を偲ぶグッドハートの政治的な発言は、彼にとっての問題の核心を捉えている。アフマディーヤは多くの点で「模範的な移民」である一方、受け入れがたい行き過ぎた多文化状況を示す徴候でもあるとされる。グッドハートは、アフマディーヤたちがロンドン交通局のポスターにお金を出し、二〇一二年の即位六〇周年記念で女王を祝福したことを、エキュメニカルなイスラム信仰のためのホームを見つけた彼らの献身と感謝を示す例として挙げている。しかし同時に、「一万人の礼拝者を収容できる巨大なアフマディーヤのモスク」は、多くの白人にとって「慣れ親しんだ精神的かつ物理的なランドマーク」の消滅を象徴するものだ、とグッドハートは主張する。彼は議論の流れのついでに政治的正しさを非難しながら、次のように締めくくっている。「人種関係のジャーゴンでいうところの〈昔ながらの白人の年配男性〉である一人の男性がマートン評議会の座談会で語ったように、「私たちはこの場所を他の文化に奪われてしまった。……もうイングランドらしいところなんてどこにもないよ」」（Goodhart 2014a: 53）。

これまでに移民受け入れを批判してきた多くの先達たちと同様に、グッドハートは、普通の人々を戦後の入国管理が招いた数々の失敗の犠牲者と見立て、自身を言いづらくてなかなか話すことのできない真実をあえて語る勇敢で孤独な発言者のように装っている。だが、ウェア（Ware 2008）は、そのような「言いづらい真実」こそ政治家によって声高に語られ、主流のメディアで広く流布していることを指摘している。ただし、その内容を真剣に検討せずに、グッドハートの著作を一蹴してしまわないことが肝要である。同書の主要なテーマのなかには、政治の主流勢力が合流するポイントとなってきているものがあるからである。グッドハートの支持者は、平等・人権委員会の元委員長のトレヴァー・フィリップス、英国保守党の政治家で大学・科学担当大臣を務め二〇一四年まで閣内にいたデヴィッド・ウィレッツから労働党の政治家フランク・フィールドにまで及ぶ。行き過ぎた多様性というメッセージのもとに、オックスブリッジ（Oxbridge）出身のエリートたちや労働者階級の支持者から成る興味深い雑多な連中が結集している。「赤い保守党」や「青い労働党」といった用語と連動しながら、ポスト自由主義の理念が、自身と同種のものを優遇するよう促す「自然な心理学的傾向」の必然的な結果として、ナショナルな利己主義を推奨しているのだ（Jones *et al.* 2017: 75-78を参照）。

マートンのモスクのような物語が重要なのは、そうした物語が多くの場合、語り手だけでなく、それらに説得力を感じるオーディエンスの道徳的で政治的な関わりを明らかにするからである。ケナン・マリクは、このことについて次のような鋭い指摘をしている。「マートンにおけるモスクの物語と、その物語を「文化の喪失」の物語として語り直すことは、移民受け入れに関する今日の議論の核心に迫っている」（Malik 2013:42）。といっても、これは事実というよりも「実存的な影響」に関わる事柄であるというべきであろう。なぜなら、「移民の受け入れは、コミュニティの崩壊、アイデンティティの弱体化、帰属意識の希薄化、受け入れがたい変化の促進を象徴するものになってきた」からである（Malik 2013:42）。マリクが指摘するように、マートンにおけるモスクの物語を別の形で語り直すことも可能であり、そうすれば、初期のバージョンの物語に顕著に見て取れた道徳的な含意が明らかになる（Barker and Beezer 1983も参照）。たとえば、先の牛乳工場が事実上廃墟と化していた七年間、ドラッグの常習者たちがそこを「コカインの密売所」にしていた。「つまり、私たちが語ることのできる物語の一つ」は、「採算が取れない牛乳工場を閉鎖し、数百人の雇用を失わせた経済的な諸力と、その後、打ち捨てられ犯罪の巣窟となっていた廃墟を救出し、新たな雇用を創出し、その過程でマートンをより良い方向へと変えていった地元のムスリムたちの物語」であると、マリクは述べている（2013:42）。

しかし、そうすると話の趣旨が変わってしまう。その語り直しは、文化の喪失や白人の憂鬱から、都市の再生と文化の再構築へと物語を転換させるのだ。グッドハートや彼のいう「昔ながらの白人の年配男性」のような人々にとってここで問題となるのは、だからといってマートンのモスクがイングランド的になるわけでも、「同胞市民の偏愛主義」に適った包摂になるわけでもない、ということだ（Goodhart 2014a: xxxvii参照）。

政治的領域の反対側にいるように見えるところでは、学術研究者たちは、今日のロンドンが「超多様性」の典型例であるという考えをめぐって、別種の物語を語る試みを積み重ねてきた。スティーブン・ヴェルトヴェクの造語である「超多様性」は、彼の論文が多数引用されることで、すぐに学術研究のあるスタイルを生み出していったが、それについては慎重に吟味したいと私たちは考えている（Vertovec 2007, Wessendorf 2014）。ヴェルトヴェクは次のような主張から議論を始めている。今日の「イギリスにおける多様性は以前のようなものではない。複数の出身地をもち、小規模集団で散住し、トランスナショナルなつながりを持ち、社会・経済的に差別化され、法的に階層化された新しい移民が過去一〇年間に移住してきた。こうした移民が増加するなかで生じた諸変数のダイナミックな相互作用」から、新しい文脈における超多様性がもたらされたといえる（2007: 1024）。

ヴェルトヴェクによる介入が示唆に富んでいるのは、移住の経験や文化の違いを説明したり表象したりする手段として、民族集団というラベルを限定的に使用しているところだ。多様性は文化的なブロックや集団のラベルのなかでは理解できないという点は、力強く有益な洞察である。超多様性は、移住のパターンがより多様になった、この新しくも不安定な状況を表す「略語」であり、特定の民族集団のみを対象とするような研究を乗り越えることが重要であるとヴェルトヴェクは主張する。彼によれば、「ロンドンは移民にとって重要な地点であり、超多様性が最も顕著に見られる場所なのだ」（Vertovec 2007: 1042）。

この立場は「文化の喪失」を嘆く人たちとは対立するように見えるが、ヴェルトヴェクの主張の重要な要素の多くはグッドハートの主張と驚くほど似通っている。どちらも過去一〇年ほどの間に多様性が閾値を超えたことを強調し、また現代の多文化状況を理解するうえでの人種主義の重要性をできるかぎり過少に評価しようとしている。グッドハートが「過去二〇年間で、人種主義という言葉を使用する際の敷居はあまりにも低くなってしまった」（2014a: 122）と述べるとき、彼はそうした考えを包み隠したりしない。彼は人種主義の影響をごくわずかな程度でしか残っていないと考え、反人種主義者や左派の学者たちを「人種悲観主義」から抜け出ようとしていないと非難している。他方、ヴェルトヴェクは、人種主義に対する無関心を主に省略によって処理している。超多様性に関する論文のなかで、彼は「不平等と偏見の新しいパターン」(Vertovec 2007: 1045)をほんの短い段落で扱っているにすぎず、「人種主義」という言葉に言及したのも一度だけだ。グッドハートとヴェルトヴェクはいずれも、自説の新規性にすっかり魅了されており、主としてホール(1987, 1988=2014)の仕事から着想を得てきた、人種とニュー・エスニシティズをめぐる文化政治に関する幅広い研究蓄積にまったく関心を払っていない。二人は、三〇年近くにわたる、人種主義と都市の多文化状況との関係に目を向けた学術研究の蓄積を実質的に消し去っているのだ(Alexander 1996, Hewitt 1986, Gilroy 1987=2017, Jones 1988)。

このように、グッドハートとヴェルトヴェクは、人種主義が社会に存続し続ける力を軽視しているが、さまざまな移民グループによる経験の差異は、主として「文化的な観点」から理解される必要があると主張している。特にグッドハートが、反人種主義を掲げる著述家たちが文化をこのように用いることに対して懐疑的であった点を指摘するのは正しい。これは、文化というものに独立した説明力が付与されるようになったことが原因である。このような文化的元型は、これまでに多くの著者から「民族的絶対主義」(Gilroy 1987=2017)や「文化的本質主義」(Hall 1992)などと呼ばれてきた。こうした見方は、分断された社会の犠牲者たちを、自らを文化的に語り、自らで作り出した状況にはめ込んでいく。二〇一五年九月二七日、マートンにあるアフマディーヤのモスクが放火の標的となった。襲撃の理由は不明だが、警察は人種主義的な動機があった可能性を排除していない。

ヴェルトヴェクの超多様性の概念は、文化をより複合的に理解することに関心を払っている。彼は、民族集団の均一性を強調する傾向があり、ポストコロニアルな関係に結びついた移住と定住のパターンにのみ関心を寄せる研究の伝統に異議を唱えている（Vertovec 2007: 1029）。有益なことに、彼は「同じ民族や国籍の移民でも、在留資格が大きく異なる場合がある」ことに留意しながら、移民グループ内のさまざまな種類の在留資格が、イギリスにおけるライフチャンスと帰属の条件に大きな影響を及ぼしてきたことを明らかにしている（Vertovec 2007:1039）。しかしながら、帝国や人種主義の遺産と、後の章で検討される新たに出現した人種主義的なヒエラルキーとの関連については、まったく考慮されていない。このヒエラルキーこそ、移民の監視、拘留、追放、そして「他者たち」がイギリスの海岸に到着するのを阻止せんとする継続的な試みへとつながる、国境化の実践を通じた移民の時間と空間を序列化しているものなのだ。

ヴェルトヴェクの分析は、都市の多様性を肯定的に評価し、ロンドンのような都市における現在の移住のフローについてより複合的に理解を深めようとする善意の試みであり、そこでは都市の多様性の社会的算術に注目することが強調されている。ただし、すでにパニック状態に陥っている移民受け入れの議論において、大げさに差異を強調すれば、公衆の不安を煽ることになりかねないという危険がある。万華鏡のように千変万化する移民都市の文化の様相を記録し、表象するための新しい方法を探すことは急務ではあるが（e.g. Rhys-Taylor 2013, Hall 2015 参照）、多文化都市における分断線がどのように引かれているかに同じ注意を向けることなく、それを行うのは軽率である。実際のところ、ヴェルトヴェクは最近の共著論文において、「超多様性の条件は、本質的に権力と政治と政策とに結びついている」（Meissener and Vertovec 2015:552）ことを認め、当初の立場を修正しているが、にもかかわらず概念としての超多様性は政治的に一元的である。さらに、ノーウィッカとヴェルトヴェクの共著論文（2014:351）でも、都市の生活において「共生《コンヴィヴィアリティ》と対立は常に絡み合っている」と述べられているが、それでも、これらのパラドキシカルな衝動がどのように共振するかの分析は深められていない。

私たちは、多文化的な共存と並んで、ときにはその内部で生じる分断や人種主義の形態に注意を払う「見方」の必要性を訴える。ここで、私たちは人種主義を可変的で変化を繰り返す権力のパターンとして理解している。それは、人々のあいだでも、制度的なレベルでも作動し、ロンドンの多様な人口をふるいにかけて選別し、格付け、帰属のヒエラルキーに位置づけるものである。そこでは、コロニアルな人種主義とメランコリックなナショナリズムという残滓的なイデオロギーが依然として社会的活力を維持している一方で、新たな対象を標的とする新たな形態の文化的人種主義（cultural racism）が導入され、精緻化されている（Sinha 2008, Back and Sinha 2012）。

都市の多様性を理解するには、ワイズとヴェラユタムが「日常生活のミクロ政治」（2009: 15）と呼ぶものに細心の注意を払う必要があるだろう。そこでは、国家の権力と政策が最小規模にまで縮小されて日常生活に浸透し、新たに出現した共存の様式と絡み合っている。これらが交差する部分と、多文化生活の感覚的な特徴とを探究しようとする研究が次々と生み出されている。リス゠テイラーが指摘するように、「文化理論も、また多くの都市生活者が語る自身の生活についての説明も、五感を通して浮かび上がる日常の多文化状況を捉えきれていない」（Ryhs-Taylor 2013: 405）。しかし、ニールらが逆説的に語るように、「差異と多様性をめぐる新たな複雑性や新たに出現しつつある空間をよそに、公的な議論や政策的な議論は民族の隔離、文化の後退、多文化の危機といった考え方に支配されてきた」のだ（Neal *et al.* 2013: 319）。

私たちが追跡し、ともに対話してきた若者たちの生は、新しい種類の生きられた多文化政治の実例を示してくれる。それは、単に人種主義に対抗する政治であるだけでなく、社会的な分断と損傷によって引き裂かれた都市のなかで、異なる経歴をもつ人々がともに暮らせるようにするための道具を作り上げる政治でもある。ホールが指摘したように、ロンドンは「その都市の過去、現在、未来にとって不可欠であるはずの移住《マイグラント》‐市民《シティズン》を、それらから消し去ってしまうような緊迫した場所として立ち現れている」（2012:12）。「文化の喪失」を騒ぎ立てても、あるいは「超多様性」を見出そうとしても、絡み合う分断と共生を十分に理解することはできないだろう。ポストコロニアル期のロンドンの世界との関係は変化し、人のフローのパターンは現在、より混沌としている。若い移民の生に一つ一つ注意を払っていくことは、移民をめぐる公的な議論にみられる遺漏や虚飾をつまびらかにするだけでなく、新たな生の様式が都市に根づいていく様を垣間見せることにもなる。次節では、本章の冒頭で述べたクリスチャンへのメッセージによって提起された問題と、移民都市に対する国家機関の対応の仕方について、あらためて考えることにしたい。

移動する国境——内部委託、外部委託、テクノロジーによる媒介

私たちの世界の特徴となっている相互の接続性は、国境形成の実践が増殖していくことと密接に関わっている。それは、移民たちがイギリスの国境に近づく以前に、それどころかＥＵの外境に近づく

以前に、国境管理のプロセスの方から移民に向かって接近していくことを意味する。ムスタファ・ディケシュの指摘によれば、リビアのような場所では庇護申請の域外処理がＥＵの政策の一部となっており、これによって多くの場合、庇護希望者の公正な取り扱いに有害な影響がもたらされているという（Dikeç 2009: 188）。国境化の政策は、人々の動きを遮断し、滞留させ、入国管理センターやトランジット・ゾーンに拘禁することで、かれらの存在を望まない政治的空間から遠ざけるようになっている。

国境検問のモビリティは、また別の方向にも向かっている。検問はもはや手荷物からパスポートを取り出すヒースロー空港やカレーの埠頭でのみ行われるものではなくなっている。言うなれば、国境管理は内部委託が進んでいるのである。家主、医者、保健所の訪問員、教師、大学教員らは皆、学生の出欠管理や居宅訪問で記録された情報の提供を求められている。かれらは、好むと好まざるとにかかわらず、移民を取り締まる関係者として参加させられているのだ。国境管理は、私たちの社会生活や職業生活の中心にまで入り込んでいる。医療従事者はこれから患者となる人間の在留資格をチェックしなければならず、また大学当局と大学教員は留学生の出欠情報を内務省と共有するよう求められるのだ。

内務省の政策とポイント・システムと呼ばれる制度の中心にある原則は、ＵＫＢＡの言葉を使えば、「移民によって利益を得る者たちは、その統制の一端を担わなければならない」というものである。[1] このために幅広い層の人々が、監視と規制の方策に巻き込まれることになる。その結果、大学の

1　ポイント・ベース制（ＰＢＳ：Point Based System）のスポンサーシップ責任者であるジョージ・シャーリーからの手紙、ＵＫＢＡ、二〇一三年二月一五日。

写真 1.5　ナナがオフィスの清掃員をしていたフェンチャーチ・ストリート

授業における出欠記録が一つの検問となり、都市における他のインフォーマルな空間でも同様のことが起こっていく。

この研究の参加者の中には、ロンドンの公共交通機関を利用するのが怖いと話す者が複数いた。というのも、バスや地下鉄で検札係が乗車券をチェックする際、その傍らに入国警備官が一緒にいることがあるためである。前述したナナは、二〇〇四年四月にガーナから観光ビザでロンドンに入国したが、偽名を使って働くことで食いつなぎ、入国警備官に捕まることを恐れながら生活していた。彼は二つの仕事を掛け持ちながら、この都市を機能させるために必要な、人の嫌がる仕事をこなしていた。昼の仕事を終えた後の夜は、フェンチャーチ・ストリート（ロンドンの金融街シティ・オブ・ロンドンの大通り）で清掃作業員として働いていた（写真1・5参照）。

フェンチャーチ・ストリートでは、スーツを着た人たちを見かけるけど、多くの場合、僕の方がかれらよりよっぽどふさわしいと思ってました。僕は清掃作業員でした。あの人たちは、僕が掃除したばかりのトイレに入ってくるんですが、僕がそこにいると、使ったまま流しもせずに出ていくんです。「あぁ、清掃員がいるんだ、これはあいつの仕事だろ」という感じで。個々人の衛生管理は、清掃員がそこにいるかどうかとは関係ないですよね。それで別の誰かが入ったときに汚れたトイレを目にして、「おい、トイレが何日も掃除されていないぞ」となって、ビルの管理者が苦情を受けることになります。それから、彼は僕をとがめるんです。

清掃作業員たちは、見えない人間のように扱われていたが、かれらはシティの最も醜悪な秘密を目撃していたのだ。ナナが語る情景は、まるでマーティン・スコセッシの映画『ウルフ・オブ・ウォールストリート』に出てくる、ジョーダン・ベルフォートの乱行シーンのようである。

ナナは二〇〇六年にその場所で逮捕された。「フルタイムの仕事を終えてから、午後の六時から八時のシフトでオフィスの清掃をしていました。ゴミを出していたら警察の車が通りかかったんです」。車は止まり、警官の一人がナナにどこから出て来たのかと尋ねて、ナナの身分証明書を調べ始めた。

無実だとはわかってたけど、怖くて、その時は書類〔在留許可証〕を持ってなかったので、心臓がバクバクしてました。その前の週末、僕と妹は結婚式に出席してたのですが、妹は財布を持ってなかったので、僕は彼女のキャッシュカードを預かってました。それから、僕はおじのキャッシュカードも持ってました。僕は何の書類も持ってなかったので、お金の管理のために、おじが自分の口座を使わせてくれたんです。警察たちは妹のカードとおじのカードを見つけて、僕は怪しまれました。

それからかれらは建物に入って、警備員に僕のことを知っているかどうかを確認しました。でも、その警備員は臨時雇いの人間だったので僕のことを知りませんでした……。彼の同僚も通りかかりました。その人は顔見知りだったけど、彼も何の書類も持ってなかったので、何も言わなかった……。そのとき僕が使っていた名前はマイケルです。「マイケルが止められた、何かあったのか?」

仕事をしていた人たちはみんな見てました。たしか夏だったと思うけど、僕はそのビルで夜に仕事をしてました。かれらは言ってました。「連れて行け、彼を連れて行け、あいつはペテン師だ」って。

警察は名前の違う二枚のキャッシュカードを見つけると、ナナを連行した。

綿棒でＤＮＡサンプルを採取され、指紋を取られました。犯罪者にされたような最悪な気分。弁護士を呼ぶかと聞かれたけど、僕は母に電話しました。電話越しに母は心配していましたね。二〇〇六年の夏のことでした。おじと母が来て僕の供述に間違いはないと証言してくれました。とても恐ろしい経験でした。あの場所に行くといまでもぞっとするよ。

写真 1.6　職場または国外退去行き 25 番バス

調査の一環として、ナナはこれらの出来事が起きた場所を再訪し、何枚か写真を撮った（写真1・5と写真1・6を参照）。その中には、二五番のバスの写真も含まれていた。

> これは二五番のバスです。もちろん無料ではなく、運賃を払わないといけないんだけど、乗車券を確認する方法がないので、「フリー・バス」と呼ばれています。運が悪ければ、入管の警備官が待ち受けています。入管はロンドン交通局とつながってるから。僕は仕事に行くのに二五番のバスに乗っていたけど、常にリスクがあった。そのバスは、生活費を稼ぐ場所まで運んでくれるのか、それとも行き着く先は強制送還なんだろうか、って。

国境のポリシングもまた、外部委託され、民常化されている。二〇一二年九月、サービス会社キャピタ（Capita）は、イギリス政府とのあいだで、超過滞在している推計一七万四〇〇〇人の移民の捜索と退去を請け負う契約を締結した。本章の議論の出発点となったクリスチャンに送られたメッセージに立ち戻れば、このテキストがＵＫＢＡから送られたものであるというのは正確ではない。それは同局に代わってある民間会社が送信したものだったからだ。ただし、このテキスト・メッセージを送るキャンペーンは、より幅広い対策のなかの一つでしかない。

二〇一三年七月、内務省は大型のトラックをロンドン中に走らせるバン・キャンペーンを試験的に実施した。移動式の看板には「イギリスに不法滞在？　国に帰るか、逮捕されるか」という文言が派手に書かれていた。このキャンペーンでは、超過滞在者に対して「HOME to 78070」とテキストメッセージを送信して、自ら出頭するように呼びかけている。数週間後には、内務省のTwitterアカウント@ukhomeofficeを使ってその進捗を伝え、「#immigrationsubstancers〔移民法違反者〕」というハッシュタグを付けて、逮捕された超過滞在者の写真を多数投稿した。興味深いのは、こうした国境管理の実践がテクノロジーによって媒介されている、というその性質である。この新たな実践は、二〇世紀の政治的プロパガンダを彷彿とさせるポスターのフォーマットをうまく使いながら、ソーシャル・メディアを活用しているのである。

人種主義に反対する研究者のグループは、バン・キャンペーンの影響を検証し、ロンドンの一部の地域は「反移民の情報のやりとりで溢れている」と結論づけた。この調査は、同キャンペーンの対象地域の住民二〇〇人にインタビューを行い、その結果を次のようにまとめていた。「回答者の七四％

が「国に帰れ（Go Home）」というフレーズは好ましくないと答え、六三％がバン・キャンペーンに賛成していなかった。七九％は肌の色に基づいて在留検査を行うことは問題であると考えており、七五％は抜き打ちの検査はコミュニティ内の社会関係に影響を与えると考えていた」（Jones et al. 2014: 1）。

二〇一三年一〇月三一日、移民担当大臣のマーク・ハーパーは下院議会で、「ゴーホーム・バン」や「レイシスト・バン」と呼ばれた「オペレーション・ヴォーケン（Operation Vaken：覚醒作戦）」の成果を報告した。大臣は、一〇月二二日の時点で、この試験的事業の直接の結果だと思われる自発的な退去（出国）が六〇件あったと主張した。作戦の総費用は九七四〇ポンドだった。

続けて彼は、「退去強制（enforced removal）」――つまりは、移民たちをイギリスでの生活から力づくで引き剥がす暴力的な措置――の費用は最大で一万五〇〇〇ポンドに上るが、自発的退去の平均費用は一〇〇〇ポンドであると誇らしげに語った。ハーパーは面目を保とうと、六〇件の「自発的退去」はバン・キャンペーンの費用に見合って余りある成果であり、イギリスの納税者の血税を節約することにつながったと主張した。

ヴォーケン（Vaken）とは、民族主義（Volkish）ではなく、「目覚め」を意味するスウェーデン語である。「オペレーション・ヴォーケン」に対して内務省は、「自発的退去」に応じた個人のプロフィールを紹介しながら、それが人身取引されたセックス・ワーカーや精神衛生上の問題を抱えた移民の帰国を支援する移民政策の「人道的な顔」であるかのように、このスキームを評価した。報告書には、お世辞にも良いとは言えない証拠が含まれている。この作戦中に合計一五六一通のテキスト・メッセージが受信されたが、そのうちの一〇三四通は間違いや偽のメッセージだった（Home Office 2013）。内務省によると、一通のテキストをスタッフが処理するのに平均で一分かかり、結果として一七時間の無駄な時間が生じたという。九二件の電話のうち一三件も間違っていた。

国境のポリシングはロンドンの生活の中心になりつつある。ジョーンズら（2017）は、ロンドンにおける「ゴーホーム・バン」の影響を詳細に分析するなかで、それが一種のパフォーマンス政治として最もよく理解されると主張している。パフォーマンス政治という考え方はシリン・ライの著作から引用されているが、ライはそこで、こうした類の国家のコミュニケーションが、意図された意味を生み出し、政治生活それ自体の物語と空間を形づくると論じている（Rai 2015）。新たな取り組み自体が「成功」するかどうかが重要なのではなく、問題なのは伝達されるメッセージである。ジョーンズらはこれを次のように要約している。

> オペレーション・ヴォーケンという新たな取り組みとゴーホーム・バンは、政治の劇場のダイナミズムをすっかり変えてしまったようだ。そこでは奇怪で、ほとんど漫画的とさえ言えるような不手際が散見された。他の議論では、主流政治への参加が減少していることや、政府の言動に対する懐疑が強まっていることが示されているが、ゴーホーム・バンはどうにかして街頭に戦いの舞台を持ち込もうとしているように見えた。
>
> （Jones *et al.* 2017: 60）

二〇一三年一〇月二二日、当時内務大臣だったテリーザ・メイは、宣伝バンは「あまりに露骨すぎる手法」だったため、二度と使用されることはないだろうと述べた。しかし、ジョーンズら（2017）

が主張したように、この時点ですでにこの取り組みは一定の目的を果たしていた。そのトラックは、政府の反移民メッセージをドラマチックに演出し、ポピュリズム感情を高めただけでなく、それと同時に、定住者資格やイギリスの市民権をもつ者も多いマイノリティ・コミュニティを苦しめ、他の人々から分断させたのである。その他にも、交通系ＩＣのオイスターカード（Oyster Card）の監視やテキスト・メッセージの送信、学生の指紋認証、バイオメトリクスの広範な利用など、露骨な手法はいまも用いられている。講義室から職場、託児所、賃貸物件の家主に至るまで、人々を追跡し、捕捉するための仕組みが数多く存在する。これは、相互に接続された世界における分断の性質である。私たちの社会が余所者を監視するようになれば、私たちの社会も監視されるようになる。大臣が数値化できていなかったのは、そうした措置が都市生活の全体に与える害である。ジョーンズらは、次のように結論づける。

> 移民管理のパフォーマンス政治は、政府の強硬姿勢と管理権限を実演してみせるだけでなく、移民管理それ自体が引き起こすあらゆる強度の日常的な苦痛と不確実性を覆い隠し、あるいは否定することで、すべての人々の生活にますます影響を与えるようになっている。（Jones *et al.* 2017: 160）

ロンドンに滞在する合法的な権利をもつ人々もまた標的になっている。キャピタ社のテキストメッセージ・キャンペーンでは、誤って国外退去を命じられる事例も多発していた。そのテキストには、「内務省からのメッセージです。同省の記録によると、あなたにはイギリスの在留許可がありません。

この件についてご相談ください。」または「英国国境局からのメッセージです。あなたはイギリスの在留資格を失っているため、退去する必要があります。」と書かれていた。二〇一三年九月、スレシュ・グローバーも、そのようなテキストを受け取っていた。スレシュは、公民権運動の第一人者であり、スティーブン・ローレンス、ザヒド・ムバレク、ヴィクトリア・クランビエらの遺族が求める正義のキャンペーンに携わったサウソール・モニタリング・グループの創設者でもある。

九月一二日、スレシュ・グローバーは二〇〇〇年の情報公開法（ＦＯＩ）に基づき、英国国境局（ＵＫＢＡ）に対して、自分がこのテキストを受け取った理由の説明を求める請求を行った。ＵＫＢＡによる回答の中身から、重大なことが明らかになった。それによれば、キャピタ社には「定期的にまとまったデータ」が提供されており、その中には内務省の在留管理データベース上で「ネガティブな結果」をもつ人々の個人情報や携帯電話番号などが含まれていたという。同回答では、キャピタ社はテキストメールを使って三万九一〇〇人に連絡を取ったとされていたが、実際の人数はさらに多く、五万八八〇〇人がこの方法で連絡を受けていた事実が、後にＢＢＣによって明らかにされた（BBC News 2013）。

その回答には、キャピタ社がスレシュ・グローバーの携帯電話番号をどのように入手したのかの方法については何の言及もなかった。エラーが確認された際には、記録は「直ちに更新され、連絡は中止される」と述べられているにすぎなかった。またそこでは、「ごくわずかな事例」であるが、「携帯電話番号の持ち主が変わっている場合など」、同社の記録が「別の個人」に関わるものになっていることがあり、「こうしたことは連絡を取る過程で初めて判明した」と主張されていた。スレシュのような人は数多くいた。イギリスのパスポート所持者が同様のテキストを受け取った事例は他にもあり、そのなかには移民アドバイザーとして働いている人も含まれていた。しかし、誤って連絡を受けたのは一四人にすぎないと、内務省は主張している（Back and Sinha 2013）。

情報公開に応じたＵＫＢＡの回答には、内務省からキャピタ社に提供された「データ一式」の中に、イギリスの公民権運動で一線に立つアクティビストの携帯電話番号がどのように入り込んだのか、その経緯についての説明は一切含まれていなかった。さらに、この種の電子的国境管理（e-border control）の侵蝕によってもたらされた重大な損害についても、内務省やキャピタ社からは謝罪がなかった。商業的な利益者に外部委託されているのは、監視や取り締まりだけではない。ジョナサン・ダーリング（2016）が述べたように、庇護希望者に対して住居や一時滞在施設を提供する業務は民間業者に委託されるようになっており、その結果、地方自治体は難民の住環境を管理できなくなっているのである。

イギリスの出入国管理制度はしばしば「オーウェル的」だと形容されてきた。上述の事例によっても、携帯電話を通して「ビッグブラザー」が監視しているという考えは強められている。だが、いま出現しつつあるのは、オーウェルが描いたような国家に統制されたディストピアと符合するものではない。私たちが直面しているのは、外部委託され、民営化された新自由主義的なディストピアなのだ。有害な過ちを犯し続けている民間企業に、移民政策の実行といった重要な課題を任せることの社会的コストについて、私たちは強い懸念を持たなければならない。

私たちは、メッサードラとニールソン（Mezzadra and Nielson 2008）の見解に賛同し、多様な分野に移住労働者が増えていくにつれて、国境および国境の効果が増殖していると考えている。これは、ニラ・ユヴァル＝デイヴィスとその共同研究者が「日常生活の国境化」と呼んでいる事態である（Yuval-Davis, Wemyss and Cassidy 2016, 2017）。それは単に「出入国審査」を通過できるか否かの問題ではなく、エティエンヌ・バリバールが論じるように、検問所は「国土の境界地点を印す、領土の端」から比喩的に移動しており、「政治的空間の真っ只中に移植」されているのである（Balibar 2004: 109＝2007: 211）。そこでは、市民権、帰属、在留資格といったカテゴリーを通じて、検問という概念がバス停や携帯電話へと移動しているのだ。

おわりに

ロンドンはグローバル都市であり、私たちが明らかにしたように、急速に移民都市になってきている。若者たちは、より良い未来を探し求めて、世界中からこのイギリスの首都に集まってきている。すでに述べたように、ロンドンでは、男女を問わずほぼ二人に一人が移民であり、かれらは分断された《ディバイデッド》接続性《コネクテッドネス》の世界を生きている。この世界のそうした性質こそ、自身の生の観察者であり解釈者でもある本研究の参加者たちとの対話からもたらされた、いくつもの表象を通じて描き出そうとするものである。私たちは一〇年間にわたって、若い移民たちの経験に含まれるものを記録すべく、対話を重ね、かれらが切り開いてきた人生を辿り、話に耳を傾け、問題と感じた事柄に対して自分たちなりの考えを試してきた。

そうした生の中に私たちが見る光景は、ロンドンが「もはやイングランド」には見えず、「より同質的な時代」が過ぎ去ったことを悲しげに語る者たちが描くものとは全く異なっている。このような描写は、マーサ・ヌスバウムの言葉を借りれば「恐怖と不安によって荒廃させられた」(Nussbaum 2006: 77＝2012: 91) 世界にしがみつく道しか生み出さない。

ケナン・マリクは、「急増する移民は社会的連帯を弱体化させるという考えが、過去一〇年の間に常識に近いものになってしまった」(Malik 2013: 42) と結論づけている。ロンドンの風景の変化はあまりに明白であり現実的であると私たちは主張していくが、移民に関する議論の多くは歪んだレンズごしで眺められており、パニックに陥っている。

スザンヌ・ホールが指摘するように、ロンドンは「その都市の過去、現在、未来にとって不可欠であるはずの移住‐市民《マイグラント・シティズン》を、それらから消し去ってしまうような緊迫した場所として立ち現れている」(Hall 2012: 12)。「文化の喪失」を騒ぎ立てても、あるいは「超多様性」を見出そうとしても、絡み合う分断と共生を十分に理解することはできないだろう。人のフローのパターンはより混沌としており、ポストコロニアル期のロンドンはあらゆる場所で変化している。若い移民の生に一つ一つ注意を払っていくことは、移民をめぐる公的な議論に見られる遺漏や虚飾をつまびらかにするだけでなく、新たな生の様式が都市に根づいていく様を垣間見せることにもなる。

歴代のイギリス政府は、英国における「ポイント制の移民政策」は若者たちが誰であるかではなく、何ができるのかという基準で決定すると主張してきた。だが、この主張は、グローバルに移動する若者という一つの世代の内部に描かれる太い線を覆い隠すイデオロギー的な虚飾にすぎないと、私たちは考える。そこでは、どこから来たのか、銀行口座にどれだけの預金があるのか、その結果として在留許可が与えられるのか否かが、包摂の条件となっているからだ。国境自体が移動し、網を張り、望まれない人々や必要とされない人々を捕らえて追放している。国境における監視とポリシングは、（たとえば、医師、教師、近隣住民たちに内務省の仕事を担わせる）内部委託と、商業的な民間の利益がますます大きく関わるようになっている外部委託という手の込んだプロセスを通じて作動している。「よい旅を」、とクリスチャンがＵＫＢＡのテキスト・メッセージを受け取ったとき、恐ろしいほどに可視化されていたのは、こうした状況なのである。

第二章

「あなたたちがそこにいるから、私たちがここにいる」
――移民論争のスケールを変える

'We are here because you are there': Rescaling the migration debate

はじめに――「もっと、もっと、遡らなければ」

アリは、二年をかけてアフガニスタンからロンドンに移動したが、そのロンドンでの庇護申請はわずか二〇分で却下された。そして、内務省の決定に対する不服申立てが審理されるまで、一〇年近く待たなければならなかった。彼は私たちに、イギリスへの旅とイギリスでの状況は、歴史を踏まえなければ理解できないと言う。「もっと、もっと、遡らなければ。そこが始まりなんです」と。アフガニスタンへのイギリスの関与には長い歴史があり、一八三九年には帝政ロシアの影響を未然に防ぐために帝国軍が隣国インドから侵攻を開始した。この軍事行動はまた、この地域においてイギリス東インド会社が経済的な利益を上げることにも寄与していた。イギリスは、伝統的な部族の指導者を買収し、従順な植民地政府を擁立するという古くからの手法によって植民地支配を敷いた。そのわずか三年後、兵士約一万四〇〇〇人のイギリス軍は全滅した。アフガニスタンを大英帝国の支配下に置くために一八七八年には別の軍事的な作戦が実行されたが、それも失敗に終わった。大英軍は以前の屈辱の報復として、カブールで村人を丸ごと虐殺したり、反乱軍を公然と絞首刑にしている（Tanner 2009）。

アフガニスタンへの影響力を武力で確保することに失敗した英領インド政府は、一八九三年にアフガニスタンと英領インドのあいだに国境線を引き、アフガニスタンの土地と人口をできるだけ多く併合した。アリの曽祖父は一九〇二年にイギリス兵として戦っている。アリが私たちに語ってくれた。

写真を持っていますが、昔のものです。私の祖父がここに立っています。ハザラ工兵隊というのは軍隊にいるグループの名前です。ハザラ工兵隊とハザラ人は戦士だったと言われていました。イギリス人がまだ彼らを覚えているかどうかはわからないね。

写真の中では、アリの曾祖父がイギリスのユニフォームを着てホッケーをしている。彼の人生は移民と植民地主義とのつながりを示している。A・シヴァナンダンは、彼の政治的な名言である「あなたたちがそこにいるから、私たちがここにいる」（Gordon 2014: 2）という美しく簡潔な言葉でこのことを要約している。本章では、イギリスが世界の他の地域で行った搾取と移民との関連を探っていこう。

アリのロンドンへの旅は二年を要した（ロンドンに到着したのは二〇〇六年）。彼はギリシャからイタリアに渡るためにボートを手作りし、横断するのに四時間かかったという。パキスタン北西のクエッタで生まれたアリは、一三世紀にモンゴル兵がアフガニスタン中央部に進軍しその後定住した「チンギス・ハーンの末裔」、ハザラ族の一員であることを誇りに思っている。ペルシャ語を話すハザラ人は、スンニ派が圧倒的に多いなかでのシーア派のイスラム教徒である。アフガニスタンとパキスタン北西では、ハザラ人は人種的に差別される集団であり、パシュトゥン人とは物理的に離れて暮らしている。ハザラ人が識別されるのは、彼らの外見と顔の特徴（細い目、平らな鼻、広い頬）からである。彼らはアフガニスタンでは余所者であり、度重なる攻撃、弾圧、差別の対象となっている。二〇一四年一〇月にパキスタン・トリビューン紙はクエッタ郊外でバスが銃撃された事件を報じているが、そこでは野菜を買いに行く途中で九名が殺害されたという。

ハザラ人は一八八〇年代ないしは分割統治のずっと前からパキスタンに住んでいた。一九世紀におけるアブドゥッラフマーン・ハーン首長の治世から、アフガニスタンのタリバンによる現代の民族浄化に至るまで、ほとんどすべての人々が迫害の歴史のために移住してきた。

大多数がスンニ派のイスラム教徒であり、かつパシュトゥン人であるタリバンの支配下では、ハザラ人は人間以下の異教徒として蔑まれていた。ジャーナリストのフィル・ザブリスキーによれば、アフガニスタンの非パシュトゥン系民族グループについてタリバンが語る言葉のなかに、ハザラ人の窮状が冷ややかに捉えられている。「タジク人はタジキスタンに、ウズベク人はウズベキスタンに、ハザラ人は墓場（*goristan*）に」（Zabriskie 2008: 118）。一九九五年三月、タリバンは、かつてヘズベ・ワフダット（統一党）を率いたカリスマ的指導者アブドゥルアリ・マザーリを無慈悲に殺害した。彼は「歴史的に不利な立場にある共同体の権利を主張し、促進するためにイスラム教のイデオロギーを」用いたのであり、「それは、ハザラ人の統一を求める強い願望がその主な原動力であった」(Ibrahimi 2009: 5)。マザーリ処刑後の弾圧のなかで、多くのハザラ人は山の中に隠れたり、アリのように国境を越えて逃げたりした。

クエッタ生まれの人々の多くはイギリス人でもある。イアン・ジェイコブ卿は一八九九年にクエッタで生まれた。彼の父は陸軍元帥のクラウド・ジェイコブ卿であった。ジェイコブは父の後を追って陸軍に入り、ロンドンのウーリッジにある王立陸軍士官学校で将校として訓練を受けた。ウィンストン・チャーチルの戦時内閣の軍務次官補を務めた後、一九五二年から一九五九年までBBCの局長を務めるなど放送界の重鎮として活躍した。興味深いことに、彼は一九五六年のスエズ危機とイギリスのエジプト砲撃に関するBBCの報道を抑圧しようとした政治的圧力には屈しなかった。

ここでの目的は彼らの生をめぐる相互関係を示すことにある。クエッタは、ボラン峠の戦略的な位置にあるため、一八七六年にイギリスの支配下にあったインドの領土に編入された。アリの偉大な曾祖父は、一九〇四年に結成された植民地連隊である第一〇六ハザラ工兵隊に所属していたが、その恒久的な平和の拠点はクエッタにあった。一九三〇年代になると、クエッタは多くの高層ビルが建ち並ぶ賑やかな街に発展した。これらの建物の多くは一九三五年の地震で破壊されたが、現在も昔の面影が残っている。アリによるとクエッタは地元では「リトル・ロンドン」と呼ばれているそうだ。

アリがクエッタで生きられなくなったのは、アフガニスタンの地政学的な歴史、コミュニティ形成のあり方、さらには民族的・宗教的暴力が複雑に絡み合った力が働いたからである。だが大きく言えば、アリがいまここにいるのはイアン卿がかつてそこにいたからなのだ。ポール・ギルロイが論じるように、イギリスの帝国支配の歴史に注目することは、「新しい帝国秩序の夢を実現するために生み出された新しい主権の形態」（Gilroy 2004: 3）を理解するのに役立つ解釈資源として有用である。アリのおじたちは一九八〇年代にタリバンと戦った。当時、タリバンはパキスタンのベナジル・ブット政権の支援を受けており、エジプトやチェチェンとのつながりもあったという。タリバンに対する米国主導の戦争が勃発したため、アリは二〇〇四年にアフガニスタンから逃れた。なぜ彼がロンドンを目指しトラックの荷台に乗って二年もの間ヨーロッパを陸路で横断したのか、それを説明するのは植民地関係の長い歴史と近年の西洋による地政学的介入なのだ。そのことをアリの生涯は示してくれる。現在、彼はイーストエンドに自宅を構え、内務省が彼の運命を決めるのを待っている。

イギリスでの移民に関する政治的な議論は、地政学的な懸念事項にはほとんど注意を払わず、もっぱら国益のみに焦点をあてている。福祉給付や医療提供、雇用など乏しい資源が移民によって奪われるのではないかという不安、またイギリスの納税者への負担が問題となっているのだ。デヴィッド・キャメロン首相は二〇一四年七月二九日、「私たちはイギリスを第一に考える移民制度を望んでいる」と発言し、はっきりとその態度を表明した。キャメロン首相と当時の内務大臣テリーザ・メイは、四人が拘留されることになった移民の強制捜査の現場にじかに立ち会うという前代未聞の行動を取っていた。スラウにある捜査を受けた家の外に立ちながら、キャメロンは続けた。

ですから、我々が今日行っているのは大きな変革なのです。もしあなたが不法にここにやって来た場合、家を持つこと、車を買うこと、仕事を持つこと、銀行口座をつくることを我々は認めないということです。あなたを見つけたら、いや我々はあなたを見つけるのですが、必ずあなたがやって来た国に送り返すようにします。不法滞在者は国に帰るべきだという公正な移民制度があることをイギリス人が知ることはとても良いことなのです。

（Independent Television News 2014）

キャメロンの発言は、前章で論じた、国境の内側に向けた管理や規制のより広範な政策を示している。ただし、それは次の二つの点で議論が制約されることを意味する。第一に、移民の議論が現在主義に限定されることである。すなわち、現在の状況のみに焦点を絞ることで、大英帝国の遺産と移民との関連性や、テロ対策の名目で正当化される近年の軍事的介入といった議論が回避されるのだ。第二の制約は、世界各地へのイギリスの関与と移住労働との関係を目立たなくする素材だけにドメスティックな関心を寄せる偏狭な視点である。ドリーン・マッシーが指摘しているように、偏狭主義の危険性は、ローカルなものが肯定的に意味づけられる一方で、「別の場所からグローバルな力が押し寄せ甚大な被害をもたらす」ことである（Massey 2007: 21）。ロンドンのような都市は外部とのつながりをすでに含み込んでいるが、ローカルなものをグローバルなものから区別することは、そうした事実を、つまりマッシーが「グローバルな場所の感覚」と呼ぶものを覆い隠してしまうことになる（Massey 1994: 146）。アリの経験から、そして実際にはこの研究の参加者全員から得た教訓は、移住をより深く理解するためには、「いま・ここ」への狭い関心を超えて、異なる時間と異なる場所から出発する必要があるということである。

本章では、本研究の参加者の経験を参照することによって、政治的・経済的利益を目的にイギリスが世界に関与してきた側面と、人々がロンドンへ移住する側面とがどのように関係しているのかを示したいと考えている。さらに、なぜ若者がこれほどまでにグローバルに移動しているのかを説明するために、ライフチャンスのグローバルな配分がどれほど重要な要因となっているかの理解を進めたい。アリの話に戻る前に、まずは、調査参加者がどのような旅をしてきたのか、そしてどのような場所から来たのかを地図にしておこう。

「ここ」と「そこ」——認可された旅と避難の旅

歴史というものは、文化はもちろん人の中にも無限の痕跡を残しているが、アントニオ・グラムシが述べるように、復元のための「目録は残されていない」(Gramci 1971: 324＝1961: 237)。過去を消し去ることや、イギリスが海外で帝国的な搾取に関わってきたことを忘却することは、政治にとってはときに好都合である。ホワイトホールからフリート・ストリートまでの移民排斥論者たちは、自らの無知に満足しているに違いない。A・シヴァナンダンによれば、現代の移民を理解するためには、植民地化の歴史だけでなく、それに連なるグローバルな経済的搾取、地政学的権力、軍事的介入などの現代的な形態の一部として考察される必要があるという。私たちもまたそれに賛成するものだ。

この連なりに何が含まれているかについては、本書に登場する参加者の人生が貴重な洞察を与えてくれるだろう。すでに論じてきたように、私たちはさまざまな政治の連結点に立っており、移動のパターンはもはやかつての植民地関係によって方向づけられるだけではない。別の言い方をすれば、現代の移民の「ここ」と「そこ」の座標が変化したということだ。この研究に参加した人々の複雑な移動の軌跡を示すことで私たちはそれを探究したい。

三〇名の若い参加者によるロンドンへの旅路を、それぞれ一つの軌跡として地図上に表してみよう(図2・1参照)。すぐにわかるのは、かれらの人生は単純な直線や一方向の線として表すことはできないということである。これらの軌跡はロンドンからカブール、アクラ、タリン、あるいはロゾーへとつながり、また戻ってくるような糸として理解されうるだろう。

これらの動きは、ロンドンの生活を南北アメリカ、東欧・北欧、アフリカ、東南アジアへと結びつけるつながりを創造するが、同時に情報の流れの導線にもなっている。この図を、前章で取り上げたジョン・バージャーとジャン・モアの著書『第七の男』の地図(図1・1)と比較すると、モビリティの状態がまったく異なることがわかる。図2・1は、スザンヌ・ホール(2012)が作成した、サウス・ロンドンの一本の通りに見られるグローバルなつながりを示す地図からヒントを得ている。彼女にとってグローバルなつながりを糸状で表現することは、「出身地と、植民地時代の過去と、格差を伴うグローバルな開発の合流」を意味する(Hall 2012: 34-35)。ホールによれば、この地図によっていかに「多重的な横断」と「つながり」が個々に生きられているかを、集約的なパターンに回収することなく問うことができるという。移民の地図では移動の経路は侵略的な脅威を暗示するような矢印として表現されることがあまりにも多いのだ。

このように、参加者の人生を一本の糸のように表現することで、移動の仕方がそれぞれに異なるこ

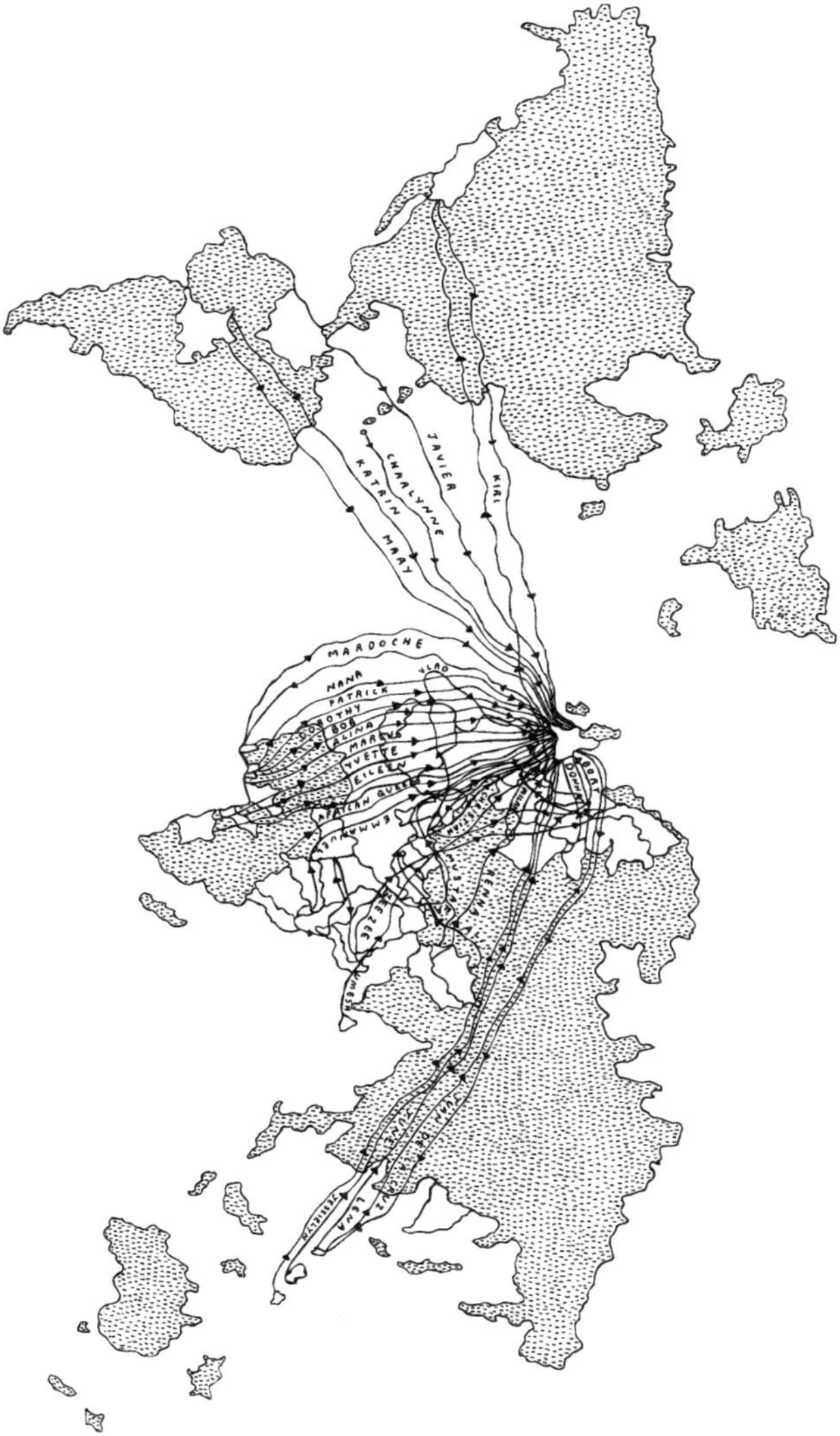

図2.1　移民の旅（レイチェル・マレーによる）

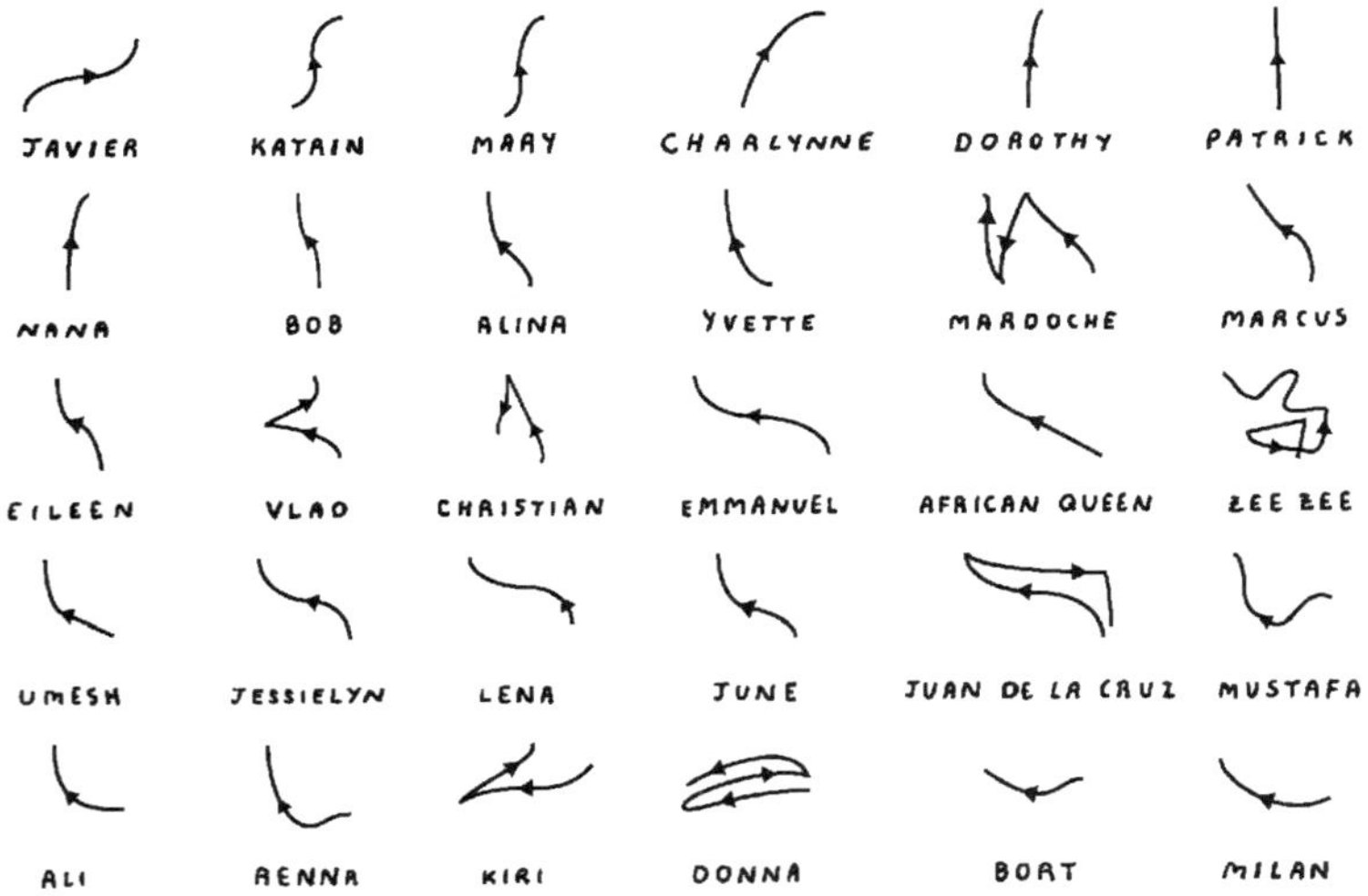

図 2.2　移動の導線（レイチェル・マレーによる）

とに気づかせてくれる。図2・2では、参加者各々の旅の形状を一本の線で表してみた。

これらの線の形状は、多くのことを明らかにしている。留学のために西インド諸島のドミニカ国からロンドンへ飛んだシャーリンや、チェコ共和国からロンドンに直行したミラン（Milan）のように、直線的で一方向のものもある。直線は多くの場合、ビザやEU域内の移動の自由によって容易となる「認可された移動」を示している。たとえば、二〇〇七年六月にポーランドのカトヴィツェからロンドンに移動したボルト（Bort）は、出発してから二六時間以内にゴルダーズ・グリーンのアパートに自分の部屋を見つけていた。

曲がりくねったりもつれたりする線はより複雑な物語の手がかりとなる。これらの多くは避難の旅を示している。たとえば、アリの線はアフガニスタンからロンドンに到着するまでにイラン、トルコ、ギリシャ、イタリア、そしてフランスを経由しており、二年間に及ぶ苦難の旅路を描いている。他にもアリと似たような話をする者にムスタファ（Mustafa）がいる。ムスタファは一二歳の時、サダム・フセイン失脚後の戦乱のイラクを母親と妹とともに脱出した。サダム・フセインの支持者であった彼の家族は政権崩壊後も迫害を受け、父と兄は殺された。彼はまずシリアに移動した。一六歳のとき、母親はムスタファをヨーロッパへ密入国させるべく、クルド人に手配金を渡していた。彼はシチリアのブドウ畑で低賃金のブドウ狩りをしながら、不法就労のまま一年を過ごした。その後、二〇〇二年にスペイン、フランスを経由してロンドンに渡った。

逃走する移民の旅費は高くつくことが多い。アルバニアや中国といった多様な地域からイギリスへの入国を果たすために、五〇〇〇～一万ポンドを密入国業者に支払うケースがあることを、私たちは知っている。ジグムント・バウマンが述べるように、逃走中の移民は「人目を避けて、しばしば不法に移動しており、ときには、まともに航行できないボートの船倉ですし詰めになりながらも、豪勢なビジネスクラス料金よりも高額なお金を支払っている」（Bauman 1998: 89＝2010: 125）。移民が支払う代償は金銭的なものにかぎらず、性的搾取の犠牲になる女性移民がいるように、ジェンダー化された性質を帯びている。

ジェシーリン（Jessielyn）は密入国の斡旋組織から入手した偽造パスポートを使い、フィリピンからロンドンにやってきた。彼女は別の名前でビザを取得し、もう一人の人間と行動を伴にしていた。彼女はフィリピンで、ある男のために「奉仕」するよう働かなければならないと言われていた。「あの時は、ただ逃げたかったの……［フィリピンでは］殺された人もいたから。それで、「ロンドンはいい街だ」って自分に言い聞かせたんです」。組織の手配でロンドンに到着すると、彼女は組織のために働くことが期待されていた。「ある男に奉仕する」ということである。これはどういう意味なのか尋ねたところ、彼女はこう説明した。

それは、その男に奉仕するということ。私は性の奴隷として、その男が私にしてくれたことと引き換えに、その男に仕えていたんです。彼らがしてくれたことは、フィリピンでの政治的な事柄、その危険から私を救出することでした……私も、その男に手紙を書いて送りました。パスポートも送りました……それらはすべて違法なことです。

ジー・ジーの線はおそらく最も撚れたものである。〔ソマリアの〕モガディシュで生まれた彼女は、四歳のときに家族と一緒にイエメン、エジプト、リビアへ向かい、それからエジプトに戻り、ドバイに行った。ジー・ジーの母親は戦争が家族につきまとうことを嘆いていた。ジー・ジーらはイエメンで政治的混乱を経験し、リビアでも戦争が始まりそうだったので脱出した。ドバイは八人の子どもと妻を養う彼女の父親にとって物価が高すぎた。そして、ドバイに続き、トルコ（父親の出身地）、ギリシャ、スウェーデン、チューリッヒ、パリへと向かった。彼女は一九九九年にロンドンで難民申請を行い、イギリス市民となった。

ゲリー・カーンズとサイモン・リード＝ヘンリーは、「人間の生命力は地理的に媒介された不平等によって構造化されている。つまり、ライフチャンスのあり方は、ローカルに節合されているかもしれないが、他の場所での出来事と結びついている」と指摘する（Kearns and Reid-Henry 2009: 556）。彼らは、人間のライフチャンスは「地理的な運」、つまり、たまたま生まれた場所によって決まると主張している。たとえば、西ヨーロッパで生まれた赤ちゃんは七〇代半ばを過ぎても生きることが期待できるが、ウガンダで同じ日に生まれた赤ちゃんは四〇代半ばを超えて生きることは期待できないという。彼らが示唆するように、ライフチャンスが地理という偶然の産物によって決まるのであれば、世界の貧しい地域で生まれた人々にとって、自分の運を変えるために行う最も合理的なことは移動することである。

しかしながら、イギリスの移民政策の機能は国益を守るためのものであって、より良い生活を求めて世界に散らばる人々を窮状から救うためのものではない。移動におけるヒエラルキーは、移民の在留資格を通じて生み出されている。ブレグジット以前のＥＵ域内では、ＥＵのパスポート保持者には移動の自由があるが、その他の在留資格をもつ外国人の場合は移動に制限があり、就労や公的資源へのアクセスなどの資格も制限されている。難民やアリのような庇護希望者は国家の恩恵を受けることができず、行政上の過失がない限り働くことも禁じられている。すでに難民認定を受けた人には就労が認められる。他方、留学生の場合は在学中にどれだけ働けるかに制限がある。

したがって多くの場合、移住はイギリスと移民の出身地との地政学的関係によって構造化されているのだ。ある若者の移動経路が直線であるか撚れているかを決定するのは、大部分がその出生における偶然であり、その結果としてかれらの運命を決定づけることになる。なぜなら、いかなる境遇で出生するかによって、認可された旅を約束するパスポートやビザを手に入れるための能力や資力が決まるからだ。とはいえ人間の移動を秩序づける世界には大きな偽善が存在する。この偽善については若者たちもわかっているが、かれらの多くは、イギリス政府のダブルスタンダードな態度のなかで生き延びようとしているのである。

「どうして私の国にやって来るのかと誰かが聞きましたか？」

アリは、タリバンとアルカイダに対する米国主導の戦争の後、二〇〇四年にアフガニスタンから脱出した。彼が庇護を申請すると、彼の生活は入国管理官によって厳しく監視された。彼はこう回想する――「彼らはほんとに些細なことまで知ろうとしたよ。でもどうして？　それは秘密にしていることだってあるよ。誰にも話せないこともね。でも、彼らはずっと尋ねてくるんです」。彼はこれを、イギリス兵やアメリカ兵が自らの存在の正当性を示さずにアフガニスタンの国境を自由に移動していたことと比較した。

アメリカ人がやってきた時、イギリス人兵士が私の国にやってきた時、どうして私の国にやってくるのかと誰かが彼らに聞きましたか？　聞いていませんよ。どうしてやってくるのかと誰かが、ハザラ人の誰かが、私の民族の誰かが聞きましたか？　ハザラ人はアフガニスタンでアメリカ兵やイギリス兵を助けていたんだよ。道を教えたり、戦い方を教えたり、すべてにおいて。

ダブルスタンダードはアリにとって明白だった。アフガニスタンでの「テロとの戦い」において英米軍がその優位性を行使する一方で、ロンドンでのアリの生活はますます監視と管理の対象になっていったからだ。その結果、彼が合法的に移動できる空間は縮小した。そこにはテロに対する不安も影響していたかもしれない。「大学に行くと、内務省の書類提出を要求されます。もし持っていなければ、大学に行くことも、教育を受けることも、仕事をすることもできません！」。彼は、法の外で働くことがいかに困難であるかを説明する。彼には低賃金で働く友人がいるが、雇い主が賃金支払いを拒否することがあるという。「彼らは働けば働くだけ気が狂いそうになるんです」とアリは言う。さらに強制送還の可能性について、庇護希望者が「（送還されて）家に戻ったとしても気が狂いそうになるでしょうね」とアリは付け加えた。

「テロとの戦い」の戦場で殺戮が繰り広げられ、その直接的な結果として、移民がリスクを冒して避難している。前述のムスタファはフセイン政権崩壊後にイラクを去った。彼がイラクに戻る可能性はない。「イラクには戻れないよ。イラクに送られるぐらいなら殺された方がずっとマシです」。彼は現在二〇代後半で、一〇年前からウェスト・ロンドンで在留許可もなく非正規で暮らしている。その間、彼は最も不安定な状況のなかでも自分のホームをつくってきた。彼はストリートマーケットでアルバイトをしたり、ウェスト・ロンドンの裕福な住宅で留守番や犬の散歩のサービスを行ったりしている。

ムスタファがロンドンにいるのは、イギリス軍がイラクにいたからだ。

この国が私をここに来させたんです。この国が。イラクでは私は優秀で、家族はよく働いてお金を稼ぎ、土地を持ち、動物を飼い、すべてを手に入れていました。そう、戦争のせいで私はここに来たんです。それが問題なんだから、この国は外国人の面倒を見る必要があるし、私のような在留許可書を持っていない人たち、働きたい人や何かしたい人の面倒を見る必要があると思うよ。

アリやムスタファのような人たちの物語は、新たな帝国関係が有する偽善の核心に迫っていく。イギリス軍はアフガニスタンとイラクの地に戦車を走らせているが、その土地の人々は「テロとの戦い」で混乱が引き起こされたにもかかわらず、とどまっていなければならない。ひとたび逃げ出せば、皮肉なことに彼らは治安部隊の標的になる。なぜなら戦争で荒廃した社会からの難民であることで、自動的に疑惑の対象となるからだ。

西洋諸国の安全保障、「反乱の鎮圧」、歴代のイギリス政府によって移譲された地政学的利益の名の下に行われた軍事介入。移民は、それらと地続きなものとして理解することが重要である。端的に言えば、アリとムスタファがロンドンにいるのは、イギリス軍がカブールとバグダッドにいるからである。ドリーン・マッシーが論じるように、彼女がいう「世界各地で進行中の差異と不平等の生産における（相互構成を通じた）関連性の認識」（Massey 2007: 216）が必要なのだ。彼女は「寛大さ」や「ホスピタリティ」の政治に反対しているが、その理由は、そうした贈与がグローバルな分裂や不平等を覆い隠すからである。

人間の移動に関して、ビザや在留資格の詳細を規定する「合法」や「非合法」という言葉を取り除くことで、移民についての異なる理解、つまり責任と互いの関与に基づく理解を深めることができるはずだ。カーンズとリード＝ヘンリーが示唆するように、これには「場所や個々の行為のスケールを超えた人間の生の相互接続性を、道徳経済や政治経済といったより大きなレベルで」研究することが含まれる（Kearns and Reid-Henry 2009: 570）。これは、「移民をめぐる議論」にアプローチするためのオルタナティヴな方法を提供する。なぜならこの議論は、地球上の人々のライフチャンスを構成し、その結果として移住のパターンを形づくる、より広い地政学的な力に注目しているからである。この議論については後で述べるが、その前にこのプロセスの経済的側面に焦点を当てたい。

その土地ではもう働けない

私たちが、ともにフィリピン出身のファン・デラクルス（Juan de la Cruz）とジェシーリンと初めて会った時、二人は二六歳だった。ファンは、私たちと出会う半年前の二〇〇八年一一月に留学ビザでイギリスに入国し、ジェシーリンは一七歳のときに斡旋組織を介してイギリスに密入国した。二人との会話を通して私たちは、フィリピン人が就労目的で世界各地に移住していることや、それが石油、伐採、鉱業における欧米の経済的利益に関係があることを知った。フィリピンは他の多くの国と同様に、世界銀行と国際通貨基金（IMF）に債務を負っている。これらの機関は、債務救済や優遇的追加融資などの措置を可能にするために、輸入・投資法の自由化を奨励してきた。こうした動きは、一九九一年のIMF債務管理プログラム・ローン（世界銀行個別評価グループ）のような対策によって一九九〇年代に加速した。新たに手にしたフレキシビリティを反映して、一九九五年のフィリピン鉱業法は外国の鉱山会社の参入を許可し、外国の鉱山会社には七五年間の土地の借地権、住民を立ち退かせる権限、水に対する完全な権利が与えられた。

ジェシーリンは採鉱プロセスによって作物栽培がまったくできなくなると言う。「どこに穴が開いているかわからないから、もうその土地で農作業することはできないのよ」。その発言はさらに的を射たものとなっている。二〇〇八年には、石油や石油化学製品の価格が上昇したことが一因となり、コメの価格も急上昇したのだ。フィリピンは世界最大のコメの輸入国である。コメに依存する世界の各地域で米騒動が発生し、ハイチでは六人が死亡した（NBC News 2008）。政治的な弾圧が激しいフィリピンでは暴動は起きなかったが、この危機は食糧不安と鉱業依存の関係に対する懸念を表面化させた。

ファンは鉱山の町で育ったという。彼の父親は鉱山労働者で、石灰の粉塵に晒されたために気管支肺炎になり早期に退職した。ファンとジェシーリンによれば採掘された鉱物には金とニッケルが含まれていたという。二人は特に、フィリピンで補助金を得て物議をかもしている豪・英の鉱山会社ビリトンの役割について説明する。イギリスの国会議員で元国際開発大臣のクレア・ショートは、二〇〇六年にフィリピンを訪れ、後に「鉱業が環境や人々の生活に与える悪影響に大きな衝撃を受けた」とコメントした（Short 2009: vi）。これには、食糧生産を脅かす地下水面への被害や漁業に損害を与える汚染などが含まれていた。ショートはフィリピンの鉱業に関する作業部会の議長として、フィリピンの鉱業が引き起こした惨状とイギリスを拠点とする企業とのつながりに関する一連の調査を支援してきた。ロバート・グッドランドとクライブ・ウィックスによる調査報告書『フィリピン――鉱業か食糧か？』に寄せたショートの序文にはこう書かれている。「イギリスに本社を置き、ロンドン証券取引所に上場している数多くの大手鉱山会社の慣行については、大きな疑問を抱いている」（Short 2009: vi）。

経済的搾取と環境破壊は政治的な弾圧と結びついている。「たとえば、もし鉱山会社に抗議でもしたら、殺されるでしょうね」とジェシーリンは言う。人権活動家はフィリピンでの超法規的な殺害について懸念を表明している。二〇一〇年、ヒューマン・ライツ・ウォッチの事務局長ケネス・ロスは、新たに就任したベニグノ・アキノ大統領に手紙を書き、フィリピンにおける「暗殺部隊」に終止符を打つよう訴えた。ロスは、「フィリピンの治安部隊とその代理人は、過去一〇年間に左翼活動家や政党員、辛口の聖職者、人権擁護者など数百人を殺害したが、ほとんど無罪となっている」(Human Rights Watch 2010: 1)と記している。ジェシーリンは、フィリピンでの殺人と政治的弾圧が、彼女が出国を決意する上で大きな役割を果たしたと話してくれた。彼女の友人のうち五人は政治的暴力によって殺された。鉱山会社がその地域で行ったことについて政府を批判しただけで「彼らは殺そうとする、彼らは殺そうとする」のだと、彼女は強く言った。

イギリスの企業がフィリピンの天然資源の採掘から利益を得ているだけでなく、NHS(国民保健サービス)はフィリピンの労働力を求めて人材を採用している。ミルカ・マディアヌウが指摘するように、フィリピンは「最も移民を多く輩出する社会の一つ」(Madianou 2016: 189)であり、年間一〇〇万人以上の移民が仕事のために国を離れ、その移住労働者の大部分は女性であって、家事労働や看護に従事している(Asis 2008)。ジェシーリンの母親は彼女が七歳のときに看護師としてイギリスで働くために出国した。ロドリゲス(Rodriguez 2010)は、どのようにしてフィリピンという国家的ブローカーが他のホスト国と協力してフィリピン人の国際移動を手配し、また、移住者による送金がいかなる形でフィリピン国内の家族を経済的に支えているかを描いている。

マディアヌウとミラーの説明によれば、現代のフィリピンは、より大きな東南アジアのマレー地域内の諸地域からなり、スペインによる植民地化(一五六五−一八九九年)と一九四六年に終了したアメリカによる短期間の植民地化のあいだに統合された「コロニアルな建造物」であるという(2012: 16-17)。二〇世紀の初頭には男性のサトウキビ労働者はハワイで働き女性の看護師はアメリカで働くなど、初期の移住労働は植民地との縁に結びついていた。だがフィリピンでは、労働者の斡旋と海外への労働力移動は国家政策である。一九七四年にフェルディナンド・マルコス政権は、悪化した失業率とIMFや世界銀行への債務支払いの増加に対抗するため、一時的な策として労働法を制定した。この労働法は労働者の輸出を公式の政策とし、フィリピン海外雇用庁（PAOE）を、すべての合法移民が会費を納める海外労働者福祉機構（OWWA）とともに設立した。ジェシーリンはそれに厳しいまなざしを向ける。「そう、政府は労働輸出政策を実施しています。彼らはそれを合法化して自分の民を売っているのです」。

マディアヌウとミラー（Madianou and Miller 2012）が論じるように、フィリピン人にとっての「移住の文化」は、雇用の欠如や福祉国家の不在、女性が経験するジェンダー不平等やドメスティックバイオレンスなどの構造的な要因によって引き起こされている。フィリピン人の労働力は輸出される資源であるが、これらの移住労働者が自国に送る金額は年間一六〇億ドルを超えており、海外からの相当な収入源となっている。二〇一五年一〇月にフィリピン政府は、八月の一か月で同国出身の移住労働者から二三億ドルの送金が行われ、同年の最初の九か月間で一七九億ドルが送金されたと発表した（Official Gazette of the Republic of the Philippines 2015: 1）。フィリピン人の移住労働は深刻な社会的影響を及ぼすまでに至っている。マディアヌウとミラー（2012）は移民たちの新たな経験、すなわち遠く離れた場所で、携帯電話やソーシャルメディアを通じて展開される間接的な子育てや家庭生活、情緒的関係について述べている。POAEとOWWAのメイン・スポンサーが世界第二位の通信会社であるグローブ（Globe）社であることは、おそらく驚くにあたらないだろう（Madianou and Miller 2012: 20）。

ジェシーリンは、フィリピンには自国民を売るという政府の方針があると、はっきりと言う。またアンナ・ロミーナ・ゲバラ（Guevarra 2014）は、フィリピン政府が女性労働者のイメージを「スーパーメイド」として育み、「人種的にブランド化された」輸出商品を作り上げたと主張する。そして彼女はそれをマーケティング戦略の結果だと論じている。

フィリピン人看護師は技術や医療の知識を持った専門家であるだけでなく、思いやりや優しい愛情のこもったケアを提供する人でもある。フィリピン人の家事労働者は家事ができるだけでなく高学歴でもあり、ブローカーは「メイドと家庭教師を一人分の料金で雇える」とよく言っている。

（Guevarra 2014: 143）

フィリピンでは、グローバルで新自由主義的な労働市場のなかで自国の労働者を優位にするために、労働者に対して人種的なステレオタイプやジェンダー的な性格を付与することが国策となったのだ。

ＦＣＦ鉱物公社のようなイギリスを拠点とする著名な企業をはじめ、海外の鉱山会社がフィリピンの貴金属や卑金属の埋蔵量を搾取するのと同時に、労働輸出政策では、看護の分野などにおけるイギリスの労働力不足を補うために、熟練した労働者を吸い上げている。とはいえ、ジェシーリンやファンのような人々の移動は厳しく管理されているのである（Preet 2003）。このように、ジェシーリンとファンの人生は、イギリスとフィリピンの関係の中心にあるダブルスタンダードを明らかにしてくれる。

一人は本物でもう一人は偽造であったが、二人ともパスポートを持って到着したにもかかわらず、それぞれの在留資格では公的援助を受けることができないため、二人は社会サービスや福祉の場にアクセスすることができなかった。ファンが合法的な労働市場へのアクセスを限定的だが持っていたのに対し、ジェシーリンは全く持っていなかった。ファンは「留学生の就労許可制度（Earn While You Learn Scheme）」を利用してイギリスにやって来た。この制度が約束した通り、大学への入学は手配されていた。彼によるとこの制度は仕事を手配し家賃も賄うことを約束していたが、どちらの約束も守られなかったという。お金が足りず、彼は窮屈な部屋に押し込められた。「そうですね、週に一五〇ポンドずつ支払わなければなりませんでした。そう、一人あたり一五〇ポンドですね。でも狭い部屋で、三人で一部屋に暮らしていたんです」。彼は同居人とともに、訴訟も辞さないと抗議したことで支払った宿泊費分を何とか取り戻すことに成功した。

それでもお金の心配があったために、彼はクラッハムの自宅からロンドン郊外の大学に行くための運賃をいつも支払うことができなかった。「そこに行くにはかなり高いので、一四ポンドだけ使っていました。しかも、往復で」。彼が安い運賃で通えたのは、「もちろん、遅い電車」を利用したからである。ファンは片道二時間かかったと述べる。大学に通う必要があったのは週に二回でよかったのだが、生活費を賄うために働かなければならず、ときに両方をこなすのに十分な時間がないこともあり、いつも大学に通うことができなかった。この問題は長く続いた。このような困難な状況にもかかわらずファンは五か月間の看護課程に進んでいたが、ある日突然退学を余儀なくされた。彼はいつものように月曜日に大学に通ったが、次の木曜日に出席したときには事態は違っていた。「木曜日に大学に着いたら、学長から直接、もう大学で勉強することは許可できないと言われました」。セキュリティスタッフが彼を大学の外に連れ出した。「そこにはたくさんの学生がいて、まるで前科者か何かのようで、とても恥ずかしかったよ」。

現在のイギリスにおけるポイント制の移民制度の下では、大学やカレッジの教員および職員は、大学への入構禁止や、入管によって強制送還される恐れのある留学生の出席状況を監視することが求められている。また、これらの教育機関は留学生が何らかの形でテロリズムへの関心を促されることに備えて、留学生の活動全般を監視することが義務づけられている。ファンの退学は、彼の出席や進捗状況を追跡する教員を通じて、キャンパス内での移民管理の境界線がどのように運用されていたかを示す例であった。彼は規則自体に異議を唱えたのではなく、むしろ次のような事実に異議を唱えた。「大学側からは、あなたが来なければ、あなたが出席しなければ、あなたを追放します、あなたを除籍にしますという書面での通知や手紙はありませんでした」。最終的に彼は代わりの大学を見つけ、そこで高等国家資格（ＨＮＤ）の勉強をしているが、週に二〇時間しか有給の仕事ができない。この制約のなかでは経済的に生きてゆけず、結果的に非正規の労働市場で働くことで生計を立てている。

ジェシーリンの状況は、自分の命が危ぶまれたときにイギリスに逃げてきたのでかなり違っていた。彼女は、フィリピンにおける低開発の条件が生み出されているのは経済的・政治的利益のためであるとしてそれを敵視していた。彼女がイギリスへの渡航のために支払わなければならなかった代償は、ロンドンの人身売買組織の男たちに監禁され、管理されることだった。しばらくのあいだ、彼女はギャングたちによって、組織とつながる腐敗した政治家やビジネスマンとの性的行為を強制されていた。

ジェシーリンはフィリピンでの政治的迫害から逃れたが、ロンドンでは人身売買業者や犯罪組織に支配され虐待を受けることになった。彼女は逃亡するためにフィリピンの偽造パスポートを使い観光客として入国した。その後、彼女は働くためにスペインのパスポートを購入した。人身売買組織で働かされていたジェシーリンは、ロンドンの宅配便を使ってフィリピンに送り返そうとしていた九枚の違法パスポートを所持していた罪で入国管理局に摘発された。彼女は入国警備官が誰かからの密告を受けたと考えている。

何が起こったかというと、宅配業者が私の番号に電話をかけてきたんです。業者がパスポートを送る時、組織が私の名前と番号を使っていたとは知りませんでした。宅配業者から電話がきて、「ＯＫ、あなたのものは発送されずに保管されています」と言われました。それで私が宅配業者のところに行くと、二人の警官が来て、私が所有者かどうか、私が書類に書かれた名前の人物であるかどうかを尋ねられました。私は「はい、そうです」と答えました。パスポートはフィリピンに戻されるはずで、九枚ありました。再利用されて、活用されるためにフィリピンに送られるはずだったんです。国を出ようと必死になっている他の人のために。

ある意味で、警察に捕まることは組織の虐待から逃れるための手段であった。彼女は続ける。

その後、私は逮捕されました。ある意味ではとても嬉しかったですね。起訴されていた間は少なくとも彼らから逃れることができたので。警察官はとてもやる気がなくて……私は黙っていました……警察にはこう言っただけです。「ＯＫ、ここで有罪になるんだったら、それで結構です。大丈夫です。残りの二年間は刑務所の中で過ごせるから」と。刑務所では、そうホロウェイにいた時ですね、庇護や難民についての情報を耳にして、「ああ、それは私だ」と思いました（笑い）。それで庇護を申請したのですが、弁護士が来てもよくわからず、刑務所の女性たちと出会うまでは、そもそも腕のある弁護士には出会っていなかったんだと思います。彼女たちに自分の話をしたら、いい弁護士を紹介してくれて、二〇〇五年に勝訴しました。二〇〇三年に出所しましたが、ホロウェイ刑務所には二か月間いて、その後、エセックス州のブルウッドという若い犯罪者グループのところに行きました。二一歳のときね。

逆説的だが、拘束されることは、ジェシーリンにとって組織の男たちによる性的搾取から逃れる途となった。刑務所では日記をつけていたが、刑務所の図書館を利用して自らを教育し、フィリピンでは扇動的と考えられていた本を読んでいた。「マルクスに恋したような気分になったよ」と、ジェシーリンは笑いながら言う。「彼が話していることは、人々の生活がどうなっているかということなのに、どうして彼は憎まれるの？」

囚人の中には、自分の母国がかつてイギリスの植民地だったことや、移住した地域でイギリスの金融関係者が暗躍していたことを語る者もいた。彼女は思い出した。

そういえば、ジャマイカの友だちから聞いたのですが、ジャマイカがイギリスの植民地になって、イギリスの国になったんですよね。それで友だちが言うには、「なぜ私たちはここに来られないの？　なぜここにいちゃいけないの？　なぜ私たちがここに来るのを彼らは止めようとするの？本当に連邦なの？」、って。ジャマイカ人はそう言っていました。それが疑問です。こんどは中国人の女の子が言ってたんですが、中国の福建省にはたくさんのイギリス人がいて、大きな建物の中でビジネスか何かをしてる、って。

彼女は、服役中に庇護を申請した。その一年後に釈放されたが、二〇〇五年四月までは難民としての地位と無期限の滞在許可が与えられていなかった。彼女への有罪判決は、次のような結果をもたらしていた。

前科があることを理由に、イギリスの市民権の取得は認められませんでした。現行の移民の法律では、一二か月以上二四か月以下の有罪判決を受けた人は、判決の日から一五年間、市民権の申請を待たなければなりません。その期間は七年から一〇年、一五年と変更され続けています。私は残念ながら、この変更に巻き込まれてしまったんです。

二〇〇八年に大学で政治学を学び、社会学の課程科目もいくつか選択するなど、イギリスでの彼女の生活は安定していた。ジェシーリンはこの経験を通して政治に対してより積極的になり、いまでは移民の権利を守る運動をしている。彼女がこれらの科目を履修したのは、グローバルな文脈のなかでフィリピンの不平等を理解するのに役立つかもしれないと考えたからだ。彼女は次のように結論づける。「フィリピンのような地方や地域には抑圧され搾取されている労働者が数多く存在しています……。なぜなら、フィリピンは危機的な状況にあり、未発達の国だからです」。

ジェシーリンは権利擁護やソーシャルワークの仕事を探していたが、就職するのに苦労してきた。彼女は自身の犯罪歴がその機会を阻んできたと考えている。「弁護士は有罪判決を受けませんよね。詐欺よ!!」。彼女は冷笑しながら言う。「自分たちは常に疑われるでしょう」。彼女が虐待されていた事実は一度も考慮されなかった。「私はその状況から逃げたかったから、その時は弁護士には言わなかったんです。以前のことは話しませんでした。私はただ罪を認めただけです」、と彼女は振り返った。「一人でいるとき、「なぜこんなことを経験しないといけないの?」と自問しますが、でも、それが私の人生ですよね」。

それに対して、石油や伐採など他の事業利益のために鉱山会社が犯す犯罪や、政治家自身の罪さえも罰せられることはないと、ジェシーリンは言う。経済的苦難や環境破壊は、ファンの父親が苦しんだ気管支肺炎のように誰の目にも明らかなものである。フィリピンのような国では、フィリピン鉱業法（一九九五年）など国内で制定された市場の自由化により富の抽出が開放されている。これらの条件は、一九九一年のＩＭＦ債務管理プログラム・ローンの下で行われた債務再編協定や、フィリピンが世界貿易機関（ＷＴＯ）に加盟するために必要とされた自由貿易の条件によって課せられたものである。私たちの調査では、さまざまな鉱物や金属の採掘による富の抽出が、ジェシーリンとファンが逃れようとした貧困や政治的不安定の要因であることがわかった。こうした関係をフィリピンの文脈で説明してきたが、コンゴ、ガーナ、ボリビア出身の参加者からも、同様のパターンがあることを発見できた。

重要な点は、移住を理解するには、経済的搾取と環境破壊のグローバルなあり方を認識する必要があるということである。グローバルな経済的搾取をめぐるイギリスの責任と移民を結びつけることは、政党を問わずイギリスの政治家がいまだに受け入れようとしないことである。参加者たちの人生は、グローバルな経済的搾取と人口移動の増大との中心的な結びつきを、あまりにも明白に示している。ここで問題なのは、資本家やグローバル・エリートの運命と、ファンやジェシーリンのような人々の運命の根本的な不一致である。一方で、経済力や企業の利益は新自由主義的な環境の下で規制から解放され、国境を越えて移動し、富を抽出することができる。他方で、開発途上の世界の人々はより厳しい管理、精査、監視の対象となり、移動しないように圧力を受けたり、あるいは出身地の発展途上国に送り返すべくあらゆる努力がなされるのである。

移民論争のスケールを変える

移民論争のスケールを変えるために、私たちはなぜ若者たちが世界中からロンドンに集まってくるのかをより広い地政学的な文脈のなかで理解するよう説いてきた。それは移民を、植民地支配の遺産に連なるものとして、また経済的搾取やグローバルな安全保障、テロとの戦いの名の下に行われた軍事的介入といったその現代版と関係するものとして認識することを意味する。本章の冒頭で述べたシヴァナンダンの名言を応用すれば、若い移民がロンドンにいるのは、イギリスの戦車や鉱山会社がグローバル・サウスにいるからである。こうした地域では植民地主義の歴史と新たな帝国主義が相互に結びついて、「生活水準、平均寿命、資源へのアクセスにおける大きな不平等」（Dados and Connell 2012: 12-13）を再生産し続けている。これは、イギリス帝国の過去の残滓であるだけでなく、現在の政治や経済が世界各地で絡みあった結果でもある。

二〇一四年の夏にはカレーでの騒乱がクローズアップされたが、そこは陸路でヨーロッパを横断してきた移民がやはり海峡を越えるのが難しいとわかる長年にわたり障壁となってきた場所である。カレーには移民たちが定住する長い歴史があり、地元の慈善団体から食料品の寄付を受けて支援されている人もいる。自治体との関係は硬直化しており、その結果、食料配給所でスーダン人とエリトリア人のグループのあいだで暴力的な衝突が起きた。イギリスの国境警察は海峡越えを阻止するために万全を尽くしており、フランス当局はある種の抑止力として、移民がますます追い詰められて状況が悪化するのを黙認している。カレーのキャンプにいる移民の数は約七〇〇〇人に増加した。「ジャングル」と呼ばれるキャンプは政治的な問題となり、二〇一六年一〇月に破壊ないしは「解体」されるに至った。

この悲惨な状況は、移住のより広大な地理的規模を理解することの重要性を如実に示している。カレーのキャンプを長年取材してきたマット・カーは次のように書いている。

これら［移民］の数は、カレーで抑圧が続いていることによるのではなく、欧州外の状況が変化していることに基づいている。新たに到着した人々の多くはシリア人である――イギリス政府が「良い難民」とみなす国籍である。つい最近までイギリスは圧政から国民を救うためにシリアを空爆する準備をしていた。カレーではシリア人はもはや救済に値せず、むしろ排除され、警棒の的になっている。（Carr 2014: 1）

私たちの調査の参加者の多くは、カレーのキャンプを通過し、大型トラック等でイギリスに密入国していた。そのリスクはますます高まっている。アフガニスタン出身のシク教徒であるミート・シン・カプーアという名の難民は、二〇一四年八月、ティルベリー・ドックの密閉コンテナの中で死亡した。彼は妻と子どもを含む三四人の密航者グループの中にいたが、その全員がアフガニスタン出身であった（Athwal 2014）。イギリスの移民政策は、帝国後の先進国と「テロとの戦い」の舞台である開発途上国とのあいだに支配と服従の関係を維持するために、グローバルな人の流れにフィルターをかけている。これは、開発途上国の人々がいまいる場所に留まるにせよ、イギリスに移住しようとするにせよ、同じことがいえる。フィリピンでの採掘であれ、アフガニスタンでの戦争であれ、ロンドンから何マイルも離れた場所での出来事は、イギリス国境の警察的管理と結びついており、イギリスの政治的空間の境界であるか、日常生活の空間の内部であるかにその違いはない。

グローバル・サウスからの移民の逃避行は、往々にして回り道をすることが多いが、これは移動能力が分断されているためである。EU域内でのヨーロッパの国境の統合は、移動の秩序に新たな次元を加えている。ドナ（Donna）は、経済的なチャンスを得ようとリトアニアからロンドンに移住した。彼女はロンドンに来てお金を稼ぎ、旅行をし、将来のために貯金をすることを計画していた。私たちはこうした移動のパターンの多くの例を見つけてきた。その意味でEUパスポートは、ポーランド、トルコ、ボスニアの若者がイギリスに移住して働くという、欧州統合以前には考えられなかったような機会と将来に途を拓くものだ。

EU域内で自由労働者として移動する若者にとって、二〇〇八年の金融危機と、かれらが利用していた銀行の「貸し渋り」は、またしても厄介な問題を引き起こした。私たちの研究では、経済危機の影響をほとんど受けていないノルウェーや、小幅の影響で済んだスウェーデンといった国の事例がある一方で、ロンドンのように金融部門に経済的に依存する都市では、それを支えるサービス産業とともに大打撃を受けていることがわかっている。レストラン業、オフィスのメンテナンスや清掃などのサービス業は、EUの若い移住労働力に依存している。こうした変化の影響は集団間で異なった形であらわれる。ドナの場合は、生活費を稼がねばならず、貯金も仕送りもできない。彼女が言うには、

貸し渋りは私にとっては辛いもので、生活を切り詰め、これまでに出来ていたことを諦めなければならなくなりました。以前は美味しいものをたくさん食べたり、友だちとよく出かけたりしたのに、いまはあまりしないし、するとしても少しだけです。むしろ、ロンドンの中心部や他の場所に出かけても、夜まで友人と家で過ごすか、お金のかからない遊びをします。

彼女はリトアニアに帰省するのに十分な貯蓄ができず、世界でも物価高の都市で苦労しながら生活をやりくりしている。ヨーロッパの統合はドナに多くの可能性をもたらしたといえるが、経済不況は彼女のリトアニアへの関わりと、いつか故郷に戻るための節約の余地とのあいだに緊張を生み出した。就職が困難で、生活費が高騰する世界で足場を固めるために、彼女はロンドンでの生活に挑戦している。

先に示したように、アフガニスタンにいるアリの家族は、イギリス帝国に絡めとられ、冷戦時代には超大国、そしていまでは連合軍との戦闘に巻き込まれている。「テロとの戦い」とそれに連なる暴力は、イラクのムスタファのような他の調査参加者らと同様に、彼をイギリスに向かわせた。アリは、タリバンと戦う連合軍を支援するために家族と一緒に努力したにもかかわらず、自分は移民管理の監視下に置かれ、イギリス軍は招待もなしにアフガニスタンの国境を越えられることに不満を覚えた。ロンドンでの地位を確保するための長い待ち時間のなかで、彼はイギリス軍への入隊を真剣に考えたことすらあったのに。

新自由主義的で保護主義的な経済的利益と、「テロとの戦い」の下での安全保障の利益。これらの利益を維持するために、ミクロな国境や日常的な国境が強制される。それらは、帝国後の世界で中核を占める国々とその外部との関係、そしてロンドンの内部にいる移民に対して行使されている。正規の労働市場という空間へ移民が移動するのを制限することは、帝国後に開発途上にある周辺地域の人々の生計を犠牲にして、イギリスとEUの仕事やビジネスを保護する輸入関税や補助金と同じように、「イギリス人労働者のためのイギリスの仕事」を提供することに集中する保護主義的な経済的・政治的要請にも対応している。経済と安全保障の双方の利害は、移民規制を支える国境管理の形態や、経済的かつ社会的な保障に関する言説と一致するが、それは安全保障上の危険な存在や、「我々」の希少資源を食い物にする存在、つまりは移民を「他者」として見なすという感覚に裏打ちされている。

就労の権利がないか制限されている移民は、低賃金や不十分な労働条件に対して脆弱で、正規の労働市場へのアクセスが制限されている。これらの制約から、ジェシーリンは非正規の労働市場で働くことになった。一方、アリは、教育、福祉、合法的な労働市場にアクセスできないために、たちの悪い雇い主のもとで隠れて働くアフガニスタン人として知られていた。就労制限のあるファンは、イギリス経済の労働力不足の部門で、学生に許されている時間よりも長い時間、最低賃金以下の賃金で働いていると語った。

非正規の労働市場は多くの点で、メトロポリタンの中心部とポストコロニアルな周縁部との関係を移民生活というより小さな規模で再現する低開発のメカニズムである。ムスタファとアリは、物質的なニーズや多様な生活願望を満たすことを困難にする雇用制限を受けている。彼らは非正規の労働市場に追いやられており、そこでの仕事が経済や富裕層の生活に役立っている。ウェスト・ロンドンで裕福な人々の犬の散歩をするムスタファのイメージは、このことを痛烈に表現している。ある意味で、彼らの未来は、周辺地域の多くの人々と同様に、結果として「低開発」のままなのである。

おわりに

この章では、イギリスにおける移民論争が内包する現在主義と偏狭主義に反論してきた。A・シヴァナンダンの政治的な名言「あなたたちがそこにいるから、私たちがここにいる」を想起しながら、ロンドンにいる移民の存在が、世界各地で展開されるイギリスの帝国主義と軍事的関与の直接的な結果であることを示してきた。シヴァナンダンの指摘をさらに応用し、押し進めていくと、ロンドンの移民はイギリスの植民地的な過去のためだけにここにいるのではなく、むしろグローバルな後背地におけるイギリスの積極的な地政学的・経済的利益のためにここに引き寄せられていることがわかる。かれらがここにいるのは、私たちがそこにいるからなのだ。

私たちは、調査参加者の人生を考察しながら、現代の移民の「ここ」と「そこ」を実証しようとしてきた。大まかに言えば、私たちは、移民の出身社会に対するイギリスの経済的、政治的、軍事的な関与の過失責任を含む、移住のより広範な構造的要因を認めていく、移民論争のスケールの変更を主張している。

また私たちは、第一章で分断された接続性《ディバイデッド・コネクテッドネス》の世界として言及したものについて、別の次元を示そうとした。「時空間の圧縮」という有名な言葉でデヴィッド・ハーヴェイが解説したように、現代社会はより相互に結びつき、人間はより移動しやすく、空間的に近接している（Harvey 1990: 240＝1999: 364）。しかしながらこの章で示したのは、単に時間と空間が圧縮されるグローバル化した世界の問題ではないし、また国際移動へのアクセスもまったく均一ではないということだ。ドリーン・マッシーが示すように、この「差別化された移動」は、権力の不平等な幾何学のなかで機能しており、「移動を管理する人もいれば、そうでない人もいて、自由に移動や行動ができる人もいれば、そうでない人もいる。移民を受け入れる側にいる人もいれば、移住によって事実上収容される人もいる」のだ（Massey 1994: 149）。

私たちの参加者の旅は、人がどれだけ容易に移動できるかという点において、そのヒエラルキーを鮮明に描いている。中には、空路でいつもスピーディーに移動できる認可された直接移動とでも呼ぶようなことができる者もいれば、しばしば高いリスクを冒して、陸路を遠回りして移動する者もいる。縮小する世界という一般的なイメージは、グローバルに容易く移動できることが一部の人に与えられた選択肢に過ぎないという事実を隠している。

カーンズとリード＝ヘンリー（2009）は、責任をめぐるグローバルな感覚を育む生命地理学について論じながら、次のように記している。

> 人々は、自分たちがどのように行動しているのかを理解することで、他者に配慮する義務を培うことができる。実際、すでに人々は商品の連鎖のなかで遠く離れた見知らぬ者たちと多くの関係を持っているし、非対称的な旅行や移住に関する法律を通じて、また国家間の債務や貿易関係を通じて、かれらを抑圧しながら自分たちの生活を維持している。
>
> （Kearns and Henry 2009: 566）

このような感性を育てることは、移民論争のスケールを変えるだけでなく、人種主義やナショナリズムの核心にある偏狭な利己主義に対抗する可能性を秘めている。しかし移民の経験は、ゲリー・カーンズとサイモン・リード＝ヘンリー（2009）のいう「地理的な運」の中にさらなる不平等を露呈させている。

「地理的な運」という概念は国際移住を推進する主要な要因を説明しており、ライフチャンスのグローバルな格差はこの概念によって把握されうる。私たちが論じてきたのは、戦争で疲弊し、貧困にあえぐ多くの移民が旅立っていく文脈のなかで、ライフチャンスに影響を与える政治的、経済的、環境的な諸力をイギリスがどのように握っているかを理解する必要性である。しかしながら、移民に関する議論のスケールを変えるためには、移民の生活が、監視やいわゆるミクロな国境形成によってどのように精査されているかを理解することも求められる。

移民たちはロンドンに移住することで貧しい世界に生まれたという悪い「地の利」（＝「地理的な運」）から逃れようとする。しかしロンドンに移住した移民は、さらに監禁、排除、監視の対象となり、健康と安全に悪影響が及んでいる。ティルベリー・ドックのコンテナの中で死亡したミート・シン・カプーア氏の事例には、このような危険の迫るライフチャンスが最も顕著に表れている。私たちは、ロンドンで「不法滞在者」であることや庇護希望者として生活することの不安定さが、体調不良やうつ病、自殺の危険性さえもたらしている事例を数多く発見している。アフガニスタンのような場所から移動することのなかには、ロンドンでの不健康で規制の厳しい移民生活と引き換えに、悪い「地の利」を交換することができるという残酷な皮肉がある。

私たちは、「ここ」と「そこ」の歴史的関係の痕跡が移民の生活の中に堆積し、現在の地政学的現実が移民の経験の中に持ち込まれていると主張してきた。ジグムント・バウマンはベルトルト・ブレヒトを想起しながら、不安なナショナリストにとって、移民は「悪い知らせの前触れ」となり、支配の喪失と抑圧された帝国の罪悪感を体現するものとなると批評している。バウマンは、「使者を非難し、処罰する」ことは、「グローバリゼーションという捉えどころのない遙かなる力」や、ホスト社会のなかで経験する「不安定さに抗えない無力感」から真剣な注意をそらすための「あまりにも人間的な」方法であると書いている（Bauman 2016: 17＝2017: 19-21）。使者を非難することは、経済危機や手頃な価格の住宅不足を単純化し、これらすべての問題の原因を人間の姿をした移民の形象の中に宿していくことを意味する。それとは対照的に、移民の人生の物語は、グローバルな殺戮の前兆を知らせるのではなく、過去と現在において、イギリスと他の国々との関係をより深く理解する機会をもたらしている、と私たちは主張する。

次章では、イギリス社会において移民の経験を格付けし秩序化するプロセスが、在留資格を決定するという制度的なレベルにおいてどのように機能しているか、また、移民の経験にフィルターをかけ格付けするプロセスが、ロンドンの日常生活のなかでどのように非公式な形で機能しているかを議論したい。

第三章

ボートでやってきた新参者《フレッシー》

Freshie from the boat

はじめに――両親も新参者《フレッシー》じゃないの？

ロンドンに来たばかりの人々はよく、移民の若者たちから「新参者《フレッシーズ》」と呼ばれている。新参者とは、ごく最近にやってきた移民のことであり、そのためか、ロンドンの生活では暗黙の序列の底辺に追いやられることが多い。ソマリアのモガディシュで生まれ、二度の内戦から逃れてきたジー・ジーは、こう説明する。

フレッシーとは、私が知るのは、イギリスにやってきた英語の話せない人たちかな。イギリス人は「新参者」または「ボートでやってきた新参者」と呼んでるでしょうね。列車や何かでイギリスにやってきたとしても、ボートでイギリスに来たと思われてます。そう、「なんにも知らないフレッシー」って言うじゃない。要は、アフリカのどっかの国の出身で、テレビも、車も、ここでの生活も見たことがない奴らって感じで。フレッシーは、文字通り「クズ野郎《カース》」（侮蔑語）なんです。英語を話せない人がフレッシーと呼ばれるのは、黒人のNワードと同じようなものです。ひどいよね。

本書では、ロンドンがもはや後戻りができない移民都市でありながら（Hall and Back 2009=2014も参照）、その紛れもない多文化の内部には、差異を格付けし、序列化する選別のプロセスがあることを論じている。「フレッシー」というラベルは、日常生活や移民コミュニティのなかで作用するこの一連の行為をうまく捉えている。ジー・ジーは指摘する。

おかしなことに、私は（白人の）イギリス人からフレッシーと呼ばれることがなかったんです。そこが面白いところ。大人になったからかな……。あるソマリア人の子どもたちも、両親が何年も前にこの国に来ていて、本人はたまたまこの国で生まれただけなのに、他のソマリア人の子どもたちに向かってフレッシーと呼ぶんです。ちょっと待って。君らの両親もフレッシーじゃないの？　もし私がフレッシーで、あるいは英語が話せないからフレッシーで、または難民としてこの国に来ていたとしたら、……君らの両親だってその時は難民だったんじゃないの？

このプロセスを、ドミニカ国出身のシャーリン・ブライアンのライフストーリーを通して分析していこう。私たちが出会ったとき、シャーリンは二一歳だった。彼女はイースト・ロンドンのレイトンに住み、プレイストウで教師として働いている。シャーリンの経験は、グローバル化した新自由主義の世界で、人類の序列化がどのように機能しているかを浮き彫りにしている。ここでは、主に伝記的なケーススタディに焦点を当てるが、そこから導き出される洞察は、このプロジェクトの幅広い知見に基づいている。私たちが記述しようとしている変化は、最もありふれた日常的な実践に浸透しているのだ。

調査に参加した移民の若者たちは、ロンドンでの生活をどこか疎外感のあるものとして表現していた。第一章で紹介したナナは、「ロンドンはとても多文化的な場所だけど、僕たちはそれを最大限に活かしているとは言えないよ。人々は互いに反目しあっていて、……互いに相手のことを知らない。奇妙な場所です」と述べていた。別の参加者が言うには、人々は「自分の世界に閉じこもり」、その結果、ロンドンは「楽しくも、冷たい場所」のように見えている。ナナもこの気持ちに共感している。「故郷では、ロンドンをおとぎの国のように夢見てるね。でも、実際に体験してみると、そうではないから」。次節では、ある一人の参加者の表現に焦点を当てて、このような感情をさらに詳しく探ってみたいと思う。

私たちは、参加者たちが自分の人生の観察者となり、写真、クリエイティブ・ライティング、コラージュ、スクラップブックの作成といった表現を通して、自身の暮らす社会的世界への感覚を創造することを勧めてきた。私たちは、共同作業のなかで培ってきた分析手法によって、確かなリアリティを真っ直ぐに捉えているとは想定していない。むしろ、私たちはこれらの表現を、その作業自体を通して社会的世界を創り出し、または組み立てる手段として扱っている。詩、写真、イメージは、その中に何が含まれているかについて参加者と対話を始めるための足場となるが、かれらの洞察や理解だけでなく、盲目や思い込みも含んでいる。この作業は、参加者が作者となって、異なる理解の地平を行き来できる可能性を提供してくれる。シャーリンの深みのある個人的な叙述は、ロンドンにおける多文化の機会と限界を明らかにし、彼女の相互行為が、私たちの説明する変化によってどのように構成されるかを明らかにしている。

インサイダーズとアウトサイダーズ

「多くの人はドミニカ国を知らないので、ドミニカ共和国ではなく、まったく別の場所にあるドミニカだと説明しないといけないのが嫌なの」とシャーリンは言う。しかし、イギリスで彼女は、誤解や誤認に耐えることを学ばなければならなかった。彼女はしばしば「ジャマイカ人」だと思われ、二〇世紀半ばにロンドンにやってきた英連邦市民らで形成される黒人コミュニティの一人だと間違われた。シャーリンは一八歳のときに学生として渡英し、二〇〇九年にイースト・ロンドン大学で心理社会学の一級学位を取得した。ロンドンでの生活は、自分探しのための冒険であり、幼少期に小さな島の世界から飛び立ち、自分の翼を広げる機会となった。彼女は、古代の建物やランドマークに歴史が刻まれている、この街の物理的な景観を愛している。学生時代には、移住労働者に依存するロンドン経済のある部門で働くこともあった。ロンドン中心部にある高級衣料品ブランド、アバクロンビー＆フィッチの店舗で、翌日の販売に備えて夜のうちに商品を補充する棚詰め作業をしていた時期もある。

スクデフ・サンドゥが指摘するように、ロンドンの日中の経済を成り立たせるために夜の仕事をするのは移住労働者なのである（Sandhu 2006）。

シャーリンは私たちのプロジェクトに参加して、自らの経験を記録する方法を提供してくれた（写真3・1参照）。このプロジェクトの方針は、参加者に自分の人生を書いてもらい、記録してもらうことだ。これはまさにシャーリンが行ったことだが、スクラップブックを作り、日記を書き、過去と現在を映し出す日常生活の視覚的な断片を集めた。シャーリンは、このプロセスの一環として詩を書いた。彼女は声と同じように手を使って話し、喜びや興奮、そして不安を伝えている。

彼女の詩の仮タイトルは「アウトサイダーズ」だったが、「依然、内側で見ている私」のストーリーであるため、タイトルを変更した。彼女は「私はここ（イギリス）にやって来たけれど、まだ小さな外国人であり、アウトサイダーであることは、この詩が物語っているの。ＯＫ？」と説明してくれた。詩を読むとき、彼女の指は行から行へとゆっくりと移動していく（写真3・2参照）。

この詩は、イギリスの黒人入国審査官との出会いを描いている。それはまさに、私たちが新たな帰属のヒエラルキーによって意味するものを正確に表出している。白人の国家権力はここでは黒いマスクをかぶり、シャーリンは彼女自身との類似性を偽装した侵略的な外観に直面する。もちろん、この定式に新しいものは何もなく、人種主義の文化が肌の色の境界線《カラー・ライン》に還元されたことはない。フランツ・ファノンによれば、植民地化する文化は、植民地住民を自らのイメージに合わせて作り上げ、植民地の秩序の中に描画し、分割し、命令するヒエラルキーを確立する。有名なエッセイ「アンティル人とアフリカ人」の中で、ファノンは「黒人の敵はしばしば白人ではなく、自分と同じ肌の色の人

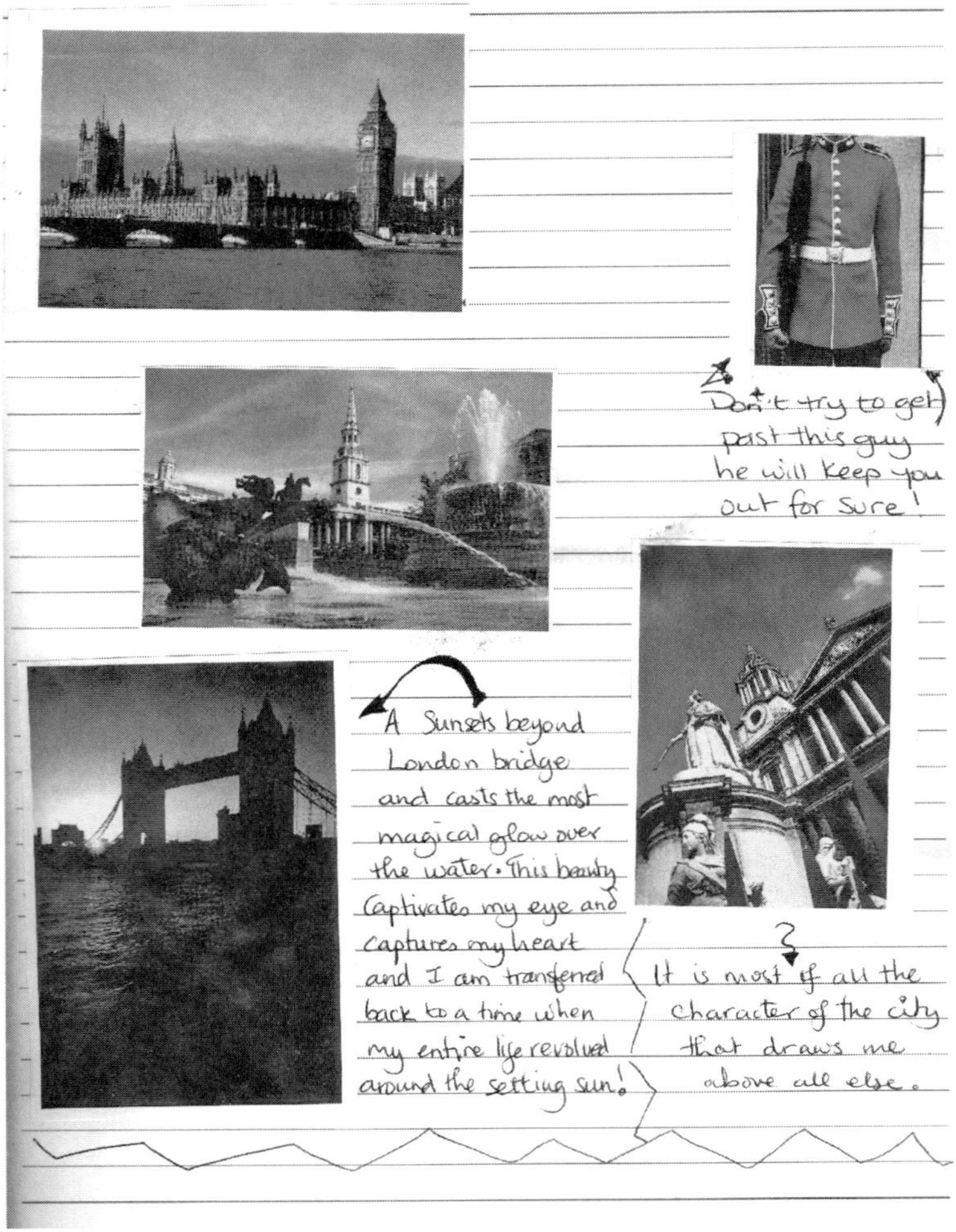

写真 3.1　シャーリンのスクラップブック（2009）

写真 3.2　レイトンストーンのカフェで詩を読むシャーリン（2009）

間である」と書いている（Fanon 1980: 17=2008: 23）。かといって、白人の人種主義がこれらの接触に影響を与えていないわけではない。むしろ、植民地化する文化は、「コンプレックスの感情」を植え付け、人種主義の帰属様式が染み渡る社会で足場を確保しようと喘ぐ者たちを対立させる。ポール・ギルロイが言うように、ファノンの「不穏な言葉は、冷戦後の現代においても時代遅れには聞こえない。意外にも、彼の洞察力は、彼が我々の現代にいることを明らかにしている」（Gilroy 2010: 155）。ギルロイは、ファノンの思考が次のことを私たちに求めていると主張する。それは、「人種」が単なる社会的構築物ではなく、行動パターンや存在様式を規定する一種の「社会生成

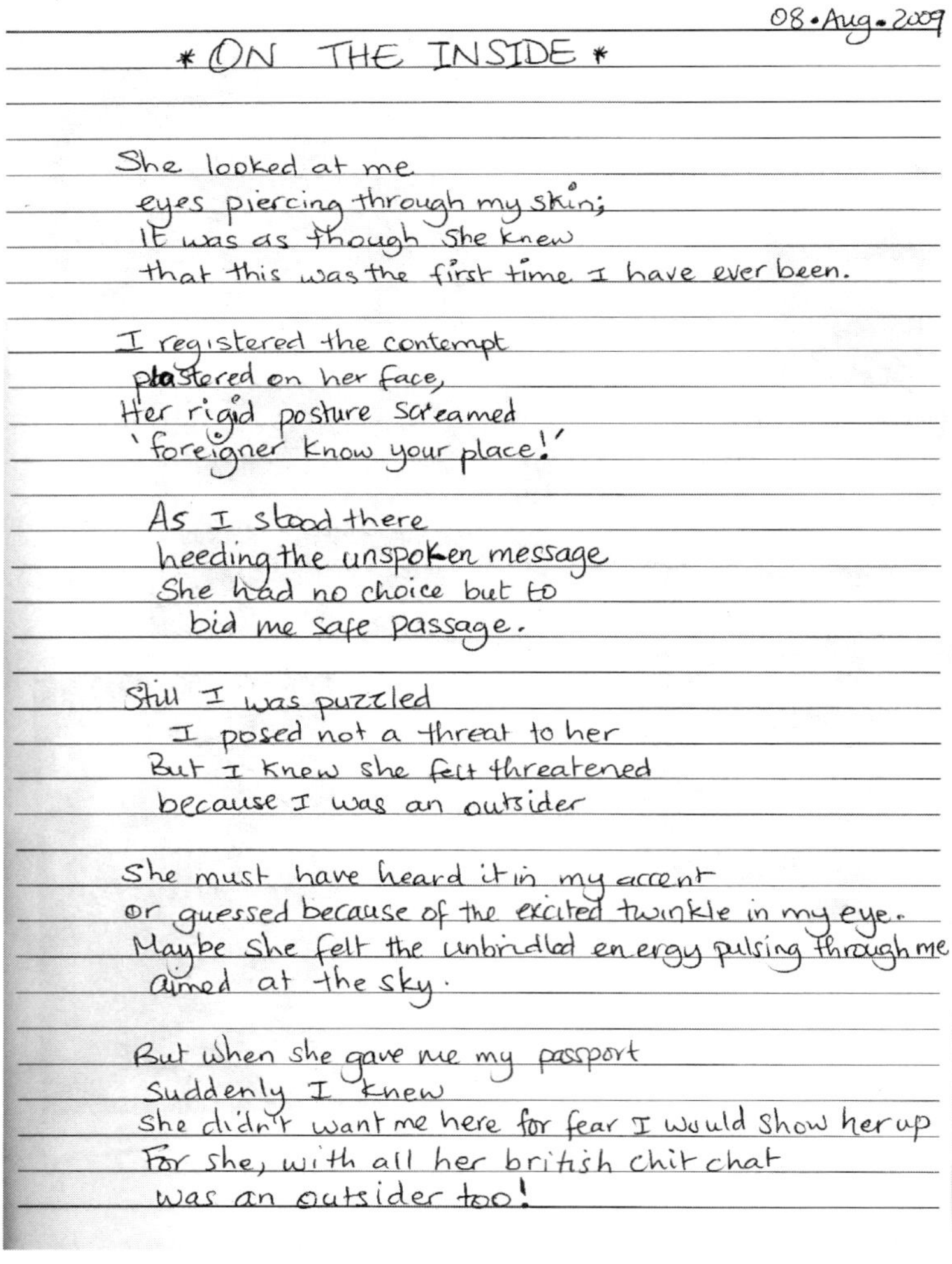

08・Aug・2009

ON THE INSIDE

She looked at me
eyes piercing through my skin;
It was as though she knew
that this was the first time I have ever been.

I registered the contempt
plastered on her face,
Her rigid posture screamed
'foreigner know your place!'

As I stood there
heeding the unspoken message
She had no choice but to
bid me safe passage.

Still I was puzzled
I posed not a threat to her
But I knew she felt threatened
because I was an outsider

She must have heard it in my accent
or guessed because of the excited twinkle in my eye.
Maybe she felt the unbridled energy pulsing through me
aimed at the sky.

But when she gave me my passport
Suddenly I knew
she didn't want me here for fear I would show her up
For she, with all her british chit chat
was an outsider too!

写真 3.3　シャーリン・ブライアン「内側で」

物」（Fanon 1986: 13＝2020: 34）であることを理解せよ、ということだ。ここでギルロイは、人種的な束縛の「加害者と犠牲者の双方にとっての代償」、すなわち「共通の人間性が「切断」され、人々のあいだの本物の相互行為がほとんど不可能になる」（Gilroy 2010: 157）ような、社会的・政治的な環境が阻害される代償について考えるよう促している。

シャーリンの詩の最初のくだりはこうだ。「彼女は私を見た……その目は私の肌を貫いた」。シャーリンはまず移民として、また初めての訪問者として、視線の中に固定され、命名されているようだ。「まるで私が初めて来たことを、彼女が知っていたかのように」。次のくだりで、シャーリンは従属的な立場を自覚すべき外国人として名指しされ、固定されている。「軽蔑の念を抱いた彼女の顔を目に焼きつけた。彼女の厳格な態度が叫ぶ。外国人は身をわきまえろ」。従属的な「立場」の存在は、シャーリンを監視する者によって、シャーリンが既存の階層秩序の中に位置づけられることを示唆している。

後に、この「彼女」というのが入国審査官であることがわかるが、ここには「軽蔑の念を抱く彼女の顔」、語気を強める「厳格な態度」など、言葉にならない敵意の兆候が表象されている。他の参加者もまた、このような入国審査官の非言語的な敵意のシグナルについて述べている。今回のケースでは、ドミニカ国で生まれ育ったにもかかわらず、シャーリンがフランス国籍の、ゆえにEU市民であったために、審査官はシャーリンを通す他に選択肢はなかった。ドミニカ国はフランス領ではないが、彼女の父親はフランスの植民地であった近隣の島の出身だったのだ。

シャーリンは、入国審査官に対して歯向かった訳ではないが、彼女が反感を持って処遇されたのは、部外者である彼女が脅威を与えているように見えるからだと考えている。オールドカマーに酷似するニューカマーの外国人たちは、結果的に帰属のヒエラルキーの下位に位置づけられることになる。移民やその子孫の帰属が状況依存的《コンティンジェント》に形成されることへの対価は、ニューカマーやその他の人々を自分たちより下に置くというヒエラルキーに加担することによって、部分的に支払われるかもしれない。人種主義的な実践を要請する機関での仕事という観点でみれば、経済的にはこうしたインセンティブが働きうる。入国審査官になるというのは、最もわかりやすい例だ。それは「自分がなりたい場所に行くために払わなければならない代償」だと、シャーリンは言う。制度が多様性のイメージを維持する一方で、ファノンが述べたように、「抑圧された者は、溺れる者の絶望感をもって押しつけられた文化に身を投げ出す」(Fanon 1980: 39＝2008: 41 強調は原文)。シャーリンの詩の最後では、入国管理局の職員が「イギリス人のお喋り」をしているにもかかわらず、「アウトサイダーでもある」ことがわかる。

この入国審査官の立場は、悲劇を暗示する不安に苛まれている。シャーリンの存在は、完全な市民権を約束された審査官自身の立場の希薄な性質を思い起こさせる。黒人審査官の姿に表象される制度の多様性は、人種主義のかつての遺産を取り払ったかのように見えるが、新たな秩序は、それとは異なる現在形の、入国審査官と「移民」の両者を配置する人種主義に取り憑かれている。シャーリンの詩の中の出会いは、このような主体の立場をめぐる不安によって、生き生きと描かれている。それが彼女の意図なのかどうか、シャーリンに尋ねてみた。

レス： これを読んでいると、彼女（入国審査官）は自分がアウトサイダーであることを知っていて、彼女の頭の中でも自分がアウトサイダーであることがわかっている。あなたは、ある意味で、彼女に自分もアウトサイダーであるという事実を思い出させているということになるよね。

シャーリン： ええ。

レス： だから彼女は、あなたをアウトサイダーのように見せるというポーズを取らなければならない。そうすることで彼女は自分を高めているようなものだから。

シャーリン： ええ、ええ。たしかに。それが、私がこの詩で表現したかったことなの。

ファノンは、ここにおいても残響している。彼は、植民地化された集団は、人種主義の文化に組み込まれ、植民地化した側の人間のレンズを通して他者を見るようになると論じていた。黒人の「公務員は、植民地の行政官だけでなく、巡査、税関職員、登録官、兵士などでもあり、あらゆるレベルで、……優越感を覚えるのが避けられず、……体系的になり、硬化していく」（Fanon 1980: 19-20＝2008: 25)。

そこには、ポストコロニアル状況の産物といえる新たなねじれがある。移民たちが「入国審査の列」でどの列に並ぶかを決める際、黒人ではなく白人の入国審査官を選んで列に並んでいるという事例が記録されている。移民たちは、白人の審査官の方がより良い待遇を受けられると感じているからである。この新たな人種的景観において鍵となるのは、「人種主義はもはや、偽装なくして、あえて現れることはない」(Fanon 1980: 36＝2008: 38) という点にある。白人の入国審査官は、目の前に現れた移民に対して寛容で理解を示す態度をとることが許されているが、これは自分自身や制度自体が人種主義的ではないことを証明するためであり、黒人の入国審査官は、国家や国民に対して偽りのない最大の忠誠を証明するために、厳しく敵対的に対処することが期待されているのである。

移動する検問所

私たちは、メッサードラとニールソン (Mezzadra and Nielson 2008, 2013) にならって、移民によって生じる労働力の多重増殖は、国境やその影響力の増殖と一致すると考えている。エティエンヌ・バリバールが論じているように、検問所は「領土の端を示す地点に形成される境界」から隠喩的に移動しており、「政治的空間の真ん中に転移している」ため、それは単に「入国審査」を通過するだけの問題ではない (Balibar 2004: 109＝2007: 211)。この過程には、差別化された包摂の度合いに応じた移民の格付けと序列化が含まれている。メッサードラとニールソンが言うように、「国境は等しく人々を選別し濾過する包摂の装置である。したがって、我々の議論は、ほとんどの説明では純粋な社会的善として扱われている包摂に対して批判的なアプローチをとっている」(2013: 7)。ここには、誰が所属し、誰が合法的に包摂されるかという、日常生活の空間の中で日々行われている判断も含まれていると考えている。この観察をさらに推し進めると、人種主義の文化によって引き起こされた民族的・人種的な格付けの形態は、社会における最も親密な出会いにまで及んでいることを示唆している。シャーリンは、このようにして生成される文化の特徴についてコメントしている。

私がここに来たばかりの頃、私のいつもの話し方から、周りの人は私を「ブッシュ」と呼んでいたの……。訛りのせいではなく、私の言葉の使い方、言い回しのせいで。私は自分の英語は完璧だと思っていたけど、ここに来て、ある言葉の言い方が違うことに気がついたの。たとえば、私の彼氏はいつも、このことで私を責めるのよ。fear と fair。F・A・I・R、もしくはF・A・I・R・Y、妖精という言葉。私はよく feary と言っていたんだけど、彼は feary じゃないと言うの。私の出身地では、いつも feary と言っていて、feary じゃないなんて誰からも言われなかった。それなのに、なぜロンドンに来て変えなければいけないの。どうしてロンドンに来たら、イギリス人が話すような英語を話し始めないといけないの?

シャーリンは、このように他者による格付けや位置づけにすぐに引き込まれてしまうことがあると述べている。私たちがインタビューしたとき、彼女はコミュニティ組織の店で働いていた。彼女は、自分も同じように他者を疑って見るようになったことを話してくれた。

私はこの詩を、軽蔑される側の人間として書いてるけど、私自身も、自分より後に来たアウトサイダーの人々に対して軽蔑の念を抱くことがあるの。だから、二重の視点で書いているわけ。

シャーリンはここで、他者を貶めることは、自分を高めるというよりも、精神的なバランスを取ることだと示している。これは、ジー・ジーが「新参者」という言葉に対して、ニューカマーを貶めるために「クズ野郎」という言葉を使ったのと似ている。誰かを貶めるという行為自体が、他では満たされない地位や尊厳への欲求を明らかにしており、他方、それが心の中でダメージを与えているかもしれない。梯子の上での自分の地位や立場は、安定したものや明白なものでもないため、常に緊張感が存在し、私たちの生活に深く浸透している人種主義的な状況に左右されやすい。インタビューのなかでシャーリンは、このような立場の形態がどのように現れるかを語っている。

英語を母語としない人が店に入ってきても何の反感も持たないけれど、店に入ってきた人が英語を話せないとイライラさせられる上に、「英語は話せない」「英語はやめてくれ」と言われる。でも、彼らはバカなことばかりするので、腹が立つわ。

彼女の二重の視点は、こうした帰属のヒエラルキーが社会生活に与える目立たないダメージに対して目を開かせてくれる。他者は私たちを誤認し、私たちは他者を誤認する。

そして、［詩の］最後の部分は、私自身もかれらに対してもっと寛容になるべきだということを示しているの。なぜなら、私自身が来たばかりの人間であり、最初に来たとき、周りの人は私をそのように見ていたんだから。

これらの比喩的な「検問所」は、社会生活のミクロな空間に浸透しており、そこでは、羞恥心、転嫁、地位への不安などが社会的な出会いの質を低下させている。他者を見ることで、シャーリンは、侵犯的な検査、命名、位置づけなどが引き起こす自尊心へのダメージや恥ずかしさを思い出す。そして、彼女はその一部を自分の店の客に転嫁する。

でも、ここを見ていると、最初に来たときの自分を思い出すことができるし、ときには自分の出身地を思い出したくないこともあるの。ただ前に進みたくて、思い出したくないことってあるでしょ。誰かに見られて、自分も遅れてるって思われていたことは忘れたいから。

ポール・ギルロイが指摘するように、社会生活の表舞台にはびこる人種主義は、「その蜃気楼によって人生を歪められたすべての人に最悪の事態をもたらす」(Gilroy 2010: 158)。

敵意を向けられたにもかかわらず、シャーリンは行動力と野心を持ってイギリスに入国した。彼女の言葉を借りれば、「期待で目を輝かせ」、「私の中に脈打つ奔放なエネルギーが天に向かっていた」のである。ロンドンの生活にある覆い切れない輝きに触れ、出会い、経験したいという願望と活力である。彼女の説明には、「社会統合における序列」や、私たちが「帰属の新しいヒエラルキー」と呼んでいるものへの報いが含まれている。シャーリンは、ロンドンの言いようのない多文化が、街の歴史や驚きに彩りを与えていると感じており、人種主義的な台本や選別的な包摂に対抗して、差異とのより共生的《コンヴィヴィアル》な出会いの機会を広げるために奮闘している。彼女の物語は、ポストコロニアルの現在を人質にする人種主義の後遺症（Gilroy 2004: 165）に悩まされながらも、脱出の瞬間を可能にする突破口も存在するという、この都市の矛盾する性質を明らかにしている。

ポール・ギルロイにとって、「移民という形象」は、私たちの思考を人質にとるような、政治的知的に重要なメカニズムを提供している（Gilroy 2004: 165）。このようなカテゴリーの人々は、入国管理の構造を通じたモビリティの階層構造や、帰属に応じた権利の不平等を生じさせる原因となる。第二次世界大戦後にイギリスにやってきた植民地市民の移住者たちは、到着した時点で「市民」から「移民」へと変貌した。一九六二年以降、コモンウェルスからの移住者たちへの入国管理は強化されていくが、それは「移民」を同化させたり、「統合」したりすることが非常に難しく、人口過剰や資源の過剰消費の危険性があるために制限が必要だと想定されていたからである（Anthias and Yuval-Davies 1993）。オーストラリア、カナダ、ニュージーランド、南アフリカの旧コモンウェルス諸国からの白人の移住は取り締まられず、アメリカやＥＵ域内の移住も問題視されなかった。この意味で「移民」は、創造されるものであり、特定の歴史的瞬間に命を吹き込まれ、人種的に脚色された人間の形態である。「移民」に対しては人種化された連想が植えつけられているが、アイルランド人のイギリスへの長い移民の歴史とかれらが経験した人種主義の形態は、この図式をさらに複雑なものにしている（Cohen and Bains 1988, Hickman *et al.* 2005）。白人の移民には不可視の者もいるが、他の移民は区別や差異化の対象となる。誰が「移民」としてカウントされるかは、人の流れのパターンの質や歴史ではなく、人種主義の影響なのである。

EUからの移民、とりわけ中欧・東欧の新規加盟国からの移民は、二〇〇九年の欧州議会議員の選挙戦で見られたように、英国国民党（BNP）、保守党、英国独立党（UKIP）の政治的敵意の対象となることが多くなっている。特にブルガリアやルーマニアからの新規移民は、労働党によって施行された雇用や福祉の制限の対象となっている。これは、たとえ白人であっても、移民であれば攻撃するという外国人排斥《ゼノレイシズム》の一形態であると批判的に評されている（Fekete 2009）。しかし、白人の流入を好む傾向は、現在の状況にも反映されているようだ。事実上、何十万人もの経済移民が、東方拡大（A8）以前のEU諸国、旧コモンウェルス諸国、米国から毎年イギリスに入国しているが、彼らが注目を浴びることもなく、世間の怒りを買うこともないのは、白人の仮面を被り、先祖がつながっているために発見されないからである。

帝国の遺産を背景にした人種主義や差別をめぐる国内の議論は、完全な市民権をめぐる闘争の条件を設定しており、その結果、黒人であることとイギリス人であることはもはや相互に排他的であるとは考えられなくなっている。しかしながら、現在の状況と帝国時代とのあいだには歴史的な断絶があり、イギリスと旧植民地とコモンウェルス市民とのあいだの結びつきが断ち切られている。グローバル化と新自由主義の時代のなかで、人口移動の新しい状況が生まれている。帝国の遺産は依然として重要であるが、この新たな人口移動の激しい局面では、資本がより大きな流動性と安価な労働力を必要とする一方で、逆説的だが、雇用や資源の不足などの不安の原因として移民が非難されている。ニラ・ユヴァル＝デイヴィスらが指摘するように、「国境は、「相応しい者」と「相応しくない者」をしっかりと峻別し、その境界線を維持しながら、極めて選別的に開かれている」（Yuval-Davis, Anthias and Kofman 2005: 520）のである。この区分は、ますます曖昧になり、変化している。

また、学生の移民は、本当に勉強するために入国しているのか、それとも不法就労やテロリズムを煽るために入国しているのかが問われ、大きな政治的関心を集めている。イギリスの大学はますますグローバル化、ないしは「ポスト歴史的」（Readings 1996）になっており、学部生や大学院生を求めて新しい国際市場を開拓しているが、当の学生たちはより厳しい管理下に置かれている。二〇一〇年九月、保守党・自由民主党連立政権の移民担当大臣であるダミアン・グリーンは、学生ビザが二〇〇四年の一八万六〇〇〇件から二〇〇九年には三〇万七〇〇〇件に増加したと述べ、移民規制を正当化した。彼は、口頭試問（viva）後に残る学生は五人に一人であり、その半数しか学士課程で学んでいないと訴えた。内務大臣に就任したテリーザ・メイは、この方針を継続し、最大一〇万人の学生がビザの期限を超えてイギリスに滞在しているとの推定に基づき、留学生を移民の対象に含めるべきだと、デヴィッド・ウィレッツを含む保守党内の反対論者を牽制した。反移民のレトリックの中には、ビザ取得のために高等教育を不正に利用していると非難される「インチキ学生《ボーガス・スチューデント》」や、教育ではなく移民を売り物にしていると揶揄される「闇大学《バックストリート・カレッジ》」など、新しい表現が登場している。しかしながら、二〇一七年八月に内務省が発表した報告書には、留学生の「超過滞在《オーバーステイ》」への懸念がかなり誇張されたものであることが明示されている。この報告書によれば、二〇一六年／一七年に期限切れとなる学生ビザを保有する一八万一〇二四人のうち、九七％が期限内に出国していることがわかったのである（Home Office 2017）。

留学生に注目することは、かれらがイギリスの大学や経済に貢献している巨額の資金から目を逸らすることにもなる。二〇一七年にユニバーシティーズＵＫがオックスフォード・エコノミクス社に依頼した調査によると、留学生はイギリス経済において二五〇億ポンドの利益を生み出していることが判明した（Universities UK 2017）。付言すれば、合法的にビザを延長した海外出身の研究生は、労働力が不足する医療・福祉業界で働いているという。ただし、この議論の中心には矛盾がある。グローバル化した世界では、大学はもはや過去にとらわれることなく、「優秀さ」や「ワールドクラスの地位」を追求する世界のライバルたちが集うポスト歴史的な存在になっており、イギリスの大学では、学部生や大学院生の募集のために新たな国際市場を求めるようにもなっている。大学が裾野を広げると同時に、学者や学生の移動もより厳格に管理されているのである。

要約すれば、植民地時代とポスト植民地時代の移民が終焉を迎えていることは、イギリスにおける人種主義の政治の重要な分岐点になるということである。よって課題となるのは、帝国の永続的な遺産を理解すると同時に、変容する人種主義のモードを見極めることである。

> ヨーロッパの要塞に侵入しようとする見知らぬ者に直面して、今日の市民や民族のナショナリズムは、敵意に満ちた声で否定的に応答する。この一様の拒絶を位置づけ、解釈し、そしてそれに応えようとするとき、「移民の問題系」と呼びうるものへ回帰しないよう注意しなければならないだろう。
>
> （Gilroy 2004: 165）

私たちは同様に、「移民」の理解を、帝国都市としてのロンドンの歴史と本質的につながっており、イギリス社会のなかで展開される政治的闘争と結びつき、その過去と未来がどのように評価されるのかを反映するものとして位置づけることを主張している。

人種主義の社会的な重み

ロバート・パットナムに言わせれば、多様性は、共同的で有意味な社会的絆や社会関係資本《ソーシャル・キャピタル》と呼ばれるものと反比例の関係にある。アメリカやイギリスで影響力をもつ彼は、次のように主張している。

多様性のあるコミュニティの住人は、集団生活から撤退し、肌の色に関係なく隣人を信用せず、友人からも離れ、コミュニティのリーダーに最悪の事態を期待する傾向がある……。多様性は、少なくとも短期的には、私たち全員を閉塞させるだろう。(Putnam 2007: 150-151)

彼はこれを、一種の「アレルギー的な「引きこもり (hunkering down)」」と呼んでいる (Putnam 2007: 161)。この主張に反して、私たちは、「引きこもる」ことや「閉塞する」ことがあっても、それは多様性の結果ではなく、むしろ人種主義の社会的重みの下で生み出されるものであると考える。

スチュアート・ホールはこう指摘する。

イギリスは二度と文化的に均質な社会に戻ることはありません。それはできないのです。ただ、追放したり、人を海に放り投げたりすることはできますが。同化を強制することはできても、単一文化の基盤に根ざす安定した状態に戻ることはできないのです。

（Hall and Back 2009: 679-680＝2014: 邦訳未訳出）

スチュアート・ホールが言及するように、後戻りはできないかもしれない。それどころか、むしろ包摂の条件を再編成する状況にある。危険な「他者」の幻影は、権威主義的な管理様式を後押しする。したがって、テロリズムと移民がもたらす「脅威」は、多文化主義の限界点を意味し、退去強制、厳格な移民管理、庇護を求める人々の収容など、多様性を管理するための権威主義的な管理様式を正当化する（Schuster 2005）。シャーリンのような移民であっても、そして究極的には、あらゆる人々が新しい帝国主義的な帰属のヒエラルキーの中に位置づけられており、その階層は社会的な相互行為の質や互いを理解する方法を蝕んでいる。ここでの人種主義は、明確な言語の外側で、暗示やほのめかしを通して作用するだけでなく、情動の構造、つまりふるいにかける感覚で世界を見て、感じて、理解するという不正な方法を通してはたらいている（Back 2011）。経済的には、就労の権利が制限されているために法定最低賃金よりも低い賃金しか得られない人々を雇用したり、下請けに回したりする企業にとって、それは利益になる。政治的には、資本家や政治家のエリートにとって、失業や資源不足の責めを移民に転嫁することができ、国内のテロリズムへの恐怖が危機感を正当化し、その名の下にグローバルな軍事作戦を展開できるという利益がある。

しかし同時に、多様性や、「才能豊か」でイギリスにとって有用な人々が「ある程度」移住することについて、さまざまな立場の政治家が歓迎しているのを耳にするのも珍しくない（Lewis 2005 参照）。イギリス国民に忠誠を誓う限りにおいて「複数のアイデンティティ」を容認するという同化的なイギリス人性の考え方は、現在、イギリスが人種差別的ではないことを証明するために使われている。危機と恐怖が広がるなかで、イギリスの多様な多文化コミュニティは、反移民の感情を自ら助長したり（Sinha 2008）、他のグループに反発したりしている。二〇〇九年一一月、ラジンダー・シンがＢＮＰ初の非白人メンバーとなった。一九六七年にイギリスに移住したシンは、イスラム教を激しく批判している。シンは、人種的ナショナリストを公言するＢＮＰに加わることができて「光栄だ」と述べ、「ＢＮＰに接触したのは、その核心的な政策が私に訴えるものがあったからだ」と、インディペンデント紙に語っていた。「先祖代々の土地から追い出されたくないという、自分の縄張りを守っている点でも彼らを尊敬しています」（Morris 2010 より引用）。政治的・経済的な危機の時代にコミュニティが分断することで、互いに対立するようになり、支配と富の構造がほとんど非難されることなく存在することを許していく。

内務省の「ゴーホーム・バン」の取り組みに対して、洞察力豊かに評価したジョーンズら（Jones *et al.* 2017: 102）は、内務省の挑発的なキャンペーンに反応して、ロンドンの一部地域では「良い（既存の）移民」と「悪い（新しい）移民」のあいだに同様の分断が生じていることを発見した。敵が「新しい移民」や「ボートでやってきた新参者」、「宗教的過激派」となるように、ここでの政治的パフォーマンスは「価値のコミュニティ」（Anderson 2013）を構成している。この意味で、少数派のコミュニティがイギリスやヨーロッパに帰属していく際、その足がかりを築くために支払う代償は、ますます権威主義的になる移民政策に適合することである。たとえば、帝国主義後のイギリスらしさとは、たとえそれが多人種的で多文化的なものであっても、国益にとって必要とあれば世界中から熟練労働者を集めることができ、それと同時に、移民管理に厳しい路線を要請することもできる、というものである。

ＥＵ離脱キャンペーンでは、イギリスの海岸に難民の群れが押し寄せているという決めつけが、恥ずかしげもなく利用されていた。ＵＫＩＰによる「限界点」というポスターでは、流浪する人々の蛇行した列が描かれ、連帯ではなく「彼らを入れないでくれ」というメッセージが伝えられている。奇妙なことに、この光景はイギリスの国境に関するものではなく、スロベニアの国境にいるシリア人難民を捉えた写真だった。ゲイリー・ヤングが指摘したように、それは「投票の問題とは、ほとんど関連のない画像」であった（Younge 2016）。「危機」や「限界点」という感覚は、このようなイメージを通して生み出されており、イギリスに定住する実際の難民の数に根拠づけられるものは何もない。オックスフォード大学の移民観測所は、ブレグジットキャンペーンでは難民に対する政治的な懸念が利用されていたが、庇護申請が実際には減少している最中にこのようなことが起きていたと述べている。庇護申請（扶養家族を除く）は、一九八七年の四二五六件から二〇〇二年のピーク時には八万四一三二件まで増大したが、二〇一五年では三万二四一四人まで減少している。二〇一五年には、社会的弱者再定住プログラムの一環としてイギリスに定住したシリア人は一一九四名に過ぎなかった（Blinder 2016）。ナンド・シゴナは、「実際に難民がいなくても、「危機的なムード」――そう呼んでいいのなら――が動員されるのは非常に興味深いことだ」と論評している（Sigona and Bechler 2016: 2）。

移民を対象にする「危機論」は、イギリス国内で増大する、文化的多様性の程度と質に対する懸念のなかで理解される必要がある。スチュアート・ホールが指摘しているように、過去に戻ることはないが、私たちが新たな帰属のヒエラルキーと呼ぶもののなかで、マイノリティのコミュニティが差別される状況が生じつつある。ここでは、白人の復権という幻想が、人種の再編成や、選別的で対立に満ちた差別的な包摂に置き換えられている（Hage 1998＝2003 も参照）。

常にではないにせよ、人種主義の文化は、しばしば人間の多様性を剥ぎ取り、格付けし、一部の移民に「条件付きの内部者」の地位を与える一方で、他の移民グループには憎悪や嘲笑を浴びせてきたと私たちは考えている（Back 1996）。ニラ・ユヴァル＝デイヴィスは、帰属の政治には「境界の維持と再生産だけでなく」、その「論争と挑戦」も含まれると指摘する（Yuval-Davis 2006: 205）。この論争は変革をもたらすこともあるが、より複雑な序列を生み出すだけの調整に終わることもある。ジョジー・ウェミスは、イースト・ロンドンのコミュニティ形成を研究した『不可視の帝国』（*Invisible Empire*）の中で、「寛容さ」が供与されたり留保されたりするなかで、帰属のヒエラルキーが歴史的に形成されてきたことを示唆している（Wemyss 2009）。ここでは、イーストエンドの白人住民が、この帰属の階梯の頂点に置かれている。白人はロンドンのイーストエンドに対して当然のように権利を要求できるが、黒人、アジア人、ベンガル人の要求が「認められる」のは、ヒエラルキーそれ自体の諸条件に異論を挟まない限りにおいてである。この意味で、私たちが理解しようとする新しい状況は、過去の人種主義から根本的に切り離されているとはいえないのだ。私たちが論じているのは、このような序列化のプロセスが、現在進行中の危機感によって活性化されているということである。

イギリス政府は、人種的正義を約束する証として制度的人種主義への批判を引き合いに出しうるが、同時に「テロ」に対する社会防衛の名の下に庇護希望者や新たな移民に対する疑惑と監視を促進している（Fekete 2009: 41 参照）。ＵＫＢＡが非白人の職員を積極的に雇用していることは、イギリスとその移民制度が人種差別的ではないという見方にかなう。だが非白人を雇用していることで、どうしてそういえるのだろうか。この危機の政治を理解するには、植民地時代の人種主義の力学が現代とどのように関連しているかを再評価すると同時に、人々を分断し、格付けし、序列化するために用いられる新しいメカニズムに注意を払う必要があると、私たちは考えている。

おわりに――楽しくも冷たい場所を超えて

分断とヒエラルキーは不安定なものであり、新たな状況に適応し推移していきながらも、その基本的なあり方や階層的序列を維持しようとする。二〇一六年夏に行われたＥＵ離脱を問う国民投票では、現在の不安定さだけでなく、イギリスにおける人種主義の歴史の影響も明らかとなった。思い起こせば、シャーリンは父親がフランス国籍だったためフランスのパスポートを持っていたが、ドミニカ国のパスポートも持っていた。彼女は当初、留学生としてイギリスに入国したが、ＥＵの居住歴が三年を満たないためにＥＵの学生として名乗ることができなかった。学位を取得して教員養成に進んだ頃には、ＥＵの学生としての資格を得ており、二〇一六年の夏までには、すべての資格を有する教員としてプレイストウで働いてた。ストラトフォードにあるウェストフィールド・ショッピングセンターのカフェに腰掛けながら、レスは彼女に国民投票についてどう思うかを尋ねた。

単純明快、私たちを追い出そうとしているように感じるわ、レス。それしか言えない。私はカリブ出身だから、それについて気にする必要はないのかもしれない。なぜなら、「あぁ、彼らが憂慮しているのは私じゃないんだ……ＥＵの人たちなんだ」って感じるから。でも、私の国籍はフランスなので、実際にはＥＵの一員なんだけど。つまり、人々が私を見て、私が明らかに黒人だから、「あぁ、君は私たちが話題にしている人たちとは関係ないよ」って考えるんだと思う。

私たちのプロジェクトにシャーリンが参加している間に、ブレグジット現象は、彼女が指摘する分断を悪化させてきた。コモンウェルスの移民たちがＥＵ離脱キャンペーンを支持するという、この皮肉な状況について彼女は振り返る。

アフリカ出身のコモンウェルスの一員で、ヨーロッパ人ではなく、ヨーロッパを経由して来たわけでもない人たちと話をしたことがあるけど、かれらの多くはＥU離脱の方に投票したいと考えていたの。私が、なぜＥU離脱に投票したいの？　なぜ移民を止めたいと思うの？って質問すると、……「だって、東欧の人たちの入国が認められていると、私たちはもうイギリスへ来られないからだよ」という答えが返ってきたわけ。「いや、それは事実ではないよ」と言ったわ。そうではなく、いまイギリスが東欧の人々を阻止しようとしているからといって、それがかれらに跳ね返ってくるわけじゃない。イギリスは、前々からかれらの入国を阻止しているんだから。

エスニック・マイノリティのコミュニティ内にブレグジット支持が存在するのは、コモンウェルス、ひいては旧植民地との結びつきを思い起こさせるだけではなかった。反ムスリムの人種主義がイギリスよりも欧州大陸の方がより顕著だという感覚から、イギリスのイスラム教徒がブレグジットに投票した事例もある。シャーリンにとって、移民に対する不寛容の雰囲気が硬化することは、分断を強め、互いに敵対させることを意味する。

私がここに来た理由は、ここがEUの一部だったし、私にとって安全な場所だったから。故郷で何かあったわけでもないから私はまったく庇護申請者ではなかったの。確かにそこで殺されそうになったりしたこともあるけど、実際以上に深刻なものだと思われたくはない。でもイギリスは私にとって安全な避難場所なの。私が当時逃れてきた場所よりも良い場所だったし、自分の生活をより良くすることができたのだから。

シャーリンが説明したように、ここには歴史の記憶喪失というより大きな意味もある。「つまり、イギリスがすべての人を植民地化し、いまやすべての人を締め出そうとしているという事実に、すべては帰着する」。彼女は続けた。

すごくアンフェアだと感じるわ。それが実際のところだし、私はずっと考えてきたの。私たちは植民地化してくれと頼んでいないって。私たちはこの国に来ることが求められるようにお願いしてはいないけど、私たちがここにいるから、あなた方は私たちにそう言う。あなた方はかつて私たちに属していたものを奪い取り、そのかわり私たちには別のもの、あなた方が私たちに望んで欲しいものを与えた。それにもかかわらず、今私たちがそれを望むと、「えーっと、無理だね」と言うの？

この章では、植民地時代の人種主義が、イギリスにおけるグローバルな人口移動のフィルタリングと序列化の方法に残響していることを論じてきた。以前は寛容さを認めるか認めないかで移民を格付けしていたが（Wemyss 2009）、いまでは恐怖と疑念によって所属のヒエラルキーが維持されている。シャーリンの証言を通して、私たちは、そのヒエラルキーと密接に関わりながら生きてきた人々の視点から、これらの過程にアクセスしようと試みてきた。こうした分断に対するシャーリンの認識には、対抗運動や批判的傾向の兆候が含まれている。彼女の「二重の視点」は、人間の価値についての対等な理解を前提としており、格付けや序列化によって分断をもたらすヒエラルキーに挑戦している。

ジョーンズら（2017: 138）が指摘するように、反移民のメッセージは、それが内務省から直接もたらされたものであれ、新聞の見出しを介してもたらされたものであれ、定住移民や多文化コミュニティのなかで「決して単純に内面化されるものではない」。私たちは、若年層の移民たちが全く異なる移動経験のなかで新たな関係を築いている例を発見したが、これについては第五章と第六章で詳しく検討する。このことは、「新しい民族間の同盟」もまた、危機や恐怖の蔓延に対抗して発言できるような、新たな関係性を幅広く求める若者たちによって形成されつつあるという、リズ・フェケテの観察と一致している（Fekete 2009: 209）。これには、「多文化的な問い」（Hall 2000）へのオルタナティヴな方法が示されているだけでなく、ロンドンを「楽しくも冷たい場所」ではなく「温かくもてなす家」にすることが期待されている。

次の章では、ここで説明した帰属のヒエラルキーが、将来に向けて展開《アンホールディング》する人生における時間の経験にどのように影響するかを検証する。若い移民が自分の過去、現在、未来の関係を経験していくなかで、認可された移動と避難的移動がどのように影響するかを示していく。

第四章

待つこと、デッドタイム、より自由な生

Waiting, dead time and freer life

はじめに――移住と時間

国境を越える旅は、物理的移動の問題であるだけでなく、将来に向けて展開していく人生のなかの時間経験についての理解を必要とする問題でもある。サウロ・B・クワーナーはこのことについて、「移住の時間」、そして移住者が経験する「新たな時間的現実」に注目すべきだと述べている（Cwerner 2010）。相互の接続性《ハイパー・コネクテッド》が急激に高まったこの世界を移動する権能《キャパシティ》には不平等が存在する、と私たちは強調してきた。特に私たちは、私たちが公認された移動と呼んだものと、避難的移動と呼んだもののあいだの不平等について見てきた。また私たちはそれと同程度の重点を置いて、さまざまな種類の在留資格によって生み出される帰属のヒエラルキーのことを論じてきた。こうしたヒエラルキーが、ある人間が就労できるか否か、どういった公的サービスにアクセスできるか、どれだけの期間イギリ

スに留まっていられるかを決定しているのだ。本章では、このような状況は時間の経験、そして生そのものの経験を形づくってもいることに焦点を合わせたい。

本研究に参加した若い移住者たちはよく、かれらの経験を特徴づけるのは、待つことであると話した。これは主として、かれらの庇護申請あるいは「在留許可」を得るための申請が処理される期間に関わっている。私たちは、前章で論じた新たな帰属のヒエラルキーには、移住者たちと時間の関係の序列化が付随していると論じる。この文脈において待つということは、移民都市における生を制約し限定する実存の拘束衣になっているのだ。本章では、移住者たちの生に課される数々の制限と、これらの制限が将来に向けて展開していくものとして自己を感得できる可能性にもたらす、さまざまな影響との関係性について考察していきたい。

広く認められているように、人間社会における時間の経験のされ方は大きく変化するものであり、現在の状況において、それはまさに変容の最中である。大まかに言えば、前工業社会あるいは伝統社会で生きていた人々は時間を円環的なものとして経験し、そこでは文化的な生活が環境や生態系に織り込まれていた（Kumar 1995）。円環的な時間感覚は、近代における時間測定の平準化とクロックタイムの登場により、時間の価値を序列化し、算定し、商品化する直線的な発想に取って代わられた。賃労働という概念は、一時間単位で生産的な生を算定され、一日単位で報酬が支払われる労働者を作り出した（Marx 1983[1887] Chapter 10＝2024：第8章）。このような時間と金銭との同等視は、根本的な時間観の変化を告げるものであったと想起しておくことが重要である。

現代の著述家たちは、後期近代社会において人間の時間経験に再び根本的な変容が起きている、と論じている（Harvey 1990＝1999, Nowotny 1994, Daly 1996）。ヘルガ・ノヴォトニーによれば、現代のサービス産業と情報資本主義がつくる慌ただしい文化のなかで生きる労働者たちの多忙な生活に対応する形で、円環的時間と直線的時間の特徴を併せ持つ「拡張された現在感」が出現しつつある（Nowotny 1994: 58）。ジュリア・ブラネンとアン・ニルセンは、以上のような知見を総括し、現在の状況を次のように要約している。「日々の時間は、絶えず仕事に追われて、手が空いているように感じられず、いつも規定の路線に従っているようでいて、一貫性を十分に感じられないものとして経験され、待つことに対する不寛容がつきものになっている」（Brannen and Nilsen 2002: 517 強調は引用者）。しかし、こうした状況は、本研究に参加した若い移住者たちの経験からまるでかけ離れている。出入国在留管理が課す数々の制限によって、かれらは待つことを強制されているのだ。

ジョン・バージャーとジャン・モアは、人間は過去と現在と未来とを同時に経験する渾然一体のものとして自らのうちに抱えると述べている。彼らはこのことを「私なるものの可能性」と呼んでいる。つまり、一人の人間が自らの生について持つ、生が将来に向けて展開していくという感覚のことである。バージャーとモアの記述によれば、移住者たちはより良い未来を実現する手段として、現在において数々の犠牲——故郷との別離《ディスロケーション》、差別、劣悪な待遇など——を払っている。だが、バージャーとモアの見立てでは、一九七〇年代ヨーロッパの移住労働者たちの窮状は悲劇的なものだ。なぜなら移住者たちは、過去と現在と未来の関係がバラバラになり、「連続性の感覚が絶えず混乱させられる」状況のなかで生きているからである（Berger and Mohr 1975: 187＝2024: 191）。ここにはノヴォトニー（1994）が唱えた「現在の拡張」という概念との類似がみられる。ただし、自身の在留資格申請の結果を待っている移住者たちにとっては、時間は多事で多忙なものではなく、遮断され、中身を抜かれたものとして経験されている。より良い未来のために払われる数々の犠牲が悲惨なのは、この約束を実現するための条件が整っていないからにほかならない（Berlant 2011も参照）。さまざまな制約──私たちが用いている概念用語でいえば、帰属の諸条件──が、過去と現在と未来の関係が「自由で、固定されない」形で個人史《バイオグラフィ》が展開していく可能性を妨げ、歪めているのである（Berger and Mohr 1975: 177=2024: 181）。

バージャーとモアが気付かせてくれるのは、移住と時間、包摂、排除の関係性である。移住と市民資格《シティズンシップ・ステイタス》は、一人の若者が現在において何をすることができるのかだけでなく、彼／彼女が未来のうちに何を想像できるのかをも制限する。私たちが目の当たりにしてきた状況は、バージャーとモアが描いた状況よりも一層複雑である。しかし二人の知見は、帰属の諸条件と、その結果として生きられている生との関係性を前景化する上で有用なものとなる。

ナナの時計──待つこととデッドタイム

ナナのことは第一章で取り上げ、そこでは彼の数奇な半生そのものがイギリスと元植民地との断ち切られた関係性を示す実例であると述べた。ナナの母親はロンドンで学生をしていたときに彼を宿したが、彼はガーナで生まれた。母親は出産のために西アフリカに戻ったのだ。そのため私たちが出会った時点のナナは、親族のなかでイギリスの在留許可を持っていないほぼ唯一のメンバーだった。第一章では、なんとかロンドンで生きていこうとする彼の悪戦苦闘を描いた。彼が不法に就労し、慌ただしいシ

写真 4.1　8時3分、デッドタイム開始

ティ・オブ・ロンドンの金融センターでオフィス清掃の仕事をしていた時期のことにも触れた。彼はそこで、新資本主義（Sennett 1998=1999）の内部で、ノヴォトニー（1994）が唱えた「拡張された現在」という観念を体現した生活を送る金融業界のエリート労働者たちと関わりを持っていた。彼は働いていたオフィスの外で警察に逮捕され、そこから内務省との長い戦いが始まったのだった。

本章でも彼に登場してもらうが、今回の舞台は二〇一一年二月である。当時、彼はイギリスに在留するために行った申請について内務省が判断を下すのを待っていた。その頃には彼は結婚し、イースト・ロンドンで暮らしていた。ナナには本プロジェクトの一環として、彼の日常生活を垣間見させる写真を撮ってもらっていた。彼が撮った写真の一枚には、自宅のリビング・ルームの時計が写っていた（写真4・1）。彼はレスにその写真を撮った理由を、それが妻の仕事日の始まりを告げるものだから、と説明した。「午前八時の時計――この時間にはシャーリンは仕事を始めてる。彼女は七時半に家を出ていくんだ」。彼の妻は地元の学校でティーチング・アシスタントとして働き、ナナが自身の在留許可申請が処理されるのを待っているあいだ、彼の生活を支えていた。

ナナは合法的には就労できない。そのため外出することには、第一章で論じたような監視の目に晒されるリスクだけでなく、何か仕事を見つけて働きたいという誘惑に駆られるリスクがある。このリスクを回避するため、彼は家にこもり、家事をこなしたり、ビデオゲームで遊んだりしている。「午前八時になると、せかせかと何かをやり始めるんだけど、時間の六割はエックスボックスで遊んでる」。朝の時計が告げるのはデッドタイムの始まりなのだ。週末になると彼はバスケットボールをする。「バスケットボールのコートに行くのは、自分は意味のある存在で、リスペクトされているという感覚を得るため。バスケは僕にとってストレス発散の手段なんだ」。彼は毎日シャーリンが帰ってくるのを待つ――そのときはじめて彼は生が再始動するように感じられるのである。

社会学者のバリー・シュヴァルツは、時間のコントロールは権力が持つ本質的特性のひとつであると論じている（Schwartz 1975）。移住者たちを待たせること、すなわち「デッドタイム」のなかで生きさせることは、かれらに、お前たちには将来に向けて展開していく人生を持つ権利などないと、在留資格の取得を通じて国家から与えられないかぎりそんな権利はない、と通告することなのである。シュヴァルツは次のように述べている。

人を待たせることができるということは、何より、その人の行動を自らの利益に合致するように変更させる力を持つということである。遅刻されるということは、待っている相手の意向に左右させられるということである。(Schwartz 1974: 844)

この意味で、待たせるということは、内務省の権力の、ひいては移住者たちに対する政治機構全体の態度の微細な発現なのだ。

歴代の政府は「迅速で公正な」出入国管理制度が必要であると主張してきたが、私たちの研究に参加した者たちが経験しているものは、そのようなものではない。第二章で言及したアリのように、多くの者は内務省の決定を六、七年待っている。バリー・シュヴァルツが論じているように、「待たなければならないということは、ある条件の下では、特定の人々の利益に反し、それに害を及ぼしうるが、大抵の場合、そのことによってかれらを待たせている者たちの利益が促進される」のだ(Schwartz 1974: 844)。この洞察は出入国在留管理制度にも間違いなく当てはまる。待たせることの制度化は無を作り出す制裁であり、それによって移住者たちは括弧に入った時間のなかで生きることを強制される。時間を括弧に入れることは時間を殺すことであり、ある人間の時間を殺せば、彼/彼女を実存的にも実際的にも殺すことになる。彼/彼女が自身の生のなかに取り置いてきた時間を奪い取ることになるからである。

私たちの考えでは、待たされているという状態は、イギリス国家の政策、そして出入国在留管理に関わる官僚制度が持つ二つの異なる顔を反映している。一方で、制度的に待たせることには、在留申請の精査にあたって内務省がいかに厳密で厳格であるかを示すという効用がある。しかし他方で、システム内部に待つことを生み出している非効率性や過失は、内務省の限界と、同省に課されている前例のないプレッシャーや政治的要請を反映するものでもある。政府はさらに踏み込んで、申請が却下された庇護希望者への福祉給付の打ち切りを計画している。そうした却下のうちの三〇%近くが、不服申し立てによる再審で覆されているにもかかわらずだ。政府は速やかな退去を奨励する方向に動きながら、あわせて、在留と不服申立てを望む人々の時間を死んだものにすること、そして持続可能な生活を送るための支援を打ち切ることによって、かれらに制裁を加えているのである。

このような制約や制限がすべての移住者に適用されているわけではない、と強調しておくことが重要である。内務省は二〇一一年にプレミアム・スポンサーなる仕組みを導入した。これにより、大企業は年間二万五〇〇〇ポンドで、自社の従業員のビザ発給が通常より迅速に行われるというサービスを購入できるようになった。プレミアム・スポンサーになることで、第二階層と第五階層のビザの審査と取得の手続のスピードが速まり、この仕組みを使えば、英国ビザ・移民局が受け取ってから四八時間以内にパスポートが返却されることになる（www.gov.uk/employer-sponsorship-join-the-premium-customer-service-scheme を参照）。小規模企業も年間八〇〇〇ポンドを支払えば、自社のスポンサー・ライセンスの変更に関して優先的な扱いを受けられ、五業務日以内の決定が保証される。エリートの経済的移住者は、上述のような制約や制限の影響を受けずに済んでいるのだ。バリー・シュヴァルツが述べているように、「特権を有する者は、誰よりも待つことで生じるコストを嫌うため、あまり待たない」からである（Schwartz 1974: 849）。ここでの事例で言えば、たとえ迅速に処理が進められるビザ制度を利用するために多額の料金を支払うことになるとしても、そうなのである。

対照的に、非エリートの移住者たちは只々待たされる。サウロ・B・クワーナーが指摘したように、イギリスにおける庇護認定の「時間政治」は、決定の「速度」を必須の「主要な抑止手段」として使ってきた（Cwerner 2004: 85）。どうやらここでの「迅速化」とは、申請を速やかに却下することになるようだ。だが、内務省とのやりとりには、細部の誤りをめぐって果てしなく続く争いがつきものである。「内務省から手紙が届くのを待つんだけど、しょっちゅうミスや間違いが起こるんだ」、ナナは内務省との通信文書が入った大きなフォルダを見せながら、そう不平を言った。出入国在留国管理を司る官僚制の緩慢さと迷宮を思わせる性質に関するこうした不満は、多くの参加者たちの回答にも見られた。ジグムント・バウマンが述べるように、移住者たちは「いつ終わってもおかしくない時間を生きている、生き続けさせられていると言われ」ねばならないのである（Bauman 2016: 14=2017: 19）。裕福なエリート移住者や動き回るセレブレティたちは、このような拘束から抜け出す手立てを得ている。二〇一五年夏にイギリス内務省の職員たちが、反体制派の中国人アーティスト、アイ・ウェイウェイに対して二〇日間のビザを与えるという当初の決定を、彼が過去の犯罪歴を開示することを怠ったとの判断から覆した件はその好例である。しかし、ウェイウェイは二〇一一年に中国政府に八一日間にわたって勾留されてはいたが、有罪判決を受けてはいなかった。その後、当時内務大臣だったテリーザ・メイが直接介入し、謝罪文とともに、最長六か月間イギリスに滞在できる完全な訪問ビザが彼に発給されることになったのだった（Travis 2015）。

ナナが説明する存在の条件は、精神病院や監獄の被収容者が経験する「死んだ、重苦しい時間」についてのアーヴィング・ゴフマンの描写を彷彿とさせる（Goffman 1961: 67=1985: 70）。違っているのは、移住者や庇護希望者にとっては、都市全体が開放型の監獄になり、かれらは影のような時間のなかで生きているという点である。ゴフマンによれば、全制的施設の被収容者はデッド・タイムに耐えるために、アート教室や工芸に没頭する。これらはゴフマンが言うところの「暇つぶしの活動《リムーバル・アクティヴィティ》」として作用する。「全制的施設における通常の活動が時間を拷問にかけると言えるとすれば、これらの活動は時間を安楽死させると言える」(Goffman 1961: 67=1984: 71)。ナナに課せられた拷問のような制限は、この記述を思い起こさせる。国境監視が都市生活のあらゆる側面に入り込むようになっているからである。エックスボックスやバスケットボールで遊ぶことは、ゴフマンが言う「暇つぶし活動」に似ている。ただし、この場合は言うまでもなく、ロンドン全体が巨大な全制的施設のように機能しているのだ。

ナナのような移住者が待たされている際の諸条件は、申請が処理されるあいだ、かれらに課せられるさまざま制限によって決定される。ナナは仕事を探すことすら禁じられており、このために失業の場合とは全く異なる時間的状態が生み出される。リサ・アドキンスが説得的に論じているように、イギリスのような社会における失業は、もはや不活発でも無目的でもない状態になっている。むしろ、強制的に職業訓練を行わせる取り組みから就職斡旋に至るまでの「アクティベーション」が、失業を「慌ただしく出来事が起こる状態」にしているのだ(Adkins 2012: 635)。これらは、活動しながら準備を整えることや、まだ発揮されていない潜在力への意識を高めさせることを通じて、無職と時間との関係を変化させている。その結果、アドキンスが述べるように、「失業は生産的で生き生きとしたものとなり、そしてこの変化によって失業と就業の区別が意味をなさなくなっている……いまや失業は、来たるべき出来事についての予測などといった、価値創造的な活動であふれているのである」（Adkins 2012：637）。しかし多くの失業者から見ると、このような次々と出来事が起こる潜在性のイメージと、福祉給付を担当する官僚機構のお役所仕事の遅さとのあいだにはギャップがある。

アドキンスは、「アクティベーション措置」の政治に幻想を抱いておらず、それを潜在的な残忍さを持った新自由主義的な装置であると見ているが、彼女の観察はここで私たちが行っている時間と出入国在留制限に関する議論にとって有用である。ナナがありありと示してくれた、待っているというデッドタイムは、国が多大な労力を払って活性化しようとしている失業中の市民の場合と比較することで、その厳しさが一層顕著になる。失業者たちとは対照的に、若い移住者たちの活動は制限され、コントロールされ、その結果かれらは空虚な時間を過ごすことを命じられることになる。クィア理論家のエリザベス・フリーマンは、「時間の操作は、歴史的に種別的である非対称的な権力レジームを、一見日常的なものにみえる身体のテンポやルーティーンへと変換し、それによって時間の価値と意味を組織化してきた」と論じている（Freeman 2010: 3）。言い換えれば、時間経験の差異は、権力関係と社会的不平等によって形作られ、構造化されているのだ。ナナの時計は、束縛された時間感覚についてだけでなく、時間には他にもジェンダー化された次元があるという点にも、私たちの注意を向けてくれる。ここで彼を束縛しているものには、彼が自分について抱いている期待や、一家の稼ぎ手で大黒柱である男性の役割を果たせていないことへの苛立ちが含まれてもいるのだ。ナナの在留資格は彼を無為のなかに閉じ込め、その無為が、こうあるべきだとされている働く男のテンポを乱している。彼は午前八時三分になっても、家で時計を眺め続けるしかないからだ。

二〇一〇年に私たちがボブ（Bob）に初めて会ったとき、彼は二三歳だった。ボブが若い難民や庇護希望者の権利擁護団体に関わっていたことから、シャムサーは彼に出会った。ボブは政治キャンペーンに参加しており、他の政策立案者やその分野で働く人たちとともに、その団体の経験を代表し、はっきりと意見を述べていた。ボブは笑顔を絶やさず、よく冗談を言った。友人も多く、その団体のメンバーではない女性数人に声をかけていた。彼は二〇〇二年にトーゴからロンドンに移住した。当初はビザがあり、学校にも通っていたが、ビザは彼が一八歳になった時点で失効した。その結果、彼は一時は拘禁センターに入っていた。私たちが彼に会った時点の彼は証明書類《アンドキュメンティッド》を持たない非正規滞在の状態にあり、時々、非合法に就労し、飲食業のウェイターの仕事をしていた。ボブにとって合法的に就労できないことは、彼の全生活を制約する問題だった。「働くことができてはじめて、楽しみが持てる。不確実……それが僕の可能性《ポテンシャル》を殺している。働けないということは、人間として何も持っていないことになるんだよ」と彼は語った。働ける者たちは、働けない者たちとは違う形で、自分を成長させることができる。この問題は消費文化のなかでは一層悪化する。ジグムント・バウマンが論じているように、消費文化は直近に購入した物を放置することと、次の新しい物への欲望を満たす必要性とに基づいているからである。消費社会では「欲することから待つことが取り除かれ、待つことから欲することが取り除かれる」とバウマンは要約している（Bauman 1998: 82＝2010: 110）。

待っておくよう命じられている移住者たちは、周囲のあらゆるものが動き続けているにもかかわらず、自身の生は保留されているという状況に置かれるという意味で、二重に立ち往生を感じさせられる。ボブは幼少期にトーゴでトラウマ的な出来事を経験しており、それが彼の記憶力に悪影響を及ぼしている。「最近、いろいろと思い出せないことがあるんだけど、視覚的なものを通じてなら思い出せる。俺は記憶力がよくないから」。そう彼は言った。デジタルカメラを使用して視覚的に自己を表現するという本研究で与えられた機会を、彼は楽しんでいた。彼は何枚もの写真を取った後、イースト・ロンドンのマイル・エンド・パーク近くでシャムサーに会い、それらの写真について語った。彼は、現在の自分の生活と、目の当たりにしてきた不正義、そして将来の夢について考えることに乗り気だった。

日中、ボブはユース・センターに行き、卓球をプレーし、ともに楽しい時を過ごしていた友人たちの写真を撮っていた。だが、写真に収められた幸福な情景は、別の不穏な記憶の呼び起こしもした。ボブの友人である一人の若い移住者が、かつてそのセンターで自殺を試みたことがあったのだ。

ここは俺の友人が壊れてしまった場所なんだ。想像してみてよ。俺らは一緒に遊んでいて、笑い合っていたのに、一人がトイレに行って、自分の命を断とうとしたんだ。それから救急車の音が聞こえてきて……本当にあったことだよ。俺も自分の目で見るまでは、信じられなかった。

彼の友人は倒れて意識を失っていたが、一命はとりとめた。ボブにとって、証明書を持たない非正規滞在者あるいは庇護希望者であるという経験のすべてが屈辱をもたらすものだった。私たちがここで議論の対象にしている時期には、庇護希望者への生活支援は、現金給付ではなく、食券の提供という形が取られていた。ボブが庇護申請を避けてきたのは、このせいだった。「食券とか施しをもらうな

写真 4.2　財布の写真

んて、もっと嫌になるよ……うんざりだ……　拷問だよ。拷問というか、死刑だね」。後で見るように、私たちの研究の参加者のなかには閉塞感と絶望感から自殺を考えた経験を持つ者がかなりの数いた。

ボブにとって写真を撮るプロセスは、将来に向けて展開する生を想像する機会だった。彼は幼い子どもを撮った写真を使って一枚の画像を作成した（写真４・２参照）。その写真はボブが、充実した生とはどういうものなのだろうかと想像し、表現する手段だった。その写真は、彼が将来財布に入れることになるかもしれない仮想の子どもの顔写真なのだ。彼は次のように言った。

そういうのは仕事をしている人間の……生活を築いている人のものなんだ。俺のじゃあない。俺は働いてないから。仕事をするようになった男ってみんな、財布を見せてくるだろ。財布を開いたら、子どもの写真が入ってて、それを開いて……にこにこしながら、「これが俺の息子さ、一二歳なんだ」ってさ。

このポートレートはボブの子どものものではないが、彼が現在置かれている状況の向こう側に、ありうべき人生を想像するための手段なのである。彼にはガールフレンドやパートナーがいなかったが、それは仕事をしていなければ、そうした関係を何ももたらすことができないと彼が思っていたからだった。ナナの場合と同じく、この人生観は異性愛的な家族生活についての規範的な発想に縛られており、そうした発想はライフコースや時間についての理想と結びついている（Freeman 2010）。彼は現在から抜け出せず、身動きが取れなくなっていると感じ、将来のより自由な生を夢見ることしかできない。いつの日か、自分もそういう写真を財布に入れることになっているかもしれない、と。

ナナとボブが見せてくれるのは、彼らの在留資格が時間経験に与えている大きな影響である。ナナが撮った居間の時計の写真は、この余りあるが無益な時間、デッドタイムに私たちの注意を向ける。それは無為を強制される格好になる待ちの状態であり、移住者たちは周囲の社会が動くリズムを目にしつつも、蚊帳の外に置かれるという状態である。ナナが二〇一一年二月にその時計の写真をレスに見せた際、テーブルの上には、彼が内務省と交わした手紙や法的代理人の意見、彼自身が行った申請の詳細のすべてが詰まった分厚いファイルが置かれていた。ジョナサン・ダーリングが指摘するように、内務省からの手紙は個別の申請についての詳細を知らせるだけでなく、ＵＫＢＡのロゴや内務省のスローガンや決まり文句の形で「国家の権威を刻み込んでいる」（Darling 2014: 487）。ナナが見せてくれた手紙には大抵間違いや、議論の余地を含む解釈が含まれていたが、そこには内務省が掲げ

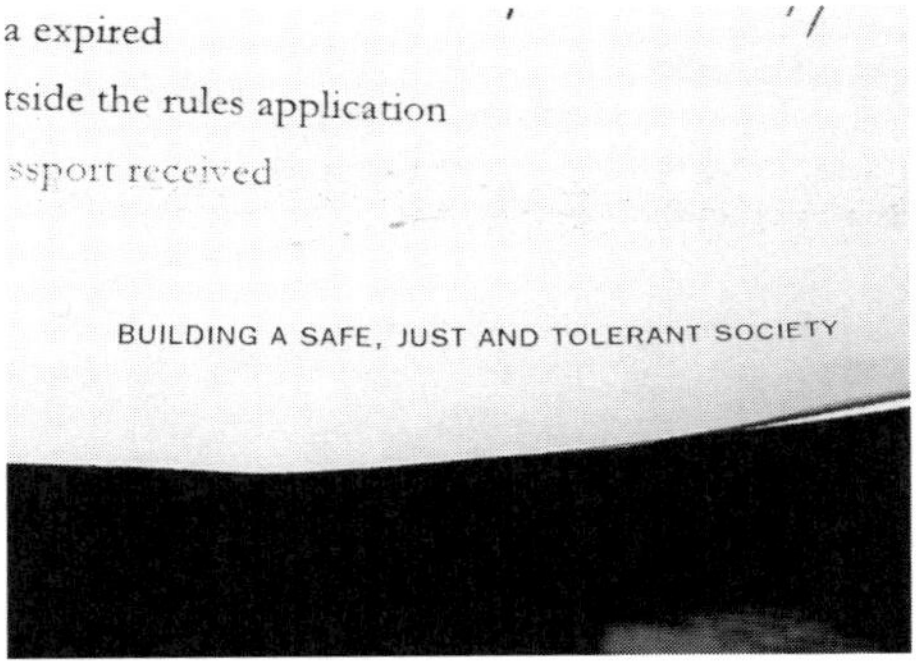

写真 4.3　政府からの手紙

るご立派な理念が印字されていた。曰く、「安全で公正で寛容な社会の建設」（写真4・3参照）。ナナは、彼の申請の事実関係をめぐって内務省と辛抱強く争い、そうした手紙に含まれる数々の間違いについて粘り強く異議を申し立ててきた。ダーリングが述べているとおり、テキストメッセージや携帯電話での通話のようにはいかない、手紙でのやりとりの遅さは、待たされるという経験を強める。「手紙は時間を**とる**が、それこそ他者の時間を管理し、ある時間のリズムを押しつける政府の立場を物語っている……」（Darling 2014: 488）。

ナナのファイルは、ロンドンでの生活を守ろうとしてきたその時点までの彼の戦いを象徴していた。それは生気を失わせる時間に抗ってきた彼の格闘の記録だった。ルーベン・アンダーソンが指摘したように、こうした移住にまつわる書類が重要なのは、それらが「時間を動かし、蓄積し、何かを生産させる」可能性をつなぐからである（Anderson 2014: 228）。ナナのような移住者たちはこの強制された無為に耐えなければならないが、かれらはそれによって怠惰になっているわけでも、完全に活動を停止させられているわけでもない。それどころか、かれらは自分たちの生の時計の針を再び動かし、時を刻ませる方法を常に探している。ダーリングが指摘するように、ファイルや内務省から届いた手紙の意味の上に可能性が刻み直されることもあり、これらの書類が「希望の断片」の形を取ることもあるのである（Darling 2014: 495）。

移住者たちは生気を失っていく時間《デッドニング・タイム》と戦い、それに受動的に服従してはいないものの、それでもやはりその制約を受けている。内務省との長い戦いの末、二〇一二年、ようやくナナに英国の滞在許可が与えられた。彼の生の時計の針は再び動き始めたのだ。二〇一二年のロンドン・オリンピックのために駐車場の提供を担った会社に雇われた彼は、懸命に働き、駐車場管理マネージャーに昇進した。その後ナナは、ロンドン最大規模のいくつもの会場施設で働き、二〇一五年のラグビー・ワールドカップをはじめとする各イベントの輸送管理や駐車場提供を担当してきた。

本研究の参加者たちには、もっと長く待たされたにもかかわらず、それほどよい結果を得ることができなかった者もいた。ジグムント・バウマンはこうした経験について、次のように書いている。

> かれらは時間を「コントロール」しない。だが、工場の時間の没個性的なリズムに従い、時間どおりに出退勤していた祖先たち［や親類たち］とは違って、時間にコントロールされてもいない。かれらにできるのは、時間にゆっくりと殺される《キルド》あいだ、ただ時間をつぶす《キル》ことだけなのである。
>
> （Bauman 1998: 88=2010: 124）

デッドタイムとは、ある生の状態を表す比喩であるだけではない。そのせいで人が危うく命を失いかけることにもなりうるからである。本研究の参加者のなかには、かつて自殺を考えたことがある者が複数いた。次に取り上げる若い母親もその一人である。

アフリカン・クイーンと括弧に入った未来

私たちがアフリカン・クイーンに初めて会ったのは、二〇一〇年の三月だった。彼女は自分で作った服を着ており、赤、黄、緑と、生まれ故郷エチオピアの国旗の配色を模したその出で立ちは一際目をひいた。アフリカン・クイーンがアディスアベバからイギリスに逃れてきたのは二〇〇三年、彼女が一六歳のときで、おばが手配してくれた学生ビザでの渡航だった。これが最も簡単で最も安全な逃亡手段だった。彼女の一家は、野党党員であるという政治的な理由からエチオピアで迫害を受けていた。彼女は物を作ることを愛している。「ちょっとだけ服のデザインをしてるんだけど、専門の仕事じゃないの。でも、アートに関することは何でも好きなんだ」。私たちが話しているあいだ、二歳になる彼女の娘はおとなしく座っていた。

アフリカン・クイーンの母親は、彼女より四年先にロンドンを目指してエチオピアを去った。九〇年代末からローマで生活しているが、アフリカン・クイーンは母親が国を逃れて以降、母親に会っていない。最も近づけたのは、彼女が乗った飛行機がロンドンに向かう途中、イタリアに着陸したときだった。だが彼女に発給されたビザの決まりで、旅程を中断し、母親に会うためにローマに入ることはできなかった。彼女は、「途中降機」ができ、彼女と違って制限されずに入国審査場を通過できる同乗者たちの行方を目で追った。イギリスに到着後、アフリカン・クイーンは庇護申請を行った。イギリスでの在留権確保を求める彼女の戦いは、長く、そして困難なものだった。彼女は七年間で五人の事務弁護士《ソリシタ》に相談した。彼女が抱える喫緊の問題の多くは、どうやら最後の事務弁護士の責任のようである。それらの問題が明るみに出たのは、託児所の職員が内務省に電話をかけ、アフリカン・クイーンの申請記録番号を伝えた後のことだった。内務省は彼女の申請の記録はないと言ったのだ。「それでショックを受けたの。私は弁護士が、書類は内務省に送った、回答を待っている、と私に言った証拠を持ってたから」。

後に判明したところによると、彼女が一八歳に達し、無期限の滞在許可期間が満了した後も、彼女の事務弁護士は、彼女が滞在を何らかの形で延長できるようにするための申請を行っていなかった。にもかかわらず、彼女には申請を行ったと書き送っていたのだ。その結果、アフリカン・クイーンは自覚のないまま、長期間にわたり在留資格を失っていた。彼女の事例もまた、社会生活のごくありふれた場面――今回の場合は託児所――に国境管理のプロセスがどのように入り込んでいるかを示す実例である。託児所の職員が彼女のことを内務省に報告していなければ、彼女は自分が非正規滞在の状態にあることに気づかないままだっただろう。

アフリカン・クイーンにとっての当座の最優先事項は、二歳の子どもの健康と安全である。このことは、親になることが女性の移住者の経験にどのような影響を与えるかを示している。私たちがインタビューしたある訪問看護師《ヘルス・ビジター》の言葉を借りれば、女性たちはある意味で、子どもを持つことによって当局の「レーダーに」検知されるようになるのだ。医師や訪問看護師のような医療の専門家たちが、若い移住者たちの生活の詳細情報を内務省に伝えることはない。しかしながら、二〇一四年の移民法改正の一環として、国民保健サービス（ＮＨＳ）のケアに対する支払いを移住者たちに義務づける新たな制度が導入されたため、政府は保健省と内務省とが、患者の在留資格に関する「データをより円滑にやりとり」できるようにしようと、その実現可能性を「詳しく検討」している（Gove-White 2014）。それゆえ、子どもを持つことは、女性の移住者を医療と育児に関わる制度のなかで読み取りやすい（legible）存在にする。このことが、男性の移住者たちの場合とは非常に異なる、傷つけられやすさ《ヴァルネラヴィリティ》の経験と、監視されるという経験とを創り出しているのだ。

ロンドン各区の行政当局は、庇護申請者に住居を用意する責任を負い、また子どもたちに安全と施設提供を保証する法的義務を負っている。だが目下ロンドンは住宅危機に見舞われている。不動産を所有する機会はどんどんと高所得者層だけのものとなり、投機家たちは金融投資として多数の住宅を買い占めている（Dorling 2014を参照）。その一方で、二〇一〇年に発足した連立政権の緊縮プログラムによる公的支出の削減が、各区の行政に以前にまして財政的圧力をかけ、住居を必要とする人々にそれを割り当てるために各区で確保している公営住宅のストックが減少している。これらの二重の圧力の結果、移住者たちは大抵の場合、住宅ストックのなかでも最も劣悪な住宅で、民間の家主の気まぐれに左右されながら生活せねばならないことになっている。

アフリカン・クイーンはノース・ロンドンの応急住宅で暮らしているが、暖房がなく、湿気がひどい。この物件を所有する民間の家主が、彼女の住居の質の改善に動くことはほとんどなかった。各区当局は、住宅需要に満たさねばならないというプレッシャーのために、こうした住居の質に構っていられず、彼のような家主に頼っている形である。上の階にはコカインの密売所《クラックハウス》があり、ドラッグが売買され、吸引されている。床には注射針や麻薬関係の道具が散乱し、小便の臭いがするため、アフリカン・クイーンはベビーカーと赤子を抱えて階段を上らなければならない。気が沈み、身動きが取れないと感じると彼女は話す。「ひどく気が滅入って、自殺したい気分になるの」。

赤ん坊の存在が彼女を踏みとどまらせているが、その子を手放さないでおくためには、彼女は訪ねてくる医療の専門家たちに自分の心情を隠さねばならない。「助産師が来て、訪問看護師が来て、娘を預かりたいと言ったの。あの人たちも私がいい母親ってわかってくれているけど、住居がああなんで、あの子をあそこにいさせたくないのね」。アフリカン・クイーンは娘を手放さないために戦ってきた。この種の状況において、アフリカン・クイーンのような若い移住者たちの生活を精査するのは、「ケアの専門家たち」である。若い移住者たちは、自分たちの状況を秘匿し、真実を隠すことを通じて、自分自身と子どもを守っている。これは二重に残酷なことである。なぜなら大抵の場合、支援やケアを最も必要としているのはかれらだからである。

アフリカン・クイーンはいまとは違う人生を夢みている。彼女は美術かデザイン、もしくはファッション業界の仕事に就くことに憧れているが、自分はそのような未来の可能性を阻まれていると感じている。彼女はカレッジ時代の旧友たちと一緒にいたとき、こう話した。「友だちに「ああ、私はこうなりたい、ああなりたい……」って話すとき、私の夢は違ってた。自分が夢みたようには生きていないことってあるでしょ？　それがつらくって……」。

アフリカン・クイーンは英国での将来について二つの目標を持っている。短期的には住居を改善したいと望んでおり、長期的には法的に居住権を取得し、自活して娘を養えるようになりたいと考えている。彼女の在留資格がその両方を妨げている。アフリカン・クイーンは別の公営住宅に申し込みをし、入居が認められたのだが、鍵を受け取りに行った際にひどく失望させられることになった。パスポートを求められたからだ。彼女は証明書類を持たない非正規滞在者であるが、彼女の場合、庇護申請中であることを示す証明書すら持っていないという状況なのである。もしそれさえあれば、一種の身分証として、また資格を証明するものとして受け取ってもらえただろう。彼女は言う。

それで家が見つかったときの話なんだけど、その家でいいと決めた後、全部にサインを済ませて、鍵を取りに行ったら、係の人が私のパスポートがいると言ったの。パスポートは持っていませんと言って、それで待っているところなの。

彼女は教育と雇用にアクセスすることによって、いま置かれている状況を緩和したいと考えている。しかし、彼女がかつて登録していた無料の語学授業と初歩的なＩＴコースを除けば、それらを得る可能性は彼女には全く開かれていない。アフリカン・クイーンは、コネクションズ・リンクの職員から電話で就労支援制度を紹介されたが、在留資格が理由でこの制度が利用させてもらえないままだと話した。

彼女は英国で大変な窮状に直面しているが、娘をここで育てたいと願っている。エチオピアは彼女にとって「恐ろしい国」だからである。アフリカン・クイーンは英国での機会と自由をポジティブに見ているが、彼女と彼女の赤子は二年間、児童手当を受けずに生き延びなければならなかった。「申請したときに言われたの。……［私は］手当を受け取れないって」。彼女の赤子の父親は英国市民であるため、彼は赤子が手当を受け取れるように申請を試みたのだが、彼はこう言われた。「私たちはもう別れているから……彼女のことはあなたの責任ではありませんよ、って」。ヤスミン・グナラトナムは、「『人種化の時間的次元』が経験されるのは、母親による育児を通じてであることが多く、この点は長きにわたりブラック・フェミニストたちの研究の主要課題となってきた」と述べている(Gunaratnam 2013: 9)。この見解はアフリカン・クイーンの経験と共鳴している。彼女が現在を耐え忍んでいるのは、主に子どものせいであり、子どものためでもあるからである。彼女は子どもを守りたいと思っているが、同時に子どもの生は、デッドタイムの影の外に、彼女自身の未来を想像する道筋にもなっているのである。

　アフリカン・クイーンと赤子の父親は、その子のイギリス市民権を申請し、それを得た。そのため現在、二人の子どもはいくばくかの手当を受給しているが、アフリカ・クイーンの方は依然何も受け取れていない。彼女のビザが失効した際、彼女から滞在延長を求める法的な申請を何も受け取っていないことから、内務省は彼女が検挙を逃れようと雲隠れしたのではないかと疑っているためである。その結果、彼女は罰を受けさせられているような格好になっている。なぜなら、仮に彼女が姿を消したことにならず、不服申し立てを行っていたならば、何らかの支援が受けられていたであろうからである。私たちが二〇〇六年に彼女に会ったとき、彼女はあらためて庇護申請を行っているところだったが、これは再度、長期にわたって待たねばならないことを意味した。アフリカン・クイーンと同じような立場に置かれている人々にとって、状況は悪化していく運命にある。庇護申請が却下されると、政府は健康や福祉の支援を打ち切ってしまうからである。アフリカン・クイーンが現況抱えている数々の困難は、ポジティブな将来の可能性を見通す彼女の力を制限しているだけでなく、過去の楽しかった時期についての記憶を苦々しいものにしている。クリスマスと自分の誕生日を話題にしながら、彼女は言う。

私がその時期を嫌っているとみんな知ってるの。とにかく、ドアを閉めて、携帯の電源を切って、静かにしてる。そういうことでいろいろ思い出してしまうから。家族の団らんとか、何でもかんでもお祝いしてたこととか。幸せだったこと。いまはもうそうじゃないでしょ?

ナナと同じく、彼女も大抵は家にいるが、そこにいることを嫌っている。彼女の生に課された数々の制約のせいである。彼女は内務省や事務弁護士から届いた手紙を穴が開くほど見つめているが、それらの手紙は彼女の生の拘束を象徴するものになっている。このことを説明しながら、彼女はこう言う。「何もしてない。ただ手紙を書いて、手紙を読んでいるだけ。一人で何か考えて、泣き出してしまうの。そういうときはつらい。頼れる人が誰もいないと」。

友人たちに会うと「ちょっとだけ気分が良くなる」と彼女は言う。彼女は一六歳から一八歳までの二年間、ノース・ロンドンのカレッジに通い、その後さらに一年間、美術とデザインを学んだ。カレッジ時代には、世界中から来た多くの学生と友だちになったが、現在の彼女の友人は主にエチオピ

写真 4.4　ハート

ア人である。彼女の気分を少しましにしてくれるもうひとつのものが、絵を描くことである。彼女は線画を描いたり、スケッチをしたりして時間を過ごしている。上の絵では（写真4・4参照）、アフリカン・クイーンはハートのなかに家族のメンバーの名前を書き込み、隅にエチオピア国旗を描いている。

　この絵は彼女の孤独感だけでなく、彼女が心に抱く、愛する人たちとのつながりを表現している。線は物理的な境界とともに、現時点では家族とのつながりを取り戻す可能性が阻まれていることを表わしている。家族たちは彼女が自身の心のなかに、かれらの場所として取ってある場所にのみ現前する。彼女が絵を描くこと、そして買い物や、娘を託児所に連れて行くこと、教会に行くことなどの活動はすべて、彼女が現在置かれている身動きの取れない状態を、なんとか暮らせるものにしようとする試みである。それらはゴフマンのいう

「暇つぶしの活動」ではなく、むしろ、壊死した時間に生気を吹き込もうとする「再生戦略《リヴァイヴァル・ストラテジー》」なのである。ナナの書類ファイルと同じように、それらは時間を生産的に動かし、前に進めることを目的としているのだ。

アフリカン・クイーンは自身の精神衛生上の問題は、彼女の生に課された拘束の直接的な結果だと考えている。「しょっちゅう鬱になるのは、家にいるからだと思う。何もしてない。ただ手紙を待って、［内務省からの］手紙を読んで、それで取り乱して、泣いてるの。誰も頼れる人がいないとつらい」。事態を悪化させるのは、アフリカン・クイーンにとって――彼女のような立場にある他の多くの女性たちの場合と同様――、彼女をケアすべきはずの専門家たちが、直接・間接的に国家の監視に関与していることである。このことは、彼女について内務省に報告したのは、彼女の子どもを預かる地元の託児所の職員だったという事実に恐ろしいほど明らかに見て取れる。このようにアフリカン・クイーンは、過去が抹消され、未来が括弧で入れられるという極限状態に置かれているのである。

在留申請の結果を待っている若い移住者たちは、現在のなかで身動きが取れないというどうしようもない感覚に苛まれている。これはすべて、内務省がかれらに課した制限によって決定されている。在留許可証を持たないかれらは、物理的にはイギリス社会の内にいるものの、時間の外に置かれていると感じている。これは単に、仕事に行くという日常的なリズムに歩調を合わせられていないという問題ではなく、過去についての感覚をむしばみ、未来への道を阻むデッドタイムのなかで生きることを余儀なくされているということである。これは、過去と現在と未来の感覚の関係がバラバラにされ、生が展開していく可能性が混乱させられるという移住者の経験する状況についてのバージャーとモアの指摘と通じる。このような状況に置かれる移住者たちは、課せられた制限のせいで、「つぶす／殺す時間」が大量にあるように思えるにもかかわらず、逆説的ではあるが、時計はどんどんと進み、イギリスに留まっていられる残り時間が減っていくことになっている。

移動と移住の経験の問題は空間に関する事柄だけに限定されない。これが私たちの主張である。ブリジット・アンダーソンとナンディータ・シャーマ、シンシア・ライトが指摘するように、私たちが前景化してきた時間的な側面は、研究者や評論家たちに看過されがちである。三人はこう書いている。「未来をそのなかにいる自分自身とともに想像できること……これらは人間の経験と主体性の重要な側面である。出入国管理とそれが生み出す諸関係はこれらをむしばみ、永遠の現在のなかで生きることを人々に強制することがある」(Anderson, Sharma and Wright 2009: 7)。私たちは、こういった「時間的な拘束衣」を着せられて生きるとはどういうことなのかを描き出そうとしてきた。また私たちは、ブリジット・アンダーソンと彼女の共同研究者たちに従い、それを描き出すためには移住を移動と捉えるだけでなく、国境や出入国在留管理を時間の序列化として理解することが必要になると主張する。

「イギリスに来たのはいつ？」――「移民」と時間の落とし穴《タイム・トラップ》

ジャック・デリダが言うには、余所者を真に歓待するには、「待たずに入る」よう招待しなければならない（Derrida 2000: 123=2018: 144)。私たちが主張しているのは、時間の序列化が一種の待ちをつくりだし、それが多くの移住者の生の条件を構造化しているということである。これはデリダが考えた歓待から程遠い。待つことが日常化している現実は、包摂とシティズンシップと帰属の諸条件が不平等に序列化されていることを示してもいる。その結果として課されるさまざまな拘束が、人生が将来に向けて展開していく可能性を限定し制限しているのだ。またこの制限のプロセスは、「異邦人（foreigner）」が国家にとってだけでなく、移民〔の受け入れ〕に関するポピュラーな言説の内部で読み取りやすい（legible）存在になっていく際にも影響を及ぼしている。

最も平凡なレベルで言えば、移住者たちは「どこの出身？」と質問されるたびに、この種の構造と対峙することになる。ロンドンがますます移住者たちの都市になっているにもかかわらず、かれらはここの出身ではないと即座に想定されているのである。デリダによれば、結果として異邦人は、出入国在留管理官から商店主に至るまで、誰しもが尋ねる権限を有すると感じている一つの問いになる。この問いにも時間的な次元がある。「ロンドンに来たのはいつ？　ここに来てどのくらい？」異邦人は「場違い《アウト・オブ・プレイス》」であると想定されるだけでなく、かれらは時間の外《アウト・オブ・タイム》にいると、すなわち一種の時の落とし穴にはまっていると、暗黙のうちに考えられるのである。

このような状況において、異邦人は自分の人生を後ろ向きに語ることを要求される。かれらは最初にロンドンに来たのはいつなのかを説明しなければならない。簡単に言えば、移住者たちは、かれらがロンドンに到着するまでの足跡について説明することを期待されるのだ。特に庇護申請の面接の場面ではそうである。入管と行政の職員は、到着以後に起きた事柄にのみ関心を持つはずであるが、かれらは到着以前の出来事の真偽に非常な関心を持ち、その真偽がある人間が滞在を許されるか否かを決定するのである。移住者たちの生は、かれらが国境を越えてイギリスに入った瞬間にリセットされるものであるかのようにみられているのだ。

ここには巧妙なごまかしがある。こうした質問は政治的に中立ではないからである。むしろそれらは、デリダが「罠が仕込まれた質問《トリック・クエッション》」と呼んでいるものである（Derrida 2000: 31＝2018: 71）。これが「罠」なのは、質問そのものがネイティブである質問者と、その存在が問題だとされる人間とのあいだの不平等な立場性を設定するからである。このような質問の仕方は、ホストと移住者のあいだに分断線を刻み込むメカニズムとなる。私たちは本書を執筆する過程で、同種の構造が参加者たちとの面談のなかで再現されうることを発見した。エレノア・バーンはそれをうまく言い表しており、罠が仕込まれた質問は「答えを促しているように見えるが、あらかじめ自由な回答の可能性を遮断している」と述べている。（Byrne 2013: 68）。私たちは「罠が仕込まれた質問」を出すという支配的なパターンに陥らないよう心がけていたが、時折、この構造を面談のなかで再現してしまうことがあった。私たちは、出身地のみに拘泥することを乗り越える、対話の形式を構築しようと試みようとした。

他の多くの参加者と最初に会ったときとは違い、私たちはドロシーとある第三セクター組織の形式張った面接室で会った。その組織を通じて、シャムサーは彼女と連絡を取ったのである。少し会話を始めただけで、ドロシーは彼女から情報を引き出すための質問を受けることに慣れていることがはっきりわかった。こういう場合、調査者の方がかなり個人的な問題、たとえば参加者が置かれている境遇や、彼／彼女が福祉団体と連絡を取るようになった経緯などに話題を向けていかなければ、議論を開始することが難しかった。

この時点における調査のプロセスは、私たちが距離を取りたいと望んでいた「情報を抽出するインタビュアー」の態度に似通ってしまっていた。私たちが初めてドロシーと出会った際にした次のやりとりには、そのことが明らかに見て取れる。

シャムサー：そうだね、じゃあ、どうしてかれら［警察］は君が［福祉団体の名前］を見つける手助けをしてくれたのかな？　何か理由が？

ドロシー：この子のために［赤子を指差す］給付金の申請するのを、そう、それから私が在留資格の申請をするのを助けてくれたんです。

シャムサー：なるほど。イギリスに来てどのくらいになるのかな？

ドロシー：もうすぐ三年です。

シャムサー：もうすぐ三年、なるほど。先ほども話してくれたと思うけど、ガーナから来たんだよね？

ドロシー：はい、ガーナです。

ドロシーと話し始めて二分と経たないうちに、私たちの会話は、彼女と母親との離別や、最愛の祖母の死を話題にするところまで展開していった。

ドロシー：　母は私が妊娠したことがちょっと受け入れられなくて、というのは、そのとき私は一六歳でしたから。

シャムサー：そうなんだね。

ドロシー：それで母は出て行ってしまって、その後どこにいるのかわからないんです。国にいてもちょっと行き詰まってしまって、なんとか自活して、小さな男の子を養っていく方法を探そうとしたんです。

シャムサー：なるほど、それで〔イギリスに〕来ることになった……

ドロシー：訪問目的で。

シャムサー：訪問、ということは親族訪問か何かそういう目的での渡航だったのかな？

ドロシー：はい、親族訪問でした。

シャムサー：イギリスに来て、ここにいるあいだに出産して、その頃お母さんとは連絡が取れないままだったんだね。

ドロシー：はい、私があの子を産む前に出て行ってしまったんで。

シャムサー：それで君はその、何というか……

ドロシー：ここから動けなくなりました。

シャムサー：立ち往生している。

ドロシー：ええ、故郷に帰っても誰もいません。祖母が母と一緒に暮らしていましたが、亡くなりました。なので私は、お母さんと家族みんなでここで、ロンドンで暮らしたかったんです。

シャムサー：あちらには親族はいないのかな？
ドロシー：　はい。
シャムサー：それで、その頃君は何歳だった？
ドロシー：　この国に最初に来たときは一六でした。

私たちが初めて会ったとき、ドロシーは自身の状況について感じていることや気づいたことをさらに詳しく説明してくれた。たとえば、移民監視がさまざまな形で彼女の機会を制限していること、その結果として彼女と彼女の息子が経験することになった物資の不足などの影響についてである。本研究は出入国在留管理の枠組みに批判的であり、そのことはシャムサーが尋ねた質問にも反映されていた。このことは、単に移動や状況の事実に関する情報を集めて分析しようというのではなく、彼女の見解を理解しようと真摯に試みたこととともに、ドロシーが本研究に参加し続けることを望んだ理由だったかもしれない。しかしながら、この最初の面談で行われていたことには、かつて彼女が出入国在留管理官や警官の面接で受けた類の尋問の構造とパターンを反復する面接のフォーマットを感じさせるところがあった。

これは単なる方法論上の問題ではない。それは生が、質問のされ方によっていかに序列化されるかを示しているのである。ここでは知のフレーミングが、そうした生を規制化するプロセスと絡み合っている。本章での議論を踏まえ、私たちは「移民《イミグラント》」という概念自体が時間の観点からコード化されていると述べたい。これはブリジット・アンダーソンと彼女の共同研究者たちが、「いつが国境か？」と問うている事柄である（Anderson, Sharma and Wright 2009: 7）。移住者たちが国境を越えたとき、かれらの生の時計が再設定されるのだ。私たちは、移住者たちの展開していく生に耳を傾ける、より歓待的な方法を見つけだすことを目標にしてきた。絶対的な歓待には、因習的な「異邦人への問い」を投げかけるのを「控える」ことが必要になる、とデリダは論じている。この種の開放性は「留保なき贈与」（Derrida 2000: 135＝2018: 155）なのであり、それこそ私たちが本プロジェクトで試みようとしてきたことである。

シャムサーとドロシーは以下のことについて話し合った。彼女が自分の生活のある部分について観察したいと思うか。もしそうなら、どのようにして観察していきたいか。なぜそれが本研究にとって有益であるのか。ドロシーはカメラを使うことに乗り気になり、シャムサーはそれを彼女に用意することができた。後になってドロシーは、彼女が所有する私物や、集めてきた書類、書いた文章を組み合わせ、それらについて話すこともしてくれた。最初シャムサーはドロシーに、自分の日常生活のどの側面が私たちの調査の趣旨と目的と関連しそうか、どの側面を本研究のために記録していきたいか、彼女が決めたほうがいいと提言した。ドロシーは何を調べるべきか確信が持てず、シャムサーに助言を求めた。シャムサーは写真を通じて調査していくことを提案した。そうすれば、彼女の在留資格が、彼女が行く場所や買える物にどのように影響を与えているかを明らかにできるだろうと。この時点で私たちの研究手法は、データの抽出から、エリシテーション〔写真等によって人々の感情や記憶を喚起し、語りを誘発させる調査方法〕、ないしは私たちが編み出そうと試みていた社交的（sociable）な方法につながる共同研究の方法へと移行していた。私たちは、ドロシーが研究全体の枠内で探求してみたいと思

写真 4.5　バッキンガム宮殿に行くドロシー

うものは進んで取り入れたが、エリシテーションの場合と同じく、私たちは参加の条件としてではなくあくまでも一つの例として、決まった課題を提示することもあった。

約二か月後、私たちは再会した。このときは彼女の招きで、クロイドンにある彼女の家で会った。ドロシーは、シャムサーが提案したように日常生活の写真を撮るのではなく、カメラを持って観光に出かけていた。

ドロシーはこの写真を撮った理由をこう説明した（写真４・５）。「はい、ガーナにいたとき、おばあちゃんがここに来たことがあって――私が生まれる前のことだと思うんですけど――彼女はバッキンガム宮殿の話をたくさんしてくれたんです。それがどんなに素晴らしいかって」。このことは、私たちの研究の関心事とはあまり関係がないように見える。だが、ドロシーが行った固有の選択は、私たちの視野を広げてくれたのだ。
ドロシーは以前、友人のパスポートと国民健康保険番号を使って職を得ようとして逮捕されたことがあった。彼女には金銭を手に入れるすべがなく、元々持っていた観光ビザは就労を禁じていたため、働くこともできなかった。観光ビザの期限も切れ、不法滞在の状態になっていたので、バッキンガム宮殿のような公共の場所に近づくことを恐れていた。そうした場所には警官が沢山いたからである。

前に捕まったことがあるんで怖かったんです。警察の人が通り過ぎるのを目にするだけでも怖くって、そういう場所を通るのが本当に怖かったんです。怖いというのはそういうことです。警察とかに近づくのが怖いっていう。

彼女はこう付け加えた。

そういうエリア［ロンドンの観光地の意］では、考えてしまうからです。その、人々というか、特に黒人のことをですけど、たまには、なかに移民もいたりしますけど、その、少なくて、「ああ、私はそこで何をしようとしてるんだろ、何をしようとしているんだろ?」って気持ちになります。特定の場所に行くと、どんなことが起きるかわからないから、かれらは怖がるってこともあるんです。

ドロシーは以前にバッキンガム宮殿の近くに行ったことがあった。

その、そこを初めて通ったのは、逮捕された後、裁判所から帰ってきた日だったからです。逮捕されたとき、次の日に裁判所に行きました。なので、ちょっと悲しい気分でした。

続けてドロシーは、ある移住者支援団体が彼女を事務弁護士につなげてくれ、その弁護士が一時滞在許可ビザを取得する手助けをしてくれたことで、状況は改善したと話した。彼女の息子は託児所で預かってもらえることになり、彼女は高等国家資格（ＨＮＤ）が得られる看護教育コースに通い始めた。学費はおじが払ってくれた。ドロシーは助産師の仕事に熱意を持っていた祖母に感化され、自分も助産師になりたいと考えたのだった。一時滞在許可のおかげで状況がいかに改善したのかをドロシーは説明した。いまの彼女は公式の在留資格を持っている。彼女と彼女の息子は、当局がそう決定すれば、いつでも拘留される可能性があるとはいえ、有効なビザを何も持っていなかった頃のように、偶然警察からイギリスでの公式の滞在資格について職質を受けて投獄されるという目に遭うことはない。本研究の期間中、彼女は祖母が夢中になった場所に行ったが、それは移民監視が恐ろしくて以前はできないと感じていたことなのだ。「なので、それを見たとき、「ああ、あれは過去のことなんだ」って思ったんです。そしたら幸せな気分になって、それでそこに行って、その写真を撮ったんですけど、それでもっと嬉しくなったんです」。

その日の会話のなかでドロシーは、それ以前は、自分と息子の未来が何も見えず、二人とも教育を受ける機会がなく、また金もないことから、現在の生活のなかに閉じ込められていると感じていたと語った。こうした制約は彼女の空間的移動を文字どおり制限し、そのため彼女は多くの時間を家で、過去や祖母のことを考えながら過ごしていた。彼女はいまも祖母のことを考えるが、その際の視点が変わっている。彼女の現在を取り巻く状況は、依然として不安定《プレカリアス》であるとはいえ、変化した。ドロシーは以前より活動的になり、良い未来を思い描くことができる。それゆえ祖母の記憶を辿るときも、その回想は彼女のなかに助産師になりたい、そして祖母に教えられた人生訓を心に留めておきたいという願望を抱かせるのだ。

ドロシーがバッキンガム宮殿のスナップ写真を撮ったことは、変容を示すひとつの身振りである。それは分析にあたって考慮すべき事項を、出入国在留管理制度によって制限された生活から移させる。これらの写真を撮ることによって、彼女は自分自身と自分の過去と自分の家族についての別の物語を語っているのだ。彼女は私たちを信頼し、より自由な生を垣間見させてくれた。その写真はおそらく、喪失感と見捨てられたという感覚に抗し、より幸福な未来に向かっていく小さな行動であり、ドロシーがどのような人間であるかについてのより詳細な表現を示唆している。バッキンガム宮殿で心を奪われたドロシーの物語には、「移民」という抽象概念では捉えきれない多くのものが含まれており、その物語を通じて私たちは、より充実した生が束の間表現されるのを目の当たりにするのだ。

ドロシーの事例は、出入国在留関連法規や社会構造が働ける空間や移動できる空間をどのように制限してきたのかについての私たちの見識を広げてくれた。そうした制限のせいで彼女は、自分の生の可能性が「萎んでいく」ことに抗い、自分の存在を強く主張しようと試みなければならなかった。このことは非常に重要である。移民受け入れと国境管理に関する理論的議論において、こうした拘束が移住者の生にもたらしている息苦しさが常に前景化されるとはかぎらないからである（たとえば、Mezzadra and Neilson 2008を参照のこと）。

この見識を得るために私たちは、移住者たちのために語るという発想とは異なる姿勢を取ることを主張するアプローチを採用し、対話のなかでかれらと一緒に旅するという社交的なプロセスを選択した。サラ・アーメッドは、「他者のために語る」という発想は「絶対的な近接性と絶対的な距離という空想に基づいている」と述べている（Ahmed 2000: 66）。この一種の腹話術は、著者が語っている対象である主体を沈黙させるとともに拘束する。私たちは、調査はもっと社交的なプロセスであるべきであり、そこでは声そのものに価値が置かれるべきであると主張したい。ニック・クドリーはこう書いている。「声を尊重するためには、一つのプロセスとしての声が効果的になる諸条件と、多岐にわたる組織がプロセスとしての声をさりげなく弱らせたり、その価値を貶めたりする可能性があるということとに、特に注意を払う必要がある」（Couldry 2010: 2）。

プロセスとしての声は、インタビュアーが「データの抽出者」とみなされるとき、あるいは執筆というものが、ほんの一時《ひととき》しか中で暮らしていない生活について調べる、よそよそしい分析者だけの領分になってしまうとき、その価値を貶められる。私たちがドロシーから学んだのは、彼女が「合法」か「違法」か、あるいは「有用」か「偽物」かといったことに関する何らかの内なる秘密ではない。そうではなく、ドロシーに付き合い、バッキンガム宮殿への旅に同行することで私たちは、当初私たちが彼女に注目した理由であった苦痛を抱えた生ではなく、彼女の自由な生を垣間見ることができた。その結果、彼女の過去と現在の状況が交差する地平を理解する機会を私たちは得たのである。

待っているという状態は、移住者たちが着なければならない時間的な拘束衣の側面のひとつであると、私たちは主張している。その制限のもう一方の側面は、移住者たちが耐えなければならない「罠が仕込まれた質問」であり――出身地や滞在期間について質問されるなど――、そうした質問がかれらを「移民というカテゴリー」のなかに固定化するのだ。別の言い方をすることもできる。私たちはこう問うことができるだろう。人はいつ「移民」であることをやめるのか？　ここでの問題は、ナショナリズムと文化的人種主義の論理の内部では、ドロシーのような人々は永遠に「移民」であるということである。この先延ばしのプロセスのふたつめの特徴は、「シティズンシップ・テスト」のような統合の手法にも当てはまる。「シティズンシップを試すこと」、そして移住者たちに課される、自分たちの帰属の証明せよという期待が、受け入れを先延ばしにするのだ（Fortier forthcoming 2017を参照）。ここには、また別の種類の「罠が仕込まれた質問」が見て取れる。「お前たちはテストに合格できるかどうか、しばらく成り行きを見守っていなければならない」、あるいは「ホスト」コミュニティがそれを決めるので、「かれらが適切に統合できるかどうかしばらく成り行きを見守る」といった具合に。反移民的な政治環境のなか、ドロシーのような人々は、真に帰属していない者と自分たちが見なされなくなり、気に留められずに通り過ぎさせてもらえるようになる時が来るのを、ほとんど永遠に待たせられている。要するに、人種主義の遺産によって設定された帰属の諸条件が、移住者たちが無条件に受け入れられる可能性を先延ばしにしているのだ。それゆえ待つことは、公認されざる生にとって終わりなき存在条件となるのである。

おわりに

本章では、非エリートの移住者の生の条件は、私たちが「時間的な拘束衣」あるいは「時間の落とし穴」と呼んだものによって制限されていると論じてきた。「移住者」は特定の時間秩序の中に閉じ込められている。その結果としてかれらは、私たちが「デッドタイム」と呼んだ待つという時間の中に監禁されたまま生きさせられている。宙吊りにされた状態、あるいは「被送還可能状態（deportable status）」（de Genova 2002）で生きるということは、いつ何らかの決定が下されるかわからない、決定が下された途端に時間感覚が早まり、すぐさま退去命令が届くのだろう、と常に怯えながら生きることである。第一章でクリスチャンの物語に関して述べたように、そうなってしまうと大急ぎで支度を整え、荷物をまとめて出ていかねばならなくなる。あるいは、もっと乱暴な目に遭うかもしれず、その場合は国境警察に身柄を押さえられ、収監され、拘束されたままの状態で飛行機に乗せられることになってしまう。メラニー・グリフィスはこのことを称して「時間的苦悶」と呼んでいる。繰り返される時間の「加速と減速」に恐怖し、決定が下るのを期待しながらも、同時に不安に怯える状態という意味である（Griffiths 2014: 2005）。

移住者の在留資格が時間の落とし穴の性質を決める。二〇一六年のブレグジットを問う国民投票までは、ＥＵからの移住者はこうした制限の蚊帳の外にいたように見えた。なぜなら、その時点では——申請が処理されるのを待っている庇護希望者とは異なり——かれらは自由にイギリスに移り住み、無期限に滞在することができたからである。しかしブレグジット投票によって、こうした状況が急に一変しうるということが明らかとなり、その結果、それら多くのＥＵ市民は、自分はいつまで滞在が許されるのだろうか、と自問自答することになっている。ＥＵからの移住者の未来が不確実であるということは、かれらの時間感覚もまた括弧で括られているということである。こうしたことが移住者たちの生にもたらしてきたさまざまな有害な影響を、私たちは説明してきた。デリダはこれを「異邦人の問い」と呼んだ。こういった問いが、それ自体が問題だとされうるようなアイデンティティを生み出すのである。このような社会的・政治的な諸力が、ナナやアフリカン・クイーンのような人々が人生を展開していく可能性を妨げている、というのが私たちの主張である。

本研究の参加者たちは以上のような制限に抗いながら、私たちが「生を吹き込む戦略《ヴァイタライジング》」と呼んでいるものを作り上げ、死んだ時間における生の制限から抜け出そうと必死に格闘している。ナナにとってこの死んだ状態にあった年月は、耐え忍ばねばならないものだったが、すぐ後で見るように、彼は最後にはそこから脱出した。同様に、ドロシーの経験が示すように、移住者たちは展開していく生について、より自由な感覚を再構築しようと格闘している。だが、移住者たちがこのような形態の死の苦しみと戦っているなか、こうした制限は一部の移住者を鬱にさせ、自殺にまで追い込むといった有害な結果を招く、ということも見てきた。これらは、出入国管理制度が現状のように構造化されているせいで、移住者たちが支払わせられている実存的代償なのである。

歴代の政府閣僚たちは、移住者たちにイギリスへの渡航を思いとどまらせるため、強い「抑止効果を狙った言葉づかい」を用いてきた。ジグムント・バウマンが述べたように、現代政治は、移民受け入れに対して好んで強気な物言いをする政治的に「強い男、強い女」という亡霊に取り憑かれている。これはドナルド・トランプやナイジェル・ファラージといった人物の姿をとることもあるが、閣外大臣たちも同様に抑止を狙った厳しい言葉を使いたいという誘惑に負けがちである（Bauman 2016: 47=2017: 50）。二〇一五年、ジェームズ・ブロケンシャー移民担当大臣は、庇護希望者への給付支援を制限しようという内務省の計画をこう擁護した。

我々が目下検討していますのは、それ［＝福祉給付を受ける権利］を自動的に持ち続けることになっている家族たちのことです。その背景には、どうやら英国をミルクと蜂蜜の国として、描こうとしている人々がいるのです。つまり、何とかしてここに来れば、自動的に福祉給付を受ける資格が与えられると考えられているのです。（Prince 2015 を参照）

なぜ制度は移住者たちを待たす文化を生み出すように構造化されているのだろうか、と問うてもよいかもしれない。政治的にシニカルな回答は、強制的に待たせることは、一種の抑止力にもなる、というものである。それは、移住者たちを抑止しようと大声で発される政治的談話の、日々静かに進められている側面である。「我々は来てほしくない人たちを止めることはできないが、彼らを待たせることはできる！」というメッセージとともに。ピエール・ブルデューは、待たせることは一種の支配と結びついており、その支配を脱することができるかもしれないという希望を完全には失わせずに、人々を時間のなかに閉じ込めておくことであると論じている（Bourdieu 2000＝2009）。ガッサン・ハージはこれを恣意的だと感じられはするが、同時に恥辱や不安、憂鬱を生じさせる不可思議な拘束から「抜け出せない」状態であると形容している（Hage 2009）。この経験は、アフリカン・クイーンが語った説明のなかにはっきりと現れていた。

しかし、制度内部に隠れた複雑な事情があり、それがこのような状況を導く重要な要因となっている。たとえば、ある元庇護審査担当ケースワーカーは私たちに、申請を早急に処理しなければならないというプレッシャーが出入国在留管理を担当する職員たちに課せられていると話した。彼女の経験では、一定の期間内に決定が下せない場合、込み入った案件は「脇に置いやられる」ことがよくあったという。ケースワーカーたちは、目標を達成するために決定を行わなければならないというプレッシャーをかけられていた。その結果、複雑な案件は棚上げされ、必然的に遅延していくことになっていた。これらの申請者たちは、当時ＵＫＢＡに課せられていた目標駆動型のプレッシャーのせいで、待たされることになっていたのである。

二〇一三年三月、ＵＫＢＡは解体され、その問題まみれの歴史に終止符が打たれた。出入国と在留に関する業務は分割され、内務省内の三つの部局に移された。英国ビザ・移民局（UK Visas and Immigration）が英国への訪問と同国滞在の申請についての決定を下し、移民執行局（Immigration Enforcement）が出入国在留関連法の違反者の捜査と退去を行い、国境隊（Border Force）が国境警備を担う。公共部門削減という大きな情勢のなか、出入国在留管理業務は政府の緊縮財政措置のプレッシャーを受けている。下院決算委員会は二〇一四年、これらの措置によって、二〇一一‐二〇一二年度から二〇一四‐二〇一五年度に五億九四〇〇万ポンドが削減されたと報告している（House of

Commons Committee of Public Accounts 2014）。また同委員会は、ＵＫＢＡの業務の内務省への移管が、決定を待つ申請者の未処理案件に有害な影響を及ぼしたとも報告している。

また決算委員会は、二〇一四年時点で二万九〇〇〇件の庇護申請が未だ保留のままであり、そのなかには少なくとも二〇〇七年にまで遡れる案件があると明らかにした。同委員会は、これらの申請のうちの一万一〇〇〇件については、申請者が一度も申請の結果を知らされていないと報告している。こうしたことが、私たちの研究の参加者たち――そのうちの幾人かは上記の数字のなかに含まれていただろう――の経験の独特の文脈になっているのだ。報告書が明らかにしたのは、組織の機能不全であり、それらは部分的には公共部門削減によって生み出されたものだった。委員会はこう報告している。

> ［内務省］は［英国国境］庁の「軽率な決定」がこれらの問題の一因であったと認めていたが、後に同省もそれを繰り返し、この分野のケースワーカーを降格したことから、経験豊かな一二〇名の庇護審査担当ケースワーカーが離職する結果を招いた。
>
> （House of Commons Committee of Public Accounts 2014: 4）

申請者を追跡・検出するプロセスにおける一部の機能は、（第一章で論じた）キャピタ社などの民間企業に委託されてきた。決算委員会はキャピタ社が申請者と連絡を取れることについて懸念を表明してもいる。公費削減、制度的機能不全、アウトソーシング、これらすべてが、非エリートの移住者たちが待つことを制度的に強いられている状況を生む原因となっているのである。

ロンドン生活の大部分に広がっている絶え間ない喧騒と、私たちが描いてきたような形態のデッドタイムのあいだに乖離がある。待っているあいだのデッドタイムは、空虚で無為の時間ではない。ナナのような若い移住者たちは懸命に、自分たちの人生の時計の針を動かそうとしている。このような括弧に入れられた時間は落とし穴だらけであり、次のような事柄に私たちの注意を向けてくれる。ミシェル・バスティンはこう書いている。「気がつけば私たちは、時計が自分たちの生の時間を、あるいは私たちが出会う人々の生の時間を知らせてくれない世界にいる。多くの者たちが、恐ろしいほどの迅速性と重なり合った、感覚を失わせるほどの遅延を経験させられている世界に」(Bastain 2014: 53)。これは政治的に生み出される時間感覚であり、在留申請の結果を待つ何も起こらない数年間から、強制的で時として暴力的にもなる送還の場合のような、急な行動へと変動しうるものである。この時間経験は、私たちが描こうとしてきた世界、若い移住者たちがそこで生きることを余儀なくさせられている、分断されながらつながり合っている世界によって生み出されているのである。

この時間は待ちの状態に置かれている人々にとって、物を考え、計画を立てるために使えるものでもある。シャーロム・コースラビが述べるように、「待つことが受動性を意味するとはかぎらず、それは移住者たちが自分たちの状況を改善するための戦略の一要素になりうる」のだ(Khosravi 2014: 67)。本研究に参加した移住者たちの多くはデッドタイムに耐え、それを身分たちの状況を改善するために使用してきた。ナナは最終的に内務省との戦いに勝利した。一時期は結婚もしていたし、駐車場マネジメントの分野で出世も果たした。ウェストフィールドを訪れる買い物客たちは知る由もないだろうが、かれらが駐車スペースを見つけられるのはナナのおかげなのだ。二〇一八年一月、私たちは彼と最後にもう一度連絡を取った。彼はメールのなかでこう内省していた。

貴方たちの本のなかで私のことを扱ってくださり、ありがとうございました。恐縮しますが、感謝しています。この本が移民の受け入れをめぐる数々の問題の一部を改善していく入口になってくれればと願います。本当に長い道のりでした。辛く厳しいものでしたし、期待したとおりにいかなかったこともありましたが、それでも私はいまの境遇に感謝しています。神に感謝します。

次章では、私たちが描いてきたような分断とヒエラルキーにもかかわらず、つながりがどのように維持されているか、その点に注意を向けていく。本章でより自由な生の感覚についてドロシーが提供してくれた洞察をいくつか取り上げ、本研究の参加者たちが時間と空間を越えて、どのようにつながりをつくり、維持していたのかを明らかにしたい。

第五章

国境をまたいで生きる

Living across borders

はじめに——複数の場所のかけら

レイトンストーンのセント・ジョン教会の向かいにあるカフェの席で、シャーリンは私たちにこう言った。「私は自分のかけらをいろんな場所に置いてきたし、私が住んできたいろんな場所のかけらが私のなかにあるの」。この短いフレーズでシャーリンは、第三章で紹介したドミニカからロンドンに至る旅路が、彼女自身に何をもたらしたのかを語っている。彼女の人生のかけらは彼女が暮らしたすべての場所に散在し、彼女はその経験の痕跡を持ち歩いている。シャーリンは、国境をまたいで生きるとはどういうことなのかを示すだけでなく、彼女が毎日のように直面する無理解、彼女の生を「移民《イミグラント》」といったレッテルに閉じ込める無理解について指摘する。彼女はこう振り返った。「ロンドンという都市の移住者である私は、自分は何者であるとか、どこの出身とかいったことから、どんなに距離を取ろうとしても、結局ずっとシャーリンという異国の女性なの」。本章ではシャーリンの言葉を試金石としながら、移住に関する議論が、彼女が送ってきたような生が持つ人間的な複雑さを、アイデンティティという容器やカテゴリーに還元していると論じていく。マーガレット・ウェザレルは、このようなレッテルを貼りつけられる人々にとって、〔自己の〕定義と再定義のプロセスをめぐる闘争が、生きるに足る生を求める折衝と絡み合うと述べている（Wetherell 2009、Butler 2004 も参照）。シャーリンが私たちに気づかせてくれたのは、彼女が暮らした場所が彼女のなかに跡を残す一方、それらの場所には彼女の痕跡が残るという相互性である。ロンドンの街中を歩けば、足跡が都市の表面に残される。しかし同時に、一歩踏み出すごとに足が接する地面のほうも、個人の内面に跡を残すのだ。

以下では、若い移住者たちに貼りつけられるレッテルと、かれらがしばしば耐えねばならない「罠が仕込まれた質問」とに異議を唱えながら、かれらの可動的で、ますますグローバル化されている生の人間的な複雑性と、その織り成され方について理解を深めていく。一九九〇年代以降、社会理論家たちは、後期近代における人間の経験は、生得的で一つの場所に根づいたアイデンティティを離れ、より可動的で複合的な形態の自己へと移っていると指摘してきた（Bauman 1997, 2001＝2008）。アンソニー・ギデンズは「伝統の拘束力が緩めば緩むほど、日々の生活はローカルなものとグローバルなものとの弁証法的相互作用によって再構成されるように」なると述べた。ギデンズによれば、自己定義の再帰的プロジェクトとは、「伝記的《バイオグラフィカル》な物語に一貫性を持たせながら、それを絶えず書き直していくこと」なのである（Giddens 1991: 5＝2005: 5）。人種とエスニシティの研究領域では、スチュアート・

ホールをはじめとする著述家たちが、「ニュー・エスニシティーズ」の出現にみられる文化翻訳〔のプロセス〕を重視する、文化的アイデンティティへのアプローチを発展させた（1987＝2014, 1988＝1992）。こうした発想は、移住者の経験を「複数の文化のあいだで板挟みになっている」状態に喩えるような限定的な見方に対するオルタナティヴを提出した（Watson 1977, Anwar 2002）。ホールは、「差異とともに生きる」能力こそが来たるべき二一世紀の課題であると論じ、同時に――ギデンズとは異なり――人種主義や文化的純粋性の観念は依然、現代生活の強固な特徴であると強調している（Hall 1993）。ホールは次のように指摘する。移住者たちはしばしば排除され、近代性の周縁で格闘しているが、

かれらは「後期近代」の真に代表的な経験となるべく運命づけられているものの最先端にいる。……それ〔＝象徴的に過去を迂回して未来を目指すこと〕は、特定の言説の痕跡を抱えた新しい主体を生み出す。それら痕跡はかれらを形作っただけでなく、かれらが自分たち自身を再度、違う形で生み出すことを可能にするのだ。（Hall 1993: 362 強調は原文）

このプロセスについての十全な理解は、移住者たちの個人史《バイオグラフィー》の織り成され方に細心の注意を払っていくことによって得られるというのが私たちの主張である。

あのレイトンストーンでの午後、シャーリンは彼女が本書に対する貢献のひとつとして綴っていた日誌について話した（第三章、図3・1参照）。その日誌には、ドミニカでの過去の生活に触れた箇所が散見されるが、それらはロンドンという「いま・ここ」のなかで捉えられたものだ。ロンドンを写し

た一連の写真と切り抜きは、その一例である。あるページには、ロンドンの典型的な風景を映し出す四枚の写真が貼られている。観光的な目線でその都市とイングランドらしいキャラクターを切り取って見せるハリウッド映画を思わせる写真である。写っているのは、国会議事堂、タワー・ブリッジ、バッキンガム宮殿の外に立つ赤い服の衛兵、そしてトラファルガー広場だ。夕暮れ時のタワー・ブリッジの写真には、次のような手書きのメモが添えられている。

> 太陽がロンドン・ブリッジの向こうに沈み、この上なく神秘的な光で水面を照らす。この美しさは私の目を奪い、私の心を捕え、私は自分の生活のすべてが沈みゆく太陽を中心にして回っていた時代へと引き戻される。

タワー・ブリッジの向こうに沈む太陽の写真は彼女に、太陽が彼女の一日を規定していたドミニカでの幼少の頃の生活を思い起こさせる。このイメージには「私が住んできたいろんな場所のかけらが私のなかにある」という彼女の言葉が反響している。彼女にとって夕日は、異なる場所の、異なるリズムを持ったものであっても、過去と現在とをつなぎ合わせるものなのである。また彼女は、「私は自分のかけらをいろんな場所に置いてきた」と言うように、自分自身を作り直してもいる。そしてその結果、彼女独特のロンドン生活の描写が生み出されるのだ。

本章では、現代世界の相互の接続性《ハイパー・コネクテッド》が急激に高まっているという特性が、移住の経験にどのような影響を及ぼしているのかに焦点を合わせていく。前章で見たように、現代における移住の経験とは、階層化され、排除されることであり、アフリカン・クイーンがそうであったように、断絶と別離を生み出す「デッドタイム」のなかで生きさせられることである。しかし他方で、かつてない形態のつながり、国境を越えて維持される社会生活や感情的なつながりが、存在していることも事実である。私たちは、分断されながらつながり合っている《ディバイデッド・コネクテッドネス》という性質を持つ移民都市を生み出した感情構造についての理解を深めていきたい。このような文化の様式は、他と区分しうるエスニックな文化／移住者の文化として理解することも、また、完全に根なし草になったものと理解することもできない、と私たちは主張する。この意味で、異種混淆的な文化的アイデンティフィケーションを生じさせる移動の経路（routes）と、特定の場所に文化的に根ざしている（rooted）という感覚を、対立的に考えるのは見当違いなのだ（Easthope 2009）。若い移住者たちはロンドンで生活を築き、その過程で自分たちをその都市の文化的な織物のなかに縫い込んできた。だが同時にかれらは、他の多くの場所と自分たちとを結びつける文化的な縒糸を保ちつづけている。かれらはそうした場所とのつながりを保ちつづけているのである。以前とは違い、いまでは携帯電話やソーシャルメディア、スカイプを通じて、こうした結びつきをリアルタイムに培い、維持できるようになっている。ミルカ・マディアヌウとダニエル・ミラーが、フィリピン人移住者たちのあいだでのメディア使用に関する研究のなかで主張するように、故郷からの手紙やテープを待たねばならないという問題はもはやない（Madianou and Miller 2012）。多様なコミュニケーションの選択肢の存在、すなわちマディアヌウらが「ポリメディア」環境と呼ぶものによって、恒常的に連絡を取り合うことが可能になっているからである。そしてそうした環境は、遠く離れたまま社会生活や関係性を維持する方法を変化させているのだ。

一か月あたり七〇〇分の生

アルバニア北部で育った子どもの頃、ヴラッド（Vlad）は取り憑かれたように電話に夢中になっていた。彼はゴミ箱から古い電話機を拾い集めてきてはバラバラに分解し、フランケンシュタインの怪物の小型通信機器版を作ろうとするかのように、部品を組み立て直していた。

ヴラッド：昔からちょっと興味があったんだ。小さい頃、それでよく遊んでたから……アルバニアには輪っかが付いたそういう古い電話がまだあってさ。指で輪っかを回すやつ。僕はよくそれを開けて、中を見てた。すごく小さかったころね。……その作業にちょっとした情熱を持ってたんだ。というのも僕は……

レス：それが君を大事なものにつなげてくれていると考えていたからかな。君たちは離れ離れだったし……

ヴラッド：そうそう。僕はよく電話で兄に話してたよ。僕はよくそれがどういう仕組みで動いているのか話したんだ。解明しようとしてたんだね。その、それがどういう仕組みになっているのかを。

レス：それにお兄さんは遠いところにいて……

ヴラッド：そう。イタリアと、ここ［ロンドン］に。

ヴラッドが電話機に夢中になったのは、一つには、電話が彼と彼の兄を結びつけるものだったからだ。兄はロンドンで暮らしており、ほぼ毎月、実家に電話をかけ、アルバニアの外での生活のニュースを知らせてくれた。ヴラッドにはもう一人兄がいて、そちらの兄はイタリアで暮らしていた。だが、彼がそれに夢中になったのは、テクノロジー装置が人々をつなげられるということに純粋に驚嘆したからでもあった。「これはどうやってすべての国々をつないでいるんだろうって」。ヴラッドは電話や、空間を越えて人々をつなぐテクノロジーに強い関心を持ち続けているが、その理由と、それらが彼の生のなかで果たしている役割を十分に理解するためには、彼が耐え忍んできた家族や友人たちとの断絶、そして彼自身が英国に物理的に移動した事情といった背景について押さえておく必要がある。強いられた移住《ディスプレイスメント》がつながりをより大事にするのだ。

ヴラッドの家族は、エンヴェル・ホッジャの共産主義体制下で迫害を受けていた。彼のおじはある農場での窃盗の隠匿に関与し、そのため七年間投獄された。その結果、親族全員が汚名を着せられたのである。ヴラッドの記憶では「僕たちはみんな「クラック（Kulak）」のレッテルを貼られてた。たぶん北部の言葉だと思う。訳すとしたら、「のけ者（outcast）」が一番近いかな」。その結果、ヴラッドの父親が通っていた大学の奨学金は打ち切られ、彼は退学を余儀なくされた。一九八五年にエンヴェル・ホッジャが死去すると一族の汚名はそそがれ、九〇年代後半までは彼らの運勢も上向いた。ヴラッドの父親は大学を卒業できなかったが、森林警備隊員という良い仕事に得ることができ、母親も看護師として雇用されていた。一家は比較的裕福で、アルバニア北東部クケス州の〔コソボとの〕国境沿いの自治体、ハス県の小さな村で暮らしていた。だがコソボの紛争が激化したことで、その国境が決壊した。セルビア人の攻撃を受ける恐れがあったため、村を離れなければならなくなった、とヴラッドは回想する。暴力的で危険な時代だった。一九九七年には銃が出回り、コソボでの戦争に向け、セルビア人と戦う兵士の動員が進められていたからだ。ヴラッドが暴力に巻き込まれる危険が非常に現実的なものとなったことから、ロンドンに住む兄は、彼を安全な場所に逃したいと考えたのだった。

ヨーロッパを縦断したヴラッドの旅は、驚嘆すべき物語である。彼の兄は密航斡旋業者に四〇〇〇ポンドを支払って、ヴラッドがロンドンまで確実に移動できるように手配した。ヴラッドは両親に別れを言う間すらないほど大急ぎで村を発った。

それで、まあ、要は、［斡旋業者たちは］僕に偽造パスポートを用意してくれたんだ。そうやって、そこからギリシャに、ギリシャからスペイン、スペインからフランスと移動したわけ。そして僕たちはフランスから……［イギリスに］入ったんだ。

彼はスペインから両親に電話をかけ、ロンドンの兄に会いに行く途中であると伝えた。ヴラッドはこう振り返った。「いま思い返すと、二人［両親］にとって、きっとものすごく衝撃的なことだっただろうね」。ヴラッドにとって、それは大冒険だった。彼はスペインで数か月を過ごし、その後、別のアルバニア人の少年と一緒にパリ行きの列車に乗った。計画では、彼らは二人の両親に扮する二人の大人に付き添われて、イギリス行きのユーロスターの列車に乗るはずだった。しかし彼らの到着が遅れ、同伴者たちと合流することができなかった。ヴラッドの母親役をするはずだった女性は、ドイツに発ってしまっていた。ヴラッドが描く密航斡旋業者は、メディア上で描かれる否定的なイメージとかなり違っている。「もちろん僕もそういう物語は目にするけど、僕はあの人たち〔斡旋業者〕のことを……その、「悪人」とは思わないよ」。彼は当時を回想しながらそう言った。

まあ、なかにはあまり感じがいいとは言えない人もいたし、ほんとにたちの悪い人もいた。やっぱり悪い人にはちがいないんだろうね。でも、そこにいるのも人間で……なんとか生きていこうと、やれることなら何でもやる。そういうことをやってるからといって、僕はかれらを非難できないよ。僕もおんなじだから。

斡旋業者たちは、その取引の約束をすべて守ったわけではなかったが、少年たちを見捨てることもしなかった。計画が変更され、ヴラッドはパリの待ち合わせ場所のホテルで別のグループと合流することになった。少年たちはこのグループと一緒にカレーまで移動した。

一三歳のとき、ヴラッドはトラックの下に隠れてイギリスに入国した。

〔乗っていたのは〕三人だけで、僕らはトラックの下に隠れていた。もう一人のやつが大胆で、トラックの後ろを叩いて、トラックを止めさせようとしたんだ。それで運転手が降りてきて、僕らを見つ

> けたんだ。……彼は僕らの声を耳にしたんで、車を止めて、扉を開けた。
>
> 二人の少年を目の当たりにして、運転手は怒りでわれを忘れたのだろう。
>
> 彼は両手を頭にのせて、「なんてこった《ジーザス・クライスト》」とか、なんかそういうことを言った。僕たちは全然英語が喋れなかった……僕が喋れたのは、「僕の名前はヴラジミール、僕はアルバニアから来た、僕はハンバーガーが欲しい」だけ。知っていたのは、それで全部だった。

トラックの運転手は二人の少年を道路脇に置き去りにした。ヴラッドはそれがどこだったか覚えていない。「広い高速道路。ロンドンの郊外だった。僕たちはどこかわからないところにぽつんと残されたんだ」。少年二人は路肩に沿って歩いたが、一〇分もしないうちにケント州警察に捕まえられた。運転手が警察に通報し、道路脇に残した二人の少年のことを知らせたにちがいない、とヴラッドは考えている。彼らは警察署に連行され、そこでヴラッドはアルバニア語の通訳に自分の話をし、ロンドンにいる兄の電話番号を教えた。警察がヴラッドの兄に連絡を入れると、翌日の夜、兄は彼を引き取りにきた。当初、イギリス人の里親家庭に養育してもらってはどうかとの提案がなされたが、ヴラッドの兄はそれを断り、自分が主たる養育者になった。兄弟はバーキングで一緒に生活し、ヴラッドはダゲナムの学校に通った。

ダゲナムの学校環境は厳しいものだった。最初の数年間、彼はアルバニアの家族や友人たちとの断絶をひしひしと感じた。ヴラッドは、少年たちから受けたいじめと、少女たちから受けたいじめの違いについて話した。少女たちについて彼はこう言った。「彼女たちは近づいてきて、罵ってきたり、いろいろ悪口を言ってきたりするんだ。それからまあ、「ねえ、あんた、上向いてよ、あっち見てよ、これやってよ」とかそんなかんじだね」。

レス：　それで男子は……

ヴラッド：男子の方は、とにかく近寄ってきて、「外国人のクソ野郎、国に帰れよ」と言ってくる。で、わぁっと、すぐに喧嘩がはじまる。そのとき悪口をいろいろ言われるってことは、あんまりないかな。

レス：　なるほど。単刀直入なんだね。

ヴラッド：そう、単刀直入なんだ。でも女子の場合、男は女の子を殴れないからね。

レス：　それはだめだよね。じゃあ、どうやって彼女たちから自分を守っていたの？　それに君は言葉が、君は懸命に言葉を学ぼうとしてるところだったわけで……ままならなかったのに、どうやって言葉で自分を守っていたの？

だが、ヴラッドはなんとかGCSEs〔イギリスの中等教育修了資格〕を取得した。「僕らはなんとか受かった。つまり、試験に合格したんだ……GCSEsは八科目受けた。わかると思うけど、成績はそんなによくなかったよ」。この段階で、彼は電話線配線を学ぼうとカレッジに行っていた。彼は電話線配線についての興味を、電話機の中を開け、それがどうやって動いているのかを確かめ、それに魅了されていたアルバニアでの子ども時代に、はっきりと結びつけていた。彼はより多文化的でコンヴィヴィアルな環境にあるニューハム・カレッジで学んだが、カレッジを卒業すると、通信ではなく建設の仕事に就いた。「だんだんお金のことを考えないといけなくなって。僕も大人になりかけてたから」。

ヴラッドはマンジットと出会ってはじめて、本当の拠り所を得ることができた。マンジットは建設業者で、左翼的な知識を身につけた信仰を持たないシクだった。ヴラッドがマンジットに会ったのは兄を介してのことだった。「そう、ヴラッドはちょっとレールを外れそうだったんで、彼の兄が俺になんか仕事をやってくれないかと頼んできたんだ。あいつは弟を働かせてくれたら、俺に金を払うって言ったんだ……俺がヴラッドに仕事をやったら、あいつは本当に金を払うって申し出てきたよ」。マンジットは笑いながら、そう回想した。マンジットの事業と結びついたことで、ヴラッドの運命は一変した。そのビジネス自体が、人種主義と「エスニシティごとのネットワーク」、そして安価な移住労働者がもたらす賃下げへの怒りがはびこる経済セクター内の、ラスタファリアンの塗装工や室内装飾工、ポーランド人の作業員、アルバニア人の配管工によって構成される一種の多文化的な労働市場に依拠していた（次を参照。Thiel 2012: 144-150）。「建設業にいる連中はみんな東欧人を嫌ってるけど、俺はあいつらを愛してるよ」とマンジットは言った。これは、かれらが安い労働力を提供するからではない。事実、マンジットの会社の労働条件は――賃金の点でも休暇の点でも――几帳面なほど、そしておそらく異例なほど公正だ。

ダレン・シエルがロンドンの建設産業に関する民族誌で描いたように、建設現場は接触と「多文化の配合」が起きる複雑な領域でもある（Thiel 2012: 147）。数年のあいだにヴラッドは、裕福な中産階級の不動産物件の修繕と修復を主な柱とするそのビジネスの不可欠な一員となった。これは、次章で詳細に議論するような多文化的コンヴィヴィアリティの一例である。ヴラッドはマンジットとの関係性を次のように説明する。

長いこと知っていれば、その人を信頼することができる。つながりがどんどん築かれていくんだ。彼は僕を信頼してくれてるし、信用してくれてる。彼は投資してくれ、僕が彼と一緒に働いていくという未来を見てくれてる。彼のことは一五、一六の頃から知ってる。ある時、僕は仕事をしてて、僕らの仕事がとても遅くまでかかった。そしたらマンジットが言ったんだ。「大丈夫だ、ヴラッド、お前はうちに泊まればいい」って。彼の家族や子どもたちのことも知ってるよ。かれらも僕の家族なんだ。

ヴラッドはアルバニアにいる家族ともつながり直すことができた。彼はこう振り返った。

携帯電話がなかった頃は、僕たちはあんまり話をしなかった。連絡を取り合えなかったんで。僕らはめったに……郵便を出したり、どこかで料金を払って番号をダイヤルして、実家に電話をかけたぐらいで。その頃、僕の自宅には電話がなかったし。

時代は変わり、かつて国を閉ざしていたその共産主義国家も今では観光客の目的地になっている。
「今アルバニアに行ったら、ビーチが開いてるよ……全国から、世界中から人が集まってくるんだ。……前回帰郷したときは、アメリカやカナダから来た人に会ったよ」とヴラッドは説明する。彼は生まれ育った国の美しさが好きで、折に触れてそこに帰ることを楽しんでいる。
政治情勢の変化によって、彼は両親に会いに帰れるようになり、彼らは七年ぶりの再会を果たした。再会は緊張に満ちていた。彼があまりにも変貌していたからだ。

いやあ、両親に会ったとき、僕は二人のことがわからなかったんだ。……想像してみてよ。母さんは僕がわからなかったんだよ。出ていったとき、僕〔の背丈は〕は地面から一メートルしかなくて……僕は二人に七年会ってなかったし、二人の写真すら持ってなかった。母さんは――一八歳の僕を見たとき――彼女はただ涙を流して、それはもう感動的で、言葉にできないよ。

ヴラッドは毎年アルバニアに帰り、彼の両親も定期的に彼のもとを訪れている。彼は帰郷すると、自分自身の内に抱えてきたティラナでの幼少期の痕跡に気づかされる。彼はほぼ毎週、両親と話している。ヴラッドはこう説明した。

父さんはかなり勉強してた……彼は結構コンピューターを使うんだ。だから、僕らはウェブメッセンジャーを使ってる。ライブ・ウェブ・カメラとかを使って、お互いの様子を見て、挨拶したり、話したりする。そんなにお金もかからない。インターネットはすごく安いからね。

ヴラッドはフェイスブックやインスタグラム、ツイッターを使用して、連絡を取り合っている。彼は次のように言う。

本当にすごいよね。もしそのテクノロジーがなかったらと考えるんだけど、僕はその……外と、英国の外と僕は連絡を取れなかっただろうね。僕にはドイツやイタリアやアムステルダムに住んでる友だちがたくさんいて、アメリカにもいっぱいいて、フェイスブックを通じて連絡を取り合っているんだ。アルバニアの知り合いはみんな、別の場所に移っていて、僕みたいにどこか他の場所を見つけて、そこにホームをつくってる。かれらにもう一度会うことはないと思うけど、少なくとも、僕らは時々ツイッターでチャットしたり、話したりできてるよ。

ヴラッドの物語とその後展開されていった彼の生については、次章以降で立ち戻ることにする。二〇〇九年のこの時点では、彼には何も後悔はなかった。「いい選択だった」と彼は言った。「たくさん新しいことを学んだよ。ロンドンについて知っていることの方が、ティラナや自分の国について知っていることより多いよ」。

ジョン・バージャーとジャン・モアは『第七の男』で、移住者の望郷の念を「不在の二重苦」と形容している。バージャーの説明によれば、「彼は存在してないと感じるあらゆるものを恋しがる。同時に、その存在してない当のものは、彼のいないところで存続しているのである」(Berger and Mohr 1975: 178＝2024: 182)。この研究が行われたのは一九七〇年代である。現在では、若い移住者たちが感じる離郷《ディスロケーション》の念は、異なる形態を取るようになっている。この種の不在の経験は部分的に変化しているのだ。携帯電話やヴァーチャルなソーシャルネットワーキングを通じて、移住者たちはかれらのいないところで展開される「故郷」における生活と技術的につながれるのである。バーキングのパブで携帯電話を取り出した際、ヴラッドは、一か月に七〇〇分も携帯を使うが、三五ポンドしかかからないと、そしてそのおかげで、アルバニアにいる家族や、彼が持つ(ロンドンに住む若いアルバニア人を含めた)多文化的な交友関係のネットワークと絶えず連絡を取り合えていると説明してくれた(図5・1参照)。

バージャーとモアは、かつての移住者たちにとって写真がいかに大切なものだったかを語った。彼らは次の一節で、このことを一人の男性の経験を通じて記述している。

> 彼はジャケットに詰め込まれていたくしゃくしゃの紙の束から一枚の写真を探し出す。それを手渡してくる際、彼はその上に親指を押しつける。自分の所有物であることを示そうとする仕草にすら見える。女性、あるいは子どもかもしれない。その写真は不在を明示している。一〇年前のものであったとしても、まったく問題はない。それは開かれたままなのだ。願わくは、座わっているその男の存在が、いつの日か再びそこを埋めることになればと思える、空虚な余白が残されているのだ。彼は一瞥すらせず、すぐさまそれをポケットに仕舞う。まるで彼のポケットがそれを必要としてい

るかのように。

(Berger and Mohr 1975: 16=2024: 20)

移住者たちの子どもたちや愛する者たちを写した写真は、写真の表面が回顧させる人間の存在感をはっきりと伝えた。しかしそれは、それを大切にポケットにしまっている移住者にとって、一つの不在を明示してもいる。それは遠くにいる愛する者たちの静かな表情に記録された不在。痛みが二重に感じられるのはこのためだ。写真はかれらの肖像を見せてくれるが、それは薄っぺらで生気のない痕跡として現れるだけなのである。

写真 5.1　携帯電話を確認するヴラッド（バーキングにて）

今日、〔かつての〕移住者たちの写真に相当するもの——携帯電話やコンピューターの画面——には生気がないというわけでない。ヴラッドはスカイプ上で彼の母親や父親の姿を見ることができ、リアルタイムでかれらの声色を聞くことができる。デヴィッド・モーレーが論じるように、私たちはあらゆる形式のメディアを、画像、観念、感情、肖像の運搬手段とみなすことができる（Morley 2010）。いずれのメディアも――写真からテレビ、そしてフェイスブックに至るまで――、人間生活の形跡が〔遠くまで〕移動できるようにするものである。だが、新たなソーシャルメディアを介したリアルタイムのつながりが、必ずしも不在の痛みを癒やすとはかぎらない。それどころか、逆もまた真なのである。前章で議論したナナの経験は、このことを思い起こさせてくれる。

第四章で見たように、ナナの在留申請が処理されているあいだ、彼の生は実質的に保留されていた――彼は法的に働くことも、未来の計画を立てることもできなかった。毎日彼は、仕事をし、恋に落ち、恋に破れ、人生を築いているガーナの友人たちの近況を追いかけていた。友人や愛する者たちの展開していく人生に、アイフォーンを通して――リアルタイムに――触れていたことが、現在から抜け出せていないという彼の感覚を悪化させていた。バージャーとモアが挙げた例では、移住者たちにとっての「二重の不在」の苦悶は、彼らがいないところで展開していく生を知ることができないことだった。ここでは、ロンドンでの彼の束縛された生と、「故郷」の友人たちの展開する生との対比を絶えず思い起こさせられるという苦悶が、それに取って代わっている。ナナにとって社会生活のデジタル化が、彼のロンドンでの生活とガーナでの生活の関係を――両者のあいだで板挟みになることがもたらす負の影響を減じることなく――変容させるのだ。

ある意味で、リアルタイムのコミュニケーションの可能性は、画面ごしには伝達しえない――モーレーの言葉を使えば、「輸送」しえない――不在を際立たせる。本章冒頭で触れたシャーリンはそれをこううまく表現した。「一五分のスカイプは素晴らしいけど、あっちにいて、かれらの手を握ってあげることも、泣くために肩を貸してあげることもできない」。それゆえ、私たちが描いている分断されつつもつながり合っているという経験は、近接性としても距離としても生きられている。愛する者たちの存在を画面上で見ること、聞くことはできるが、手の届く範囲にはかれらはいない。スカイプやフェイスブックでは、「故郷」の皆が非常に近くに感じられるが、そうは言ってもやはり、かれらははるか遠くにいるのだ。

本研究の参加者の多くは、「故郷」の家族や親類のことを話した。しかし、その場所や過去との関係は今日、不在や別離にかぎられないものとして再構成されている。今日の移住者の経験は「現実に過去に「回帰」するなどという幻想のうちにはない」とスチュアート・ホールは書いている。「その意味で、再び「故郷」に戻ることなどない」(Hall 1993: 362)。現に生まれているのは新たな生の経験であり、そのなかで空間と時間の連結関係が改変されてきたのである。移住者たちはヴァーチャルに「帰郷」できるが、それはロンドンにおける日常生活のありふれた出来事のなかに取り込まれている。これこそ、携帯電話が今日の移住者の経験を象徴するものになっている理由である。それは移住者たちの愛する者たちを手のひらの上に届け、かれらは「故郷」の近況やニュースをポケットの中に入れて持ち運べる。電話は、家族のメンバーたちの生が遠くで展開されている様子を眺める窓を提供するのである。

現代の移住者の経験の内部では、そうしたつながりが強制された別離と共存している。身柄の拘束と送還が、その種のつながり合った生を中断、中止させる最も極端なものだ。ここでは写真がいまだ力強い「不在の表現」でありつづけている(Berger and Mohr 1975: 13＝2024: 17)。二〇一二年のクリスマスの二日前、シャムサーはアリ(第二章参照)と会った。アリはシャムサーに、二〇〇六年に彼がアフガニスタン出身の友人と一緒にクロイドンの公園で撮った写真を見せた。空はどんよりと曇った灰色、二人の背後三〇〇メートルほどのところに、レンガ壁と数軒の家が見える。二人の後ろに広がる芝生は緑色で、公園の端には数本の木が生えている。前景には、友人と肩を組んで立っているアリの姿が写っている。二人ともハザラ人である。ハザラ人は、アフガニスタン中央部の山岳地帯に住むペルシア語を話す民族で、同地域の人口の約二〇％を構成している。写真のなかの彼らは微笑んでおり、アリはいまよりも若々しく見える。その写真が撮られてからまもなくして、彼の友人はアフガニスタンに送還された。この時アリはシャムサーに、数週間前にオーストラリアのクリスマス島沖で、難民たちが乗ったボートが岩場に乗り上げ座礁した事故のことを耳にしているかどうか尋ねた。彼の友人はアフガニスタンに送還された後、再び逃げざるを得なくなり、今回はオーストラリアに渡った。「彼はもうアフガニスタンでは生きていけなくなったから」だ。英国で五年間生活した後でさえ、「故郷」では彼の命は危険に晒されていた。アリはこう続ける。

彼はマレーシアに行って、マレーシアからインドネシアに行って、インドネシアから国境を越えた。ボートでね。友人が言うには、一五メートルぐらいのボートだったみたい。なのでボートに座ったら、水面に手が触れる。操縦士のことは知らないし、時々かれらが何をしているのかわからないこともある。ボートの底に五〇人が座っていて、とても疲れていて、空気がない、何もない状態。隠れてた。で、何が起きたかというと、そう、いつのまにか操縦士が逃げてた。操縦士がかれらをそこまで連れてったら、海を越えて、オーストラリアの海に入ったら、もちろん彼は逮捕されることになる。そしたら、彼は刑務所行きさ。刑務所がいやな彼は、五〇人のことなんか考えない。それでその、友人が言うには、操縦士は五〇人をボートに置いて、海に飛び込んで、どっかに行ってしまった。逃げたんだ。じゃあ、誰が操縦するんだとなって、友人がその船を操縦した。彼はオーストラリアの領海に入った。運良く、彼は入れた。何ごとだ、お前たちは誰だ、と言われて、かれらはアフガニスタンから来たとか、ここに庇護を求めてここに来たとか、そういうことを言ったらしい。

その後、彼の友人は庇護申請が認められ、オーストラリアの拘留センターから解放された。アリの写真は、二人が彼らの庇護申請についての判断を内務省が下すのを待っているあいだ、ともにロンドンで過ごした時間の記録でもある。アリの待つ日々はその後も続いた。

友人が送還されたあと、アリは彼と音信不通になった。アリは彼がアフガニスタンのどこかで危険な状態に置かれているだろうと思っていた。アリが〔友人と〕つながり直すことができ、彼が非常に危険な船旅を経て、再びオーストラリアに姿を現すことになるまでの足跡を辿ることができたのは、ソーシャルメディアと電話での会話のおかげだった。アリは口頭でのやりとりや、フェイスブックのようなソーシャルメディアを通じて、オーストラリアやアメリカ、スウェーデンなどにいる友人たちと連絡を取りつづけている。「みんながみんなのことを知っている」と彼は言う。また彼はハザラ人学生のウェブサイトも使っており、そのサイトを拡大していきたいと強く思っている。

僕たちの民族には高い教育を受けた人たちがいる。かれらは独自の組織を持ってるんだ。あの、たとえばそのひとつがＨＳＦ。ＨＳＦは「ハザラ人学生連盟（Hazara Student Federation）」の意味ね。僕たちはハザラ人でしょ。そして僕たちは学生、だからハザラ人学生連盟ってわけ。それはそうと、さっきハザラ人学生連盟のことを聞いたよね。知ってるの？　ウェブサイトがあるんで見てもらえれば。hazara.com か hazara.net だよ。

オンライン・ネットワークは、ハザラ・ディアスポラ内のつながりの強化に役立っている。またアリは携帯電話を通じてアフガニスタンのニュースにアクセスしている。その前の週に「僕の地元で三人、タリバンに殺された」と彼は言う。彼はこの件を友人からの電話で知った。彼が言うには、「新聞には事実どおりのことが載っていない」。

フェイスブックのおかげでアリは友人や家族と連絡を取り合えている。彼には去年までウォルサムストーに住んでいた著名な画家でアーティストの友人がいる。その友人はニューヨークに移住した。彼はパース、ブリスベン、シドニー、スウェーデン、カナダ、アフガニスタン、「いろんな場所、いろんな場所」にいる友人たちを挙げていく。私たちが先に言及した他の事例と同じく、フェイスブックを通じてアリは、仕事やパートナー関係などに関して友人たちの生が前に進んでいくさまを追いつづけることができた。そうしながら、彼は自身も同様の自由を手にできる時が来るのを、あるいは送還の決定が下されてしまう時が来るのを待っていた。アリの生はこうしたグローバルなつながりを保っているだけではない。次章で見るように、彼はロンドンでさまざまな背景を持つ隣人たちやロンドナーたちと関係やつながりを培うことを通じて、コンヴィヴィアルな生を築いている。自分自身と世界における自分の居場所についての彼の感覚は、ここロンドンで組み立てられたグローバルなつながりと、ローカルな関係性や影響を結びつけることを通じて生み出されているのだ。

友人と連絡を取るには、見たものや出会い、所在、そして彼のような立場にいる人々の近況に関する情報のやりとりができるネットワークが必要だった。ソーシャルメディアは、グローバルに行われるヴァーチャルな旅と物理的な旅を介し、数千マイルを隔てたつながりを築くべく巧妙に使用されているのだ。アリの友人の場合、彼の移動と旅、ソーシャルメディアの使用は、申請が認められた庇護申請者という彼の立場によって形作られていた。電話とコンピューターをアルバニアにいる親族や友人たちと日常的にやりとりするために使用しているヴラッドと違い、アリがテクノロジーを使うのは検索とつながりを取り戻すためである。ここにはバージャーとモアが描いた移住者の男性たちの経験との共通点がみられる。アリが友人と音信不通になった時、彼はバージャーとモアが「二重の不在」と呼んだものを意識していたからである――たとえば、友人の物理的な不在は同時に、彼の生に何が起きているのかがわからないということと結びついていた。彼が持っていたのはクロイドンで撮った二人の写真だけだった。しかし、〔バージャーらが描いた事例とは〕異なっている点もある。アリは（ときにオンラインでの）ディアスポラ的な交流を通じて、コストの面で国際電話の使用が限定されていた頃には、あるいは人々が時間のかかる手紙のやりとりに頼っていた頃にはありえなかった方法で、友人の身に何が起きたのかを追跡し、再び彼とつながり直せたのである。

要約すれば、写真や携帯電話を輸送の手段と考えることによって、私たちは移住者の経験を構造化する分断とつながりの結合に気づくことができる。テクノロジーを介してつながっている私たちの世界の性質が、不在の苦痛や、あるいはロンドンのような都市の内部に存在する帰属のヒエラルキーを消失させることはない。そこで私たちは、ある人たちの生が展開されているさまを画面上で見るが、その間、アリの友人がそうだったように、別の人たちが姿を消し、後日違うところに姿を見せるということがありうる。私たちが主張しているのは、このプロセスの不均等さに注意を払うことで、公認された生と避難的な生とのあいだに存在する不平等に気づくことができる、ということである。次に議論していきたいのは、文化的アイデンティティの理解のされ方について参加者たちから報告されたような経験をどのように理解するべきか、という点である。

ニューハムが私を完成させてくれた

自分のかけらを複数の場所に残し、同様に複数の場所のかけらが自分の中に残されている。そうシャーリンが言うとき、彼女は現代の移住者の経験に関する何か強く心を動かす事柄を捉えている、と私たちは主張したい。私たちはヴラッドとアリの生のなかにも、そのプロセスが作動しているのを見ることができる。エドワード・サイードが述べたように、今日の人間は純粋な一つのものとして存在してはいない。サイードにとってアイデンティティのレッテルは、単なる「出発点」にすぎず、実際の経験の複雑さのなかで早々に放棄されるものなのだ。「〔帝国主義が残した〕最悪の、最も逆説的な贈り物は、唯一無二の、完全で、他と分けられる白人が、あるいは黒人が、西洋人が、東洋人が存在すると、人々が信じられるようにしたことだった」(Said 1993: 408=2001: 246)。アイデンティティのレッテルによってどのように自分たちを定義しているかと人々に尋ねるよりも、日々どのようなことをしているのかを、物理的に近くにいる他者と離れたところにいる他者の双方と、どのように結びついているのかを説明してほしいと頼むほうが、はるかに有益である。サイードが言うように、「生きるとは、要するに、物事のあいだにつながりを作ることなのである」(Said 1993: 408=2001: 246)。

私たちはこのプロセスの展開を、ともに活動してきた人々の生のなかに見た。私たちはある意味で、アイデンティティを最大の関心事とすること――フィリップ・グリーソン(Gleason 1983)によれば、その歴史的起源はアメリカにおける差異と国民性《ナショナル・キャラクター》との関係をめぐる危機にある――が有益ではなくなったと主張する。私たちが活動をともにしてきた若者たちは、自身の内でいろいろな部品の組み合わせを作り上げている。これらのつながりがかれらを、過去に暮らしたさまざまな場所にいる他者たち、そして現在のロンドン生活の多様な現実のなかにいる他者たちと結びついているのだ。スチュアート・ホールが述べたように、「アイデンティティは常に、開かれた、複雑で、終わりのないゲームであり、常に建設途中のもの」である(Hall 1993: 362)。だが、人種的・民族的なアイデンティティは流動的で創造的で文脈依存的であるとの認識は、社会学やカルチュラル・スタディーズにおいて一種の新たな正統的教義《オーソドクシー》になっていると、クレア・アレクサンダーは論じている(Alexander 2002)。こうした考えは当初、人種的に排他的なナショナリズムや文化本質主義への批判として展開されたのだが(Gilroy 1987=2017, Hall 1992)、第三章で見たように、いまどきのナショナリズムはインサイダーたちのあいだにみられる多様性を――一人が複数のアイデンティティを持つことさえをも――言祝ぎながら、新たな、望まれぬアウトサイダーたちを作り上げているのだ。

この経験がどのように生きられているのかを議論していく前に、二点強調しておきたい。第一に、アイデンティティへの強い関心は、新しい、文化的なハイフンでつながれた形態の自己を称揚する自己記述だけに焦点を絞りすぎてきた。クレア・アレクサンダーとラミンダール・カウル、ブレット・セントルイスは、文化とアイデンティティの研究に重点を置くことには、それが「批判的・政治的な関与」の代替物になってしまうというリスクがあると論じている（Alexander, Kaur and St Louis 2012: 4）。私たちは、移住者たちに課されている経済的・政治的制約と、かれらが耐えねばならないさまざまな形態の規制と不平等のなかに、こうした経験を位置づける重要性を強調したい。これらの構造的な制約は、かれらが自分たち自身と、世界のなかにおける自分たちの立場を理解する方法の一部になっているのだ。第二に、アイデンティティに焦点を合わせることが、もっと幅広い社会経験への注目を制限することがある。それは社会生活の広がりや織り成され方を圧縮してしまう可能性があるのだ。こうした経験は、自己の定義や、ある集団内への共同体的な帰属、あるいは文化的起源の説明に関する問いに対する簡単な回答によっては接近しえないものであると、私たちは主張する。私たちは前章で、「どこの出身なの？」といった質問が、権力関係や帰属のヒエラルキーの維持に加担していると述べた。私たちがこれから提供しようと試みるのは、分断されつつもつながり合っている世界のなかでの移動の経験についてのより広範な説明である。

ジグムント・バウマンは、現代世界における人生《バイオグラフィー》は「欠陥のあるジグソーパズル」と捉えるのが最も理にかなっていると論じている。「欠陥がある」というのは、自己を表す絵柄があらかじめ存在しているわけではなく、またアイデンティティというパズルを組み上げるために使えるピースが最初から全部揃っていることを前提にできないからである。だが、「人は机の上にある沢山の小さなピースを組み合わせて、何か意味をもった全体像を作りたいと考える」とバウマンは言う（Bauman 2004: 48=2007: 85）。バウマンの見解は、本研究の参加者たちの個人史《バイオグラフィー》と響き合う。かれらの多くは、「移動しながら、〔自分たちの〕アイデンティティのコミュナルな参照物」に意味をもたせようと努めている（Bauman 2004: 26=2007: 56 強調は原文）。再びジー・ジーを取り上げることで、この議論を生き生きとしたものにしていきたい。

　ジー・ジーは一九八五年にソマリアのモガディシュで生まれた。彼女は自分のことをアラブ人と形容する。これ自体、国民国家や大陸の境界線によって区分されないカテゴリーである。だがそれは、彼女の尋常ならざる人生と旅路の出発点にすぎない。ソマリアはかつて三つの帝国主義国家——イタリア、フランス、イギリス——に植民地化された。モガディシュはイタリア人の植民地支配の下に置かれていた。ジー・ジーの家族は、〔その都市の〕文化的遺産の複雑な混ざり合いを体現している。彼女の説明によれば、「私の父はイエメン出身なんだけど、彼の母親は元々トルコの出身。なので彼、私の父はミックスだね」。彼は一九八〇年代にイエメンからソマリアに移住した。その理由を彼女は、当時の「ソマリアは安全な国だった。そこにはすべてが……機会があった」と説明する。そしてソマリアで、ジー・ジーの父親は彼女の母親と出会う。母親はイエメン出身のアラブ人である。二人は結婚し、九人の子どもを儲けたが、その五番目がジー・ジーである——彼女には男きょうだいが五人、女きょうだいが三人いる。

ジー・ジーは、彼女が属する拡大家族の複合的な文化的遺産は、親族の男性メンバーたちが複数の妻を持った結果であると説明する。

私たちは混じり合ったものを持ってる。……お祖父さんには妻が二人いた。彼にはアラブ人の妻がいて——父の母ね——彼女はトルコ人だった。彼には二人目の妻がいて、彼女はソマリア出身だった。彼女の背景は混じっていたと思う。家族のなかでアラブの血筋と、イタリアの血筋、トルコの血筋、インドの血筋がどうなってるか、正確には覚えてない。私につながっている血筋でもそうなの。

彼女の家族の文化的混交性を辿ることは、彼女にすら難しい。子どもの頃からジー・ジーはアラビア語に加えて、イタリア語も話した。彼女の家族はイスラム教徒だが、彼女は幼いうちから、モガディシュの多宗教・多文化状況に気づいていた。彼女はこう回想する。

複雑なんだけど、イスラム教国と呼ばれる国で育ったのに、教会もあった……家の近所に……振り返ってみると、それは人生を違った目でみる機会を与えてくれたと思う。だから、まだ子どもだったころから私は、「イスラム教」と呼ばれるものがあって、「キリスト教」と呼ばれるものがあるんだってことを知っていた。教会や、十字架を持っている人たちをよく見てたんで。私たちは「ヒンドゥー教」と呼ばれるものがあるってことも知っていた。

九〇年代初頭にソマリアで戦争が起きると、これらすべてが一変した。ジー・ジーはこう回想する。

戦争が始まると、それは人種戦争のようになった。「お前たちは元々……アラブ人だろ、俺らの国から出ていけ……お前たちは俺らの国にいちゃならない」って。何年も経って英国に来てからも、カレッジでそういうソマリア人の女の子が三人いたの——彼女たちは自分たちのことを、ちゃんとソマリランドから来た、生粋のソマリア人と呼んでた——［彼女たちにすれば］私は生粋のソマリア人ではなくって、偽物なんだって。私の苗字の一部が私の部族を示していて、それは元々アラブ系の部族だからだって。私が人に、自分はソマリア人だって言えないのは、このせいね。でも私はソマリア人で、ソマリアで生まれた……言葉だって喋る。

モガディシュの彼女の実家は攻撃を受け、焼け落ちた。彼女は親族たちが殺されるのを目のあたりにし、暴力とレイプを目撃した。彼女はこう回想する。「私はアフリカの裕福な家で生まれ、家には何人もメイドがいた。裕福な家で生まれてから、貧乏になり、家を失い、食べるものも無くなった」。その経験のトラウマのせいで、彼女の経験は一部、ぽっかりと抜け落ちている。

私の人生のその期間——戦争のなかで生きていた三、四年——それを抑え込んでいる部分が脳のなかにあるんだって、私のドクターは言ってる。なので、戦争前にソマリアにいたときのことは、ところどころ思い出せる。四歳とか五歳の頃のこととか、学校に通い始めた頃のこととかは、詳しく話すことができるの。

暴力の只中で家族は引き裂かれた。彼女の母親は下の四人の子どもを連れて逃げたが、ジー・ジーは長いあいだ、母たちが戦争を生き延びたのかどうかわからないでいた。ジー・ジーと他のきょうだいたちは、拡大家族や擬制親族《フィクティブ・キン》のメンバーたちのもとに身を寄せた。

戦争中、私たちの家は焼けてしまって、みんな行方不明になった。なので、私たちの面倒を見てくれる大人たちのところに行くことになった。……その人が自分と同じ部族だった場合、その人のことを「いとこ」と呼ぶの。自分より年上だったら、その人のことは「おじ」と呼ぶの。

戦火を逃れた彼女は、一緒に暮らしていたいとこやおじたちとともにイエメンに渡る。その後エジプト、リビアと移り住み、またエジプトに戻った後、ドバイに移っている。彼女たちは戦争寸前だったイエメンで再び騒乱に見舞われ、リビアに避難、ジー・ジーはそこで三年暮らした。

その後、一九九九年に彼女はロンドンに来た。ジー・ジーはこう回想する。「ええ、母さんがロンドンで暮らしていると知って、私は幸せだった。彼女が私を呼び寄せたの。お母さんは生きてはいないと思っていた時期もあったの」。彼女の母親は、彼女の妹と弟たちを連れてドバイからスウェーデンに渡り、そこに住むおじのところに留まりながら、家族の再統合のための準備を行っていたのである。ジー・ジーはもう一四歳になっており、幼少期の亡命生活中から母親とはずっと離れ離れだった。ロンドンの鉄道駅に到着した際に行われた公的な書類手続きは、一種の洗礼だった。

お母さんと内務省の男の人が一人、ウォータールーの鉄道駅で私たちを待ってた。違ってるかもしれないけど……そこにその人がいて、英語で喋って、淡々と書類に記入していった。彼は子どもたち全員［の誕生日の欄］に一月一日と書いたの。「ちがう」と思ったのを覚えてるけど、私は英語が話せなかった。ＩＮＤ［内務省移民・国籍局］の書類を見ていると、彼は子どもたち全員の誕生日を一月一日と書き入れた。その後、学校で知ったんだけど、ソマリアから来た子どもはみんな［誕生日が］一月一日になってた。

ロンドンで彼女は庇護申請を行い、その認定を受け、やがてイギリスのシティズンシップを申請し、それを取得した。彼女はマナー・パークできょうだいたちと一緒に暮らしている。急いで英語を学んだのはプレッシャーがあったからだと、ジー・ジーは話す。

どんな面接にも、私はお母さんに着いて行っていた。学校の面接でも、住宅の面接でも。プレッシャーこそが、私の言語学習の助けになったの。男手がない国で生きてきたこと。お父さんはここにいなかったんで、お母さんは一人でやっていくしかなかった。

ジー・ジーは英国に来たときにはすでにトルコ語とイタリア語とアラビア語ができた。彼女はロンドンのユース・クラブで、幼い庇護申請者や弱い立場に置かれている若者たちの世話をする仕事をするようになってから、ソマリア語とウルドゥー語、それからパンジャーブ語とペルシア語を学んだ。彼女は自身の経験から人々を助けたいと思っている。ジー・ジーは、活動を共にしている子どもたちとコミュニケーションが取れるのは、その経験のおかげだと感じている。彼女は「人生はただのトラウマじゃない」と述べたが、これは、自由とは「私たちがなされたことに対して何をなすか」であるというサルトルの名言を彷彿とさせる。

ジー・ジーの経験、物の見方、願望は、多くの国々とイースト・ロンドンのニューハムの双方における差異との邂逅の影響を受けている。シャムサーは以前から彼女のことを知っていたが、私たちが本研究のために彼女と最初に会話したのは二〇〇九年の五月、彼女が二三歳のときだった。イースト・ロンドンはグローバルな影響を吸収、再活用し、自身のアイデンティティを作り上げ、作り変えている。だからといって、ジー・ジーの生活のなかのあらゆるものが絶えず変化しているといった単純な話ではない。むしろ彼女は自分の旅や状況から、自分は何を大事だと思うのかを学んできたのだ。彼女の想像力は、人道的な思いやりに富んでいると同時に、きわめてグローバルなのだ。

幼い頃から独立心を持った女性だった彼女は、数々の困難を抱えてきた。ジー・ジーはこう説明する。

私は五番目の子どもだった。アフリカのこの愚かしい文化では、女の人が四人つづけて女の子を生んだら、五人目は男の子になると信じられているの。逆に、その女性が四人つづけて男の子を生んだら、五人目は女の子になるって。なので、私は男の子だろうって期待されたんだけど、女の子だった。小さいときから私は、お前は「一家の大黒柱だ《マン・オブ・ザ・ハウス》」「一家の大黒柱なんだ」と言われつづけた。それでもちろん当時は、「一家の大黒柱」になる責任を負わないといけなかった。父がそばにいて助けてくれたり、なにかしてくれたりするわけではなかったので。あなたがお姉ちゃんたちを守らなきゃいけないんだよ、って。当時、私はイスラム教の環境にいて、ムスリムの男たちにいろいろ言われて……。なので、おじたちのところで育てられていたとき──私はおてんば娘で──「どうしてお前はそんな話をするんだ」とか「なんでそんなことをしてるんだ」とか「ムスリムの女はこうでなきゃいかん」とか〔言われていた〕。私はいつもそういうことに口答えして、それでいつも殴られていた。私はずっと面倒を起こす子どもだった。聞き分けがなくって、いつも頑なで──私が信じてないことだったら、誰も私に押しつけることなんてできない。

彼女は常に権威を持った男性たちと戦っていたが、時としてそれが暴力や虐待に発展することもあった。ジー・ジーはこう回想した。

よくおじに殴られたけど、私は、気に病んじゃいけない、体を壊しちゃいけない、殺されちゃいけない、お母さんは一人で頑張ってる、あの子たちみんなの面倒をみてるって言ってた。私は殺されるわけにはいかないんだ、弱いようじゃいけないんだって。……あるときひどく殴られすぎて、怪我をして、血が出てしまったことがあって。それで私はおじに「もう疲れた? わたしが疲れないから」と言ってやったの。そしたら彼はさらにキレてしまって。

ジー・ジーはジェンダー化された規範に異議を唱えながら、ジュディス・バトラーが「生きるに足る生」(Butler 2004: 3) と呼んだものの条件を必死で作り出そうとしていたのだ。

二〇〇一年、ついに家族は再統合を果たした。彼女はこう振り返る。

うわさが広がったの……私たちの文化ではそういうことが起こる。誰かが何かの話をすると、それがちっちゃな結婚式とかそういうことだったとしても、全世界に知れ渡るの。どうしてだかは聞かないで。ゴシップよ! 何かが起きると、みんなに知れ渡るの。……ゴシップ。

これは先にアリが言及したインフォーマルなコミュニケーションの回路のことを思い起こさせる。家族が生き延びていて、ロンドンで暮らしているとのうわさが彼女の父親のもとに届いたのだった。だが、それは容易ではなかった。父親との生活の現実は、親子円満といった類のものではなかったからだ。ジー・ジーはそれまで、ムスリムの少女には何ができ、何ができないかということに関して男性の親族たちが抱く先入観と戦ってきた。彼女はこう回想する。

面白いんだけど、父親を持たずに育つと、こんな想像を抱くの。お父さんっていうのは、いつか現れて、自分を守ってくれる、自分を助けてくれる、何でもやってくれる人なんだって。そしたら突然、自分の父親が現れ、一緒に暮らすことになって。で、自分の父親が「典型的」なアラブ系のムスリム男性で、すっごく狭い了見の人だってことが発覚するの……自分の両親ではない家族のもとで育てられてたときに、抱いていたあらゆる希望が……どうやって生き延びてきたのか、わからない——私はあなたに嘘をついたりしないよ。

ジー・ジーは自身の戦いを、女性の地位についての理解とフェミニズムの政治とに結びつけている。それは彼女の移住の経験によるものだ。彼女は言う。

それは私の視野を広げてくれた。旅の経験によって私はエンパワーされ、より強い女になれたの。なんというか、もっとケアできる、人を気遣えるようになれた。だからこそ人生を違った目で見られるようになったの。その経験のおかげで、学のある女性になろうという気持ちになれた。学と言っても、学識のことではないよ。私が言っているのは、人生のためになる学び、人生経験のこと。これは本からは得られないものだから。

しかし、それは本に収録することはできる経験である。彼女はいまニューハムのユース・センターで若者たちと一緒に活動している。だが、その仕事のことを彼女の父親は理解せず、全く評価していない。慣習上、成功は法律や医療のようなステイタスの高い職業と同一視されているからだ。

今ジー・ジーは仕事を通じて、彼女自身が耐えてきたものと同じ苦闘を若者たちが経験しているのを目のあたりにしている。彼女は以前、地元の学校の集会に招かれたときのことを回想した。その学校では、女性性器切除（FGM）を受けさせられる幼いソマリアの少女たちについて心配の声が上がっていた。親たちとの話し合いを思い出しながら、ジー・ジーは言う。「滑稽なのは、親たちが実は私がソマリア語を話すってこと、私がソマリア生まれだってわかっていないってこと……私に会ったとき、人それぞれ違った思い込みをしてる。私はかれらに好きなように思い込ませておくの」。ジー・ジーが何かを「滑稽」だと言うとき、彼女は特定の誰かを嘲っているわけでも、何か面白いことや個人的にばかばかしいと思うものを笑っているわけでもない。そうではなく、彼女は上記のような状況で彼女が経験する歴史のアイロニーを指摘しているのである。彼女はこう続けた。

それで、その母親に「私には姉がいます」と言ったの。「私は彼女たちの世話をしてきましたから、あなたがおっしゃっていることは理解できます」って。私は彼女になんとか説明しようとした。それはたしかに私たちの文化の一部だけれど、娘さんはまだ一〇歳で、〔ソマリアに〕送るべきではないって。「ああ、あなたは理解してらっしゃらないんですよ」〔と彼女たちは言った〕。私は彼女たちにソマリア語で、こう言ったの。「いいえ、理解しています、私もそれを経験してきたからわかっています。それがどんなに痛いのか、私はわかっています。過ちが起きることを私は知っています。ソマリアにいたとき、私の身に起きたことですから。もし私がそれが何なのかをわかっていないなら、あなた方に申し上げるようなことはしません。私の姉たちもそれを経験しました。ですが私は、最後に残った三人《ママ》は絶対守ろうとしましたから、彼女たちはそれを経験していません」。こうも言った。「私たちはいつになったら、このでたらめな文化をやめるんでしょうか?」そうしたら彼女はちょっと私のことを見直したようだった。彼女は認識したのよ。私がソマリア人なんだって。

ジー・ジーにはこうした経験を、言語的にだけでなく、文化的・歴史的に翻訳できる能力がある。彼女は仕事を通して、一緒に活動している若者たちに、もっと大きな機会が広がっていて、自分の将来を自分でつくっていけるという感覚を与えることを目標にしている。ジー・ジーは言う。「ムスリムだったらどの家でも――どこの国の出身かに関係なく――好んで使われる言葉がある。「ハラーム(haram)」ってやつ。ハラームは禁止という意味。なんでもかんでもハラーム。男の子と話すのもハラーム、ユース・センターに行くのもハラーム、自分の髪を見せるのもハラーム、ぜんぶハラームなの」。彼女は若者たちの経験に課されているさまざまな禁止事項に反対し、逆に何が可能であるのかを強調するべきだと主張する。人生を「欠陥品のジグソーパズル」に喩えたバウマンのように、彼女はさまざまなピースを組み合わせているのだ。

彼女の旅は、アイデンティティのカテゴリーに焦点を絞ることの限定性に関して私たちが提起してきた論点を示す好例である。彼女の経験の複雑性と織り成され方は、そうしたカテゴリーを混乱させるからである。彼女は、ソマリア人やアラブ人といったカテゴリーで捉えられるものをはるかに越え出ている。彼女はロンドンをホームと形容し、ニューハムを気に入っている。そこがグローバルな影響を受けているから、というのが大きな理由であり、それは彼女が暮らしてきた世界のさまざまな食べ物を手に入れられるということを意味する。
彼女はロンドンほど多文化的な場所はどこにもないと言う。ジー・ジーはこうも言う。「私にとってニューハムはなにものにも代えがたいの」。母親が亡くなったあと、彼女は姉と一緒に二週間ドバイに行った。

彼女に言ったの。「私はもう［ドバイを］ホームだとは感じられない。自分のことをアラブ人だって感じられない」って。ロンドンに帰るのを待ちきれなかった。ニューハムが私を完成させてくれたの。そこにいれば、私は文化を恋しく思ったりしないし、ホームを恋しく思ったりもしない。多様性がここにはあるから。いろんな食べものが、あらゆるものがあるから。

つまり、手近にあるものは決して単純にローカルなものであるわけではない。ジー・ジーは、ロンドンの日常的な多文化の折り重なりを通じて、彼女自身と彼女の過去の断片を見ることができるのだ。重要なことに、彼女はニューハムが自分を完成させてくれたと言った。バウマンの言うジグソーパズルのピースのように、彼女はこの場所で自分自身を組み立てたのだ。ロージー・コックスとスー・ジャクソン、ミーナ・カトゥワが指摘するように、
ロンドンという活気に満ち、流動的なポストコロニアル空間は、複数の帰属の可能性を提供しなが

らも、そこは、暴力や誤認の恐怖によって、また生きるに足る生の展望によって境界づけられている空間のなかで、そのような帰属の交渉をしつづけなければならないということを忘れさせはしない。

(Cox *et al.* 2009: 192)

ジー・ジーは、痛ましい記憶――それもまた彼女の旅の一部である――を消し去ることができたらとたまに思うと語った。

掛かりつけの先生のところに行って、言ったことがあるの。先生には笑われたんだけど。記憶を消し去る治療を受けたいって。昔はよく神様に、交通事故かなんかで記憶喪失とか、永遠に記憶が失われるようにしてくださいとお願いしていた。自分の過去を思い出したくないの。もういらないって思う部分が私のなかにあるの。「人生って素晴らしい」「人生はこういうものああいうもの」ってかんじで生きているようにみえる女の子たちみたいに生きたい。朝起きたときに、幻聴を聞いたりしないような。

彼女には時折、物を思い出せないことや、彼女の人生に起こったことの順序がごちゃごちゃになることがあるが、すっかり忘れてしまっているわけではない。

ジー・ジーの経験は彼女に多くの教訓を授けただけでなく、自分の人生そして他者たちの人生を理解するための資源を授けた。彼女はこう振り返った。

それによって私は鼓舞され、エンパワーされ、いまの私が作られた。私が人生を違ったふうに見られるのも、神様にとても感謝していられるのも、たぶんそういう経験を実際にしたからね。そうでもないこともあるけど……神様が私の人生観を広げてくれたことに、とても感謝してる。私にお母さんを与えてくれたことにも――彼女は私の最初の学校で、彼女はそれほど旅をしたわけでもないし、教育も受けてないけど、私に強い女性になること、すごくオープンで、すごく礼儀正しくあること、どんなに辛くても、いつも人生をポジティブに考えることを教えてくれた……私は自分で自分をつくってきた女性よ――ムスリムの男性たちが私のことを尊敬するかしないかに関係なくね。私は私にできることをしてきた。

スチュアート・ホールが書いたように、「アイデンティティは常に、開かれた、複雑で、終わりのないゲームであり、常に建設途中のものである」(Hall 1993: 362)。すなわちシャーリンの知見に立ち返れば、人生《バイオグラフィー》とは「いろんな場所に置いてきた自分のかけら」と「自分のなかに残るいろんな場所のかけら」から絶えず組み立て直されるパズルなのだ。これは単に個人的なものであるだけでなく、集合的なものでもある。それは、必然的に次々に展開していき、不完全なものであるが、さまざまな場所にいる人々のあいだの関係を通じて作られるものなのである。

おわりに

私たちは、移住に関する議論における自己定義と文化的アイデンティティの問題への専心が、国境をまたいで生きる経験の理解の仕方を限定していると主張してきた。私たちが描こうと試みているのは、ハイフンで結ばれた形式のアイデンティティや文化的混淆性が存在するという事実以上の事柄である。正確に言えば、私たちが強調したいのは、若い移住者たちの生のなかで、つながりやつながり合っている状態がどのように維持されているのかということ、そこに着目することによって、かれらの経験についてのより豊かな理解がもたらされるということである。ジョナサン・ラザフォードが論じているように、アイデンティティをめぐる諸問題に焦点を絞ることは、消費資本主義のなかで非常に支配的なものとなっている個人化というより大きなプロセスを強化することになりかねない(Rutherford 2007)。本章で描いたような生は、個人個人の物語というよりむしろ、グローバルに分断されている世界のなかでどのように関係性が保たれているのかを示している。こうした分断は、送還されたアリの友人の場合のように国境管理の形を取ることもあれば、別の場合には、ジー・ジーが描いたような、誰が「ほんもののソマリア人」になり得、誰はなり得ないのかをめぐる定義を取り締まる、本質主義的な集団の定義の形を取ることもある。私たちが描いてきたのは、国家の出入国在留管理やジェンダー化された期待、あるいは人種主義に直面しながらも、参加者たちが懸命に生きるに足る生を作り出そうと格闘してきた様子なのだ。

また私たちは、デジタル時代において実現しているさまざまなつながりは、根本的に異なる形態を取るようになっていることを明らかにしてきた。二〇世紀の移住者たちにとっては写真が、愛するものたちの痕跡を持ち運ぶ上で最も重要な方法だったが（Berger and Mohr 1975＝2024）、今やそれは携帯電話やソーシャルメディアに取って代わられている。その結果、移住者たちは、「故郷」の親族たちの生が自分たちのいないところで展開されていくさまを、フェイスブックやスカイプで鑑賞する視聴者になっている。ミルカ・マディアヌウはこれを「アンビエントな共在」が常時更新されていく感覚と呼んでいる（Madinou 2016）。すでに論じたように、これによって物理的な不在の痛みが無くなるわけではない。むしろ、デジタルな近接性とつながりによって、物理的な距離や別離の感覚が増幅されることもあるのだ。

本章で描いてきた経験は、奇想天外な物語ではない。むしろそうした経験こそ、シャーリンが本プロジェクトの一環として執筆した詩で言うように、「ニュー・ノーマル」なのだ。二〇一三年七月一二日、ウェストフィールドのショッピングセンター内のコスタ・コーヒーの店で会った際、シャーリンはその詩をレスにシェアしてくれた。左の写真は、彼女の手書きの詩を写したものである。

シャーリンの詩――ロンドン生まれのジャマイカ系の友人デニスとの会話から着想を得た――は、彼女がどのように振る舞うべきかについての伝統的な期待に対する不満から生まれた。二人は、彼女たちが住む世界で当たり前にみられる混ざり合いが、人間関係や友情の面から見れば、ロンドンの規範になってきたことについて話した。そこでの生は「通常の定義（regular definition）」に従いはしない。重要なのは、「個人が何を成し遂げるか（individual execution）」なのだ。しかし、ソンとオニール＝グ

写真 5.2　シャーリン・ブライアン「新たな常態《ニュー・ノーマル》」

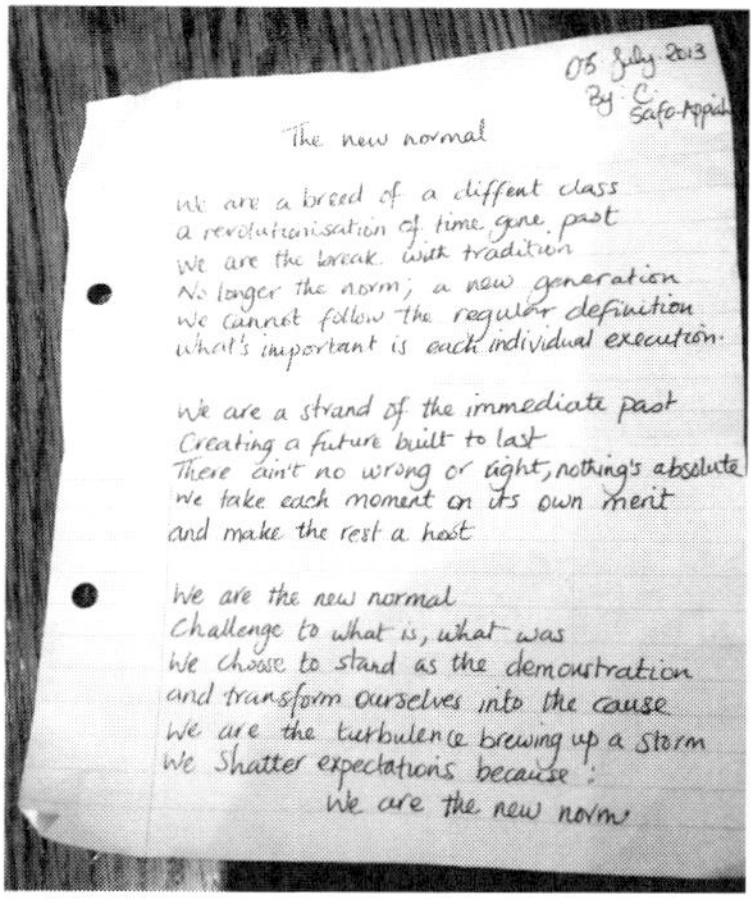

写真 5.3　詩を読むシャーリン

ティエレスが多人種的背景を持つ人々に関する研究のなかで指摘するように、個々の移住者の歴史は、多様性についてのさらに複雑な理解へと溶解していく(Song and O'Neill Gytuerrez 2015: 18)。シャーリンの詩は、本章で私たちが論じようとしてきたことを伝えている。私たちは、若者たちの個人史の社会的な織り成され方を理解しようと試み、それらの複雑性に最大限の配慮を払いながら論じてきた。シャーリンが書くように、「絶対的なものなんて何もない (nothing absolute)」。彼女たちの経験は「通常の定義」に従わないからだ。

一並びの社会的アイデンティティの在庫を用いて若者たちに、「自分たちは何者なのか」を記述してほしいと頼むよりも、かれらが日々していることや、かれらがつながりをつくっている人々のことについて尋ねるほうがはるかに有益である、と私たちは提案する (Harris 2006)。本研究の参加者たちは、かれらの生が場所と時間を越えてつながれていることを示してくれる。シャーリンが述べたように、彼女の自己感覚は複数の場所に縫い込まれており、彼女はどれか一つの場所のみに閉じ込められても、それによって定義されてもいない。だからといって、彼女が孤独でないというわけではない。だが、それは彼女が同時に、ドミニカにいる家族や友人たちとつながったままでいられているということを意味しているのだ。シャーリンはよく自分の詩を、ワッツアップのボイス・メッセンジャーに聞き取らせて、ドミニカにいる妹たちとシェアしている。妹たちはそれらの詩へのコメントや、ときにはお返しとして自分たちがつくった詩を送ってくる。

次章では、このモバイル世代のなかでは、コンヴィヴィアルな形態の多文化生活が創出されてもいるということを論じたいと思う。これは移民都市の見過ごされ、十分に評価されていない兆候であり、ロンドンそしてイギリス社会全体への贈り物であると、主張するつもりである。

第六章

人種主義の廃墟の只中にある多文化的コンヴィヴィアリティ

Multicultural conviviality in the midst of racism's ruins

はじめに――「僕がかれらに教えてる」

イースト・ロンドンの自宅アパートで座るアリは、アフガニスタンからそこに移ってきて以来、隣人たちとローカルに築いてきた関係について振り返る。庇護申請の結果を延々と待っているあいだに、彼はその地域で顔の知られた人物になった。「僕がかれらに道を教えてるんだ。コミュニティにおける生活というのは、どうやって送るべきものなのか、僕がかれらに教えてるんだよ」。「僕がかれらに伝えている。愛を、みんなをケアすることを、互いにケアし合うこと、団結すること、一生懸命働くこと、ここでの生活とはそういうものだってことを」。アリの発言が語っているのは、ロンドンに来た当初は敵意に直面し、彼の弁によれば「洞穴からやってきた」と勘違いされはしたものの、彼が隣人たちと親しくなり、かれらの生活に貢献してきたという経緯である。「ホスト」にものを教える「移住者」を強調することは、統合と同化の論理を反転させることである。アリの物語には後ほど詳しく触れるが、先の彼の発言が示唆している論点をもう一つ取り上げておきたい。彼の言葉は、ロンドンの平凡な日常レベルで生み出されている一種の共存の有り様、多文化生活の有り様を示すものである。それは、メディアや政治家、学者や他の評論家が取り沙汰する、移民受け入れの程度やロンドンの分裂についての社会不安から離れたところにある世界である（Back 2009）。

私たちは、こうした経験に細心の注意を払うことによって、多文化都市を経験的かつ理論的に理解する方法についての洞察が得られると主張する。アマンダ・ワイズとグレッグ・ノーブルは、社会理論家たちが近年、「コンヴィヴィアリティ」という概念を「共生のローカルな関係」を描くための手法として採用してきたと指摘している（Wise and Noble 2016: 423）。この作業はある意味、エミール・デュルケームやマルセル・モースのような社会理論家たちの古典的な関心に立ち返るものだ。すなわち、人々のあいだに強固な社会的・文化的差異が存在する社会においてすら、分業や贈与交換を通じてポジティブな形態の社会的連帯が維持されている様子に向けられる関心である（Durkheim 1933[1964]＝2017, Mauss 1966＝2009）。コンヴィヴィアリティという概念の出現について検討する前に、まず本研究の参加者たちが他者との共存の感覚をどのように描写していたのかを明らかにしたい。立ち並ぶ金融の要塞の陰で、若い移住者たちは新たなパターンの文化的結合と社会的接続の形成に寄与している。そうしたことが、世間の関心のレーダーにひっかかることはめったにない。そこでは、「移民の受け入れ」が分裂する世界の象徴に、アウトサイダーの存在と多様な住民の混ざり合いのせいでまとまらなくなった社会の象徴になってしまっているからだ。

本章ではアリに加えて、ジー・ジーとマルドーシュの経験を詳しく取り上げる。それぞれロンドンのニューハム地区とキングス・クロス地区をホームにしてきた移住者である。かれらの生の報告には、うまく機能する多文化状況はどのように作られうるのかについての洞察が含まれている。まず本章は、後半でかなり詳細に論じる多文化的共存とコンヴィヴィアリティに関する理論的議論を基礎づけることから始めていきたい。私たちにとって重要な出発点は次のことである。若い移住者たちの経験のなかには、コンヴィヴィアリティに関するさらに精緻な理論を展開していくための潜在力が秘められている。そして私たちはかれらから、分断と排除と憎悪に直面している状況においてさえ、共在の文化が作られているることを学ぶことができる。このことを念頭に置きながら、再びジー・ジーの物語を取り上げたい。

憎しみを心に抱けない

ジー・ジーはロンドンの混交を愛し、住んでいる地域の学校が自分以上にイスラム教について詳しいようにみえることに好感を抱いている。前章で私たちは、ソマリアからロンドンに至る彼女の驚くべき旅路と、彼女が母親やきょうだいたちと再会を果たし、ニューハムを自身のホームにしてきた経緯を描いた。ジー・ジーは、次から次へと起こる戦争から逃げていたときに避難所を提供してくれたことに対して、ロンドンにどれほど感謝しているのか説明した。また彼女は、自分が経験した暴力は「自分の同胞たち」から自分に向けられたものであったことを嫌というほど理解していると辛辣に述べた。ソマリアとイエメンでの暴力を振り返り、彼女は次のように言った。

こう思ったの。「アラブ人たちが、イスラム教徒たちがあなたを助けてくれた？　かれらがあなたに家を与えてくれた？　かれらはあなたに教育を与えてくれなかったし、あなたのことを歓待してくれなかったでしょ」って。私についていえば、いま私は安全だと感じさせてくれる国にいる。私には選択肢があった。このチャンスを利用したいと望むのか、それともイングランド人はあーだとかこーだとか、「英国ってこういうもの、イギリスは昔私たちにこんなことをした……」と罵詈雑言を吐いて終わるのか。だから私は与えられたものを学び取り、それを利用したいと、そして恩返しをしたいと思ったの。……私の家族や私の国に恩を返す前に、ぜったいに私は……私に生活を与えてくれたコミュニティに恩を返したいと思った。英国が私にくれたものが何だったにせよ、私はそれに報いるつもり。

ジー・ジーは植民地化の歴史も、植民者たちが後に残した損害のことも承知している。そうした歴史を読むと、彼女は悲しい気分になる。しかし彼女はこうも言う。

私は憎しみを心に抱くことができない。……私自身の個人的経験では、私が生き抜いたのは、私の同胞が私の同胞を殺している戦争だった。私の同胞を殺したのはイギリス人じゃない。それはソマリア人たち、イスラム教徒たちだった。イスラム教徒が私の同胞のイスラム教徒を殺し、イスラム教徒が私の同胞のイスラム教徒をレイプして。わかるよね？　だから西洋人――イスラム教徒でない人――が、私に避難場所を与えてくれたというのが、私の経験なの。だから、私は難民であることを恥ずかしいと思ったりなんてしない。難民になるということは、自分自身の安全のためにある場所を出て、別の場所に移るということ。私はお金のためにここに来たのでも、家が欲しくてここに来たのでもなく、国からはじき出された。事態は私の家族が殺されるという段階まで進んでいた。だから、西洋について、特に英国について私がどう見てるかっていうと、私が苦しくて死にそうになっているとき、イスラム教徒たちは私を助けられなかったけれど、イスラム教徒じゃない人が私を助けてくれて、家を与えてくれ、お母さんに居場所を与えてくれて、私に勉強をさせてくれ、教育を与えてくれ、そういう機会を全部与えてくれた、そういうことだね。過去について問いただしたりする資格が私にあるっていうの？

ジー・ジーはロンドンで敵意に遭遇したことがないというわけではない。そうではなく、彼女はそれによって規定されることを断固として拒否しているのだ。「ニュースは好きじゃない。お父さんは四六時中ニュースを観てる。死、死、死……私はもううんざり」。子どもの頃から彼女はニュースが始まるとテレビを消していた。二〇〇一年の九月一一日の朝も彼女は、ニューヨークの貿易センタービルの倒壊を伝えるニュース速報に気づかず、学校に行く支度をしていた。学校で使う教科書をまとめ、いつもの登校日と同じように家を出る準備をしていた。彼女が家を出ると、ある白人の隣人が彼女の前に立ちはだかり、侮蔑的な言葉を叫んできた。

私は外へ出て、歩いて階段まで行こうとしたら、彼女が手にコーヒーを持っていた。彼女はこう言ったの。「全部あんたたちのせいよ、あんたたち忌々しいイスラム教徒のね」。私は今かぶっているような［ヘッド］スカーフを被っていた。「あんたたち忌々しいムスリム教徒がみんなを殺してるんだよ」と言って、彼女は私の顔にコーヒーを浴びせたの。お母さんは「オー・マイ・ゴッド」って叫んだ。私の肌は真っ赤になった。

ジー・ジーはカレッジに着いてはじめて、その隣人から人種主義が噴き出す引き金にたまたまなったものを知ることになった。「私がイスラム教徒というのが理由だったけど、私は人々にそんなことをしたりしない」。ジー・ジーがはっきりと表現しているものは、不寛容に対する強い不寛容である。同じ隣人はしばしば彼女の母親を罵倒していた。

うちに来て、ドアを叩いて、お母さんに、くそったれのなんとか、くそったれのかんとかと言うの。お母さんは英語が喋れなくて、「すいません……すいません」と言うから、私は彼女に「人にすいませんと言わないでよ、人に頭を下げないでよ……あの人たちは神様じゃないんだよ」って言ってた。

一〇年以上経ってから、ジー・ジーはその隣人とばったり再会した。このときは子どもではなく、大人の女性として。ジー・ジーはこう回想する。

「こんにちは、私のこと覚えてますか?」って言ったの。彼女はずいぶん老け込んでいた。「昔、六九号室に住んでいたジー・ジーです」。「えっ、私に挨拶してるの?」と彼女は［独り言のように］言った。それで私は「はい、もちろん」って。彼女はびっくりしてた。私が彼女に挨拶したことをね。彼女は私が自分を憎んでいるだろうと思っていたんだね。……彼女は驚いたんだろうと思う。私は彼女に、ユース・ワークをしていて、若者と一緒に活動していると話し、彼女は私に謝罪したの。私は彼女に、イスラム教徒がみんな、ああではないと言った。母が他界したことも彼女に話した。

「憎しみを心に抱く」ことに対するジー・ジーの拒否は、罵倒され、排斥された経験から生まれている。これは彼女の母親が彼女に与えた教訓である。

たとえ人が暴力に訴えてきたとしても謙虚でいなければならない。お母さんが教えてくれたことのひとつ。その謙虚さが人々を教育することになる。私はイスラム教徒だけど、だからといってテロリストなわけじゃない。たくさんの人たちが私をテロリスト呼ばわりしたけど、私は「オーケー」ってかんじ。人種の問題も、ジェンダーの問題も経験済み——だから、西洋の人たちが私にそれをしてきたときも、私は大して気にならなかった。子どもの頃からそれを経験していたから。幼い頃から女だってことで、同胞から差別されてた。そう、女でいるなんて死ぬほど悔しいことなの。私は父やムスリムの男たちに証明したかった。女は勉強できるんだって、女はマネージャーになれるんだって、私はそのへんの男より立派になれるんだって。たとえばだけど、私は七つの言語が話せる。英国にやってきた人で、七か国語喋れる男がどこにいるんですかってね。

ジェンダー政治への関心や、イスラム教徒としての自己規定の仕方とも合致するが、彼女は自分が興味を持っているのは、宗教の問題ではなく、もっと広い意味での文化や信仰であると話す。彼女は児童婚の慣習に批判的で、男性たちがイスラム教のなかの支配的な観念を墨守していることを嘆いている。中学校に行くのにも、その後大学に進学するのにも、大変苦労したとジー・ジーは言う。彼女が言うには、彼女の文化的背景のなかでは、そんなことはすべきではないと考えられていたからだ。どうやら彼女の父親が障害になっていたようである。弟や妹たちは、初めて大学の学位を取った彼女のことを尊敬している。

英国における人種主義や、庇護希望者への反感について彼女は認識しているが、庇護希望者が住居を奪うと批判する人々にも共感を示す。彼女が言いたいのは、自分がここにいるのはイギリスから何かを奪うためではなく、何かを与えるためだということである。彼女は英国がどれほど多文化的であるかを肯定的に話したが、そこには問題があるとも強調する。人々が自分の国を持ち込みたいと望むからである。ジー・ジーは言う。「どうしたって、ここではゲストなんだってことを忘れちゃいけない、感謝しないといけないのよ」。住宅などの貴重な資源を市民から奪っているとして庇護希望者をスケープゴート化することは、かれらを待ち受けている政治やメディアの、ますます人種主義的になっている風潮に大義名分を与えてしまう。ジー・ジーはここでは依然「ゲスト」だと感じているが、このことは多様性に対する彼女の開放性と、ニューハムをホームにしたいという彼女の願望とのあいだに緊張をつくりだしている。

ジー・ジーは新たな余所者や列で順番を待つ者に責任をなすりつけたくなるという誘惑に抗している。彼女の生のなかに、そして本研究の参加者たちの生のなかに私たちは、内省的で気遣いにあふれた開放性を見出す。また分断と社会的損害に満ちた情勢のなか、つながりを取り戻し、ホームを築く能力を見出す。このように歓迎しがたい状況を居心地のよいものにする能力は、マルドーシュという若者の経験のなかにも息づいている。

ホームをつくる

コンゴのキンシャサで生まれたマルドーシュは、八歳のときに難民としてロンドンに移ってきた。いま二〇代である。当時はまだ幼かったため、彼は在留申請の経緯についてはあまり覚えていないが、いまは英国のシティズンシップを取得している。私たちが彼に最初に会ったのは、エンジェルの地下鉄駅から一〇分ほどのところにある「グリッシー・スプーン」だった。同店は、比較的安い価格でフライ料理やグリル料理を提供していることで知られるカフェ・レストランである。私たちがチップスを注文すると、トルコ語を話すスタッフは夜の営業を終える準備をしている様子だった。英国に

写真 6.1　自らの生活を観察する

来た当時、マルドーシュはおばとおじと一緒に、フィンズベリー・パークの簡易宿所《ホステル》で暮らしていた。後に私たちは知ることになったのだが、彼のおじがマルドーシュをロンドンに連れてきたのは、マルドーシュがコンゴで「魔女の子」のレッテルを貼られ、彼の母親の死の責任を負わされていたからだった。

私たちは彼と初めて会ったとき、彼が問題を抱えた家庭生活を送り、多くの時間を路上で過ごしてきたことを知った。それについて話すのは難しかったので、私たちは彼にカメラを与え、彼が住む地域のさまざまな場所の写真を取って、自分自身の生活について観察してほしいと頼んだ。

約三週間後に再会すると、彼は三六枚の写真を撮っていた（写真６・１）。

マルドーシュはそれらの写真に沿いながら私たちに話をしてくれた。マルドーシュはおばとおじの家で歓迎されている気分になれず、多くの時間を外をぶらぶらし、路上で遊んで過ごしていた。彼は、彼と友人が一二歳だった頃、一緒にゲームをして遊んでいた公園〔の写真〕を見せた。マルドーシュはこう言う。

外にいた時、家にいない時は外にいたんだけど、基本、ここにいた。俺と友だちで来て、それで要は、隠れてる。夜なんで、ここに隠れて、で要は、取るわけよ。そこにリンゴの木があったんで、それを取って、いけないことなんだけど、そういう遊びで、リンゴを取って、通り過ぎていく車めがけて投げ始める。まあそんなかんじで、簡単に言うと、そうやって楽しんでたんだ。ある意味、楽しかったよ。

一一歳か一二歳の頃からマルドーシュは家にいると気が休まらなくなり、友人たちの家を泊まり歩くようになった。このように生活は乱れていたが、学校を休んだことはないと彼は強調した。「大体は金曜とか。学校から帰ってきても寝られなくて、それでもう金曜から家を出ていってたんだ」と彼は言う。だが、日曜もしくは月曜になるまで家に帰らないのだった。「それでおばさんに「どこにいたの?」とか訊かれたときは、ただ「ここにいたくなかったんだ」と言ってた」。

マルドーシュが一一歳か一二歳だった頃、ある日、彼のおばは殺される夢を見た。夢のなか、彼女は自分を殺したのはマルドーシュだと思った。おばはこれを予兆と捉えた。彼女は、マルドーシュが友だちと遊んでいるところにやってきて、彼に家に帰るよう命じた。その夜のことを思い出すのは難しい。

写真 6.2　マルドーシュのベンチ

「たくさんのことが、悪いことがさ」。彼は続ける。「家に帰ると、彼女はほんとにナイフで俺を脅してきたんだ。「また何かお前の夢を見たら、また何かお前の悪夢を見たら、お前を殺すからね」ってさ」。マルドーシュは家を出て、運河沿いを散歩した。上の写真は、そのとき彼が状況を整理するために座ったベンチである（写真6・2）。このように公共空間を利用することは一般的なことである。屋外においてベンチは内省のための場所に（Powell and Rishbeth 2011）、セルフケアのための場所にさえなるからである（Rishbeth and Rogaly　2017）。

マルドーシュはこう続けた。「俺は家を飛び出して、めちゃくちゃムカついてたんだけど、どこに行ったらいいか、どこから始めればいいのか、次にどうしたらいいかわからなかった」。状況は著しく悪化し、一週間後、彼は友人たちに会い、楽しいひとときを過ごした後、毒物を飲んで自殺を図るという事態にまでになってしまった。彼の行方がわからないことから彼のおばは警察に通報し、警察は手遅れになる前に彼を確保した。その後、彼は児童養護の対象となった。

こうしたトラブルにもかかわらず、マルドーシュは友人たち、そして若者支援事業や社会支援事業の専門家たちの助けを借りて、なんとか自身の生活を立て直してきた。かれらも皆、さまざまなエスニック・グループに属する人々だった。特にマルドーシュは、ロンドンのキングス・クロス近くのコペンハーゲン・ストリートに拠点を置くコペンハーゲン・ユース・プロジェクトに関わるようになった。同プロジェクトは二〇年近くにわたって、若者たちが直面する問題に取り組み、かれらにユース・クラブの空間と、「フットボール・フォー・ライフ」というプロジェクトをはじめとする社会的・教育的機会を提供している。マルドーシュは実の家族に扶養されていると感じてこなかったかもしれないが、彼は人生における困難な時期に自分を助けつづけてくれる人々を見つけたのだった。かれらは生物学的には彼とつながってはいないが、彼の家族なのである。マルドーシュのサッカーのコーチ、スティーヴは、彼の「支え」だった。スティーヴはノース・ロンドンにあるサウスゲートという公営住宅で育ったが、そこではほんのわずかしか暮らしていない地元の黒人家族の一員だった。彼は若い頃、サッカー選手としてウェストハムでプレーしたが、実はボクシングの方が得意だった。七年間プロボクサーをした後、ユース・ワーカーになった。それからマルドーシュにはアプトン・パークの児童養護施設にいたときにできた親友たちがいる。その友人の一人は、彼を何度かウェストハムで行われたサッカーの試合に連れ出してくれ、また二人でよく一緒に『マッチ・オブ・ザ・デイ』（サッカーのハイライトシーンのテレビ番組）を観た。マルドーシュはその友人はいまも元気に暮らしており、引っ越して一人暮らしをしていると教えてくれた。彼によれば、その友人はエチオピア系で、幼い頃に英国に来たようだった。また彼はその施設で、エチオピア出身の少女や、ブルンジ出身の少年とも友だちになった。マルドーシュには、社会福祉サービスが彼のために選任した指導員《メンター》がいた。マルドーシュは彼の意見をありがたく思っており、一八歳を越えて「要保護児童（looked after child）」ではなくなり、リービングケアのチームに対応されるようになったいまも、彼と定期的に連絡を取りつづけている。この指導員はイギリス生まれの白人男性である。マルドーシュにはガーナ生まれの親友がいて、彼も本研究の参加者である。マルドーシュと同じく、彼にもプロサッカーのトライアルを何度か受けた経験がある。マルドーシュにはジャマイカ出身で、同じ学校に通っていた友人もいた。登校前に立ち寄ると、彼の家族はマルドーシュに朝食をふるまってくれた。またマルドーシュはかつて彼を助けてくれたユース・ワーカーたちとも連絡を取りつづけている。スティーヴはこう説明した。

彼は何だって求めていい人間です。だからよく言ったんですよ。「いいかい、マルドーシュ、俺たちがなんとか手に入れてやる、解決してやるからな」って。彼は付き合いやすい青年でした。手がからないんです。彼は要求しません。何でもかんでも欲しがったりしないんです。無理なことを言ったりしないんです。どんな状況にもくよくよせず、人生を前に進めようとします。どんなチャンスも逃さず、一生懸命にそれに取り組むんです。

サッカーはマルドーシュの情熱の対象である。彼はかつてプロ選手を目指して、アーセナルやクリスタル・パレス、チェルシーのトライアルを受けたことがある。以前は地元チームのハドリーFCで定期的にプレーし、そこからウィンゲートFCという大人のチームに移った。マルドーシュは建設業界に職を得た。彼がその仕事に就くようになった経緯には、私たちが描こうと試みていくコンヴィヴィアルな可能力《ケイパビリティ》のさまざまな側面が見て取れる。スティーヴの説明によれば、コペンハーゲン・ユース・プロジェクトで働いている彼の同僚の、あるスコットランド生まれの女性の夫が、建設業を営んでおり、その彼が仕事を手伝ってくれる人間を探していた。その建設業者もスコットランド生まれだが、ノース・ロンドン育ちである。スティーヴはこう説明する。「彼らはハックニーに住んでます。俺の親友なんです。二人は彼［マルドーシュ］にすっかり感心させられ、彼は「この男は装飾工だな」と言ったんです。それで何もかもうまくまとまりました」。白人のイギリス人の建設業者と彼の妻が、このコンゴ出身の青年に別の未来への道を開いたのだった。私たちがスティーヴに、これこそ人々が一緒にうまくやれる証拠だと話すと、彼は「そう、その通りですよ。人種的なことなんてみんな、脇に追いやれるんです」と返した。マルドーシュは塗装と装飾の見習修業をやり遂げた。彼は正式に雇われ、自分で借りたアパートで生活している。スティーヴはこうまとめた。「彼は有能、有能な若者です。どんなことに見舞われても、どんなことを抱えていても、彼はそれに価値を見いだせるんですよ」。スティーヴ以外にも、イギリス生まれのガーナ系のユース・ワーカーがいて、コペンハーゲン・ユース・プロジェクトに行くようになって以来、マルドーシュにとって彼はずっと重要な存在である。マルドーシュの里母はシエラ・レオネ出身で、彼も休暇の折にはシエラ・レオネに行き、そこでクラブに行ったり、サッカーをしたりする。マルドーシュはおばとおじとの関係を修復したいと望んでいる。マルドーシュはコンゴから連れてきてくれたことを、おじに感謝している。そのためにおじは実の息子の一人をコンゴに残すことになったからである。彼がおじとの関係を保つことを熱望しているのは、これが理由のようだ。マルドーシュは里母のことが好きだが、彼女は彼とおじとの関係をよく思っておらず、彼は彼女が理解してくれないと感じることがある。

マルドーシュに会ってこの文章を見せたところ、彼は自分がロールモデルにしてきた人たち、困難を乗り切り、逆境を生き抜くことができるという信念を強く抱く助けとなってくれた人たちから得たインスピレーションのことを強調してほしいと言った。マルドーシュが好きなサッカー選手はティエリ・アンリであるが、パトリック・ヴィエラの名前も挙げる。ヴィエラは移住者としてセネガルからフランスに渡り、独力で自身の生活を築いた。俳優ではマルドーシュはデンゼル・ワシントンを尊敬しているが、それは演技だけでなく、幸せな結婚生活を送る立派な家庭人である点を高く評価しているからである。もう一人彼が尊敬する人物は、ラッパーであり、俳優としてのキャリアを開拓していた最中に殺されてしまったトゥパック・シャクールである。二〇一四年にマルドーシュは、コペンハーゲン・ユース・プロジェクトとも関わりのある新たな取り組みに関わった。この時の目的は、地元地域の若者たちと一緒に記念碑を立てることだった。その記念碑に刻んだ碑文は自分の発案だったと、マルドーシュは誇らしげに語った。「俺は泥んなかのダイヤモンド、まだ見つけられてねえけど(I'm the diamond in the dirt that ain't found)」。ラッパーのフィフティー・セントの曲からの引用である。彼はモチベーショナル・スピーカーになる訓練を受ける計画を立てており、コペンハーゲン・ユース・プロジェクトでサッカーのコーチをしている。

マルドーシュは深刻なトラブルを経験してきたが、人生を立て直し、ロンドンにホームを築いている。彼は、生物学的なつながりはないかもしれないが、彼にとっての家族を構成している人々とのあいだに深い絆を感じている。かれらは世界中のさまざまな場所から来ているかもしれないが、かれらのおかげでマルドーシュは、自分はここに帰属しているという感覚を抱けている——たとえ彼がいつかはシエラ・レオネに住まいを構えたいと空想しているとしても、そうなのだ。こうしたことが、実際に機能しているコンヴィヴィアルな道具である〔次節参照〕。感動せずにはいられないのは、コペンハーゲン・ユース・プロジェクトが敵意に満ちた世界のなかで避難所と帰属の場を提供していることである。そこではつながりをつくることが、スティーヴが言うように、若者たちが「自分たちの世界地図を拡大する」ことができるのだ。

二〇一四年二月にスティーヴのもとを訪ねた際、私たちは、彼が仕事を通じて若者たちに一種のコンヴィヴィアルな空間を作り出しているようだと伝えた。彼は数秒考えてから、こう言った。

それは大事なことです。ほんとに大事なことですよ……ある少年が昔、私にこんなことを言ったんですが、これが名言なんです。簡単に話しますと、ある日ここに座っていたら、バスが停まりました……彼はロンドンの反対側のサッカーチームで練習していたんです。彼はバスを飛び降りて、玄関のブザーを押し、すたすたと中に入ってきて、入ってくるなり、どんとコンピューターの前に座ったんです。私は「ジョージ、家《ホーム》に帰らないのかい?」と言いました。すると彼は「スティーヴ、俺はホームにいるよ」〔原文の"I am home"は「ただいま」の意〕と言うんです。一言で言えば、すたすた入ってきて、コンピューターの前にさっと座って、「やあ、ただいま」と彼は言ったんです。

マルドーシュはスティーヴと連絡を取りつづけており、二〇一八年に私たちが本研究を終了した時点も、彼はまだコペンハーゲン・ユース・プロジェクトでの支援に携わっていた。彼は建設現場の仕事も続けているが、いまではモチベーショナル・スピーカーでもある。これは、私たちが彼に初めて会ったとき、彼がなりたいものの一つに挙げていたものだ。二〇一七年九月には、彼は国連に招待され、人権と魔術についてのトークを行った。彼はここで自分の力で生活できるようになり、他の人々もそうなれるようにその手伝いをしている。

このようなホームを築く経験を、多文化的共存の理論化にどのように役立てていけばよいだろうか？　以下で私たちが試みたいのは、これまで描いてきたような経験を、ロンドンのようなグローバル都市における間文化的関係の理論化と結び合わせることである。本章冒頭で言及したコンヴィヴィアリティの概念の出現に立ち返り、ここまで議論してきた日常的経験を理解することが、コンヴィヴィアルな文化の概念化の進めることに寄与しうると主張したい。

コンヴィヴィアルな生をつくるための道具

ノヴィツカとヴェルトヴェクが説明するように、コンヴィヴィアリティという概念は、それぞれ「ともに」と「生きる」を意味するラテン語由来の語根を基礎として出来上がっている（Nowicka and Vertovec 2014: 341)。コンヴィヴィアリティという概念を、多文化状況の効用や形式を記述するものとして使用する方法は、おおむねポール・ギルロイの画期的著作『アフター・エンパイア』(*After Empire*)に結びつけることができる(Gilroy 2004)。イギリス社会のなかには人種と国民の文化政治に関して対立する二つの政治的衝動が併存している、というのがギルロイの中心的な主張である。ギルロイは第一の衝動を、ポストコロニアル・メランコリアと呼んでいる。それはイギリスを、失われた帝国そして帝国としての偉大さと関係づけようとする強迫的な欲望である。その結果として、国際社会で重要な位置を占める過剰な自尊心や高揚感、国民的な歓喜と、アウトサイダーに向ける嫌悪と憎悪とのあいだを振れ動く情動状態が生まれている。現代的な形態の人種主義の活力はこうした歴史的遺産から引き出されている。その遺産が文化的・感情的源泉のようになっているのだ。ギルロイが述べる第二の衝動は、ともにあるための条件を根本的に変容させているコンヴィヴィアリティの文化である。その条件下では、文化的差異が翻訳され、再構成され、普通のものになる。ギルロイはイヴァン・イリイチの理論的アイデアと、とりわけテオドール・アドルノの緊張関係についての思想、すなわち解決されることなく、互いに否定的な関係を取ったままの状態に陥っている対抗的な諸力についての思想から、自身のコンヴィヴィアリティの概念を展開させている。ギルロイにとって、コンヴィヴィアリティとは常にその否定の近くに、すなわち人種主義や帝国的メランコリアや「反テロリスト」的安全強化や戦争の陰のなかに存在するものである。こうした分断の遺産が、異なった生き方をしたいという衝動に陰を落としているのだ。これらの緊張関係がどのように現実化しているのかを理解するためには、彼が「文化的諸関係の対抗的歴史」と呼ぶものを書くことが必要となる。ギルロイは著書で以下のように論じている。「この否定的作業によって、コンヴィヴィアルな文化に暗黙のうちに賭けられているが、自ら名乗りでることはなく、隠れたまま、予測不能な状態のままでいることを好む、解放的な可能性のいくつかを発見し、探求することができるのだ」(Gilroy 2004: 161)。コンヴィヴィアルな文化は排除され、罰せられ、不釣り合いなほど取り締まられることが多い、と付け加えてもよい。ギルロイ自身は、コンヴィヴィアリティの概念を綿密に練り上げないままにしている。人種主義とメランコリックなナショナリズムとの関連で、それが逃亡用の後背地として作用することがあるから、というのがその理由のひとつである。

ギルロイにとって、「多文化状況が居住可能なものになるか否かは、死んだ帝国の遺産を徹底操作できるかどうかにかかっている」(Gilroy 2006: 27)。これは、人種主義とりわけ移民に向けられる人種差別という遺産についての私たちの理解の仕方を左右し続けている帝国の廃墟(ruins of empire)を清算するということである。「たとえ、今日の望まれないニューカマーたち――ブラジルなり東欧出身の者たち――が実際には旧植民地出身者ではなかったとしても、かれらは消え去った帝国のあらゆる両義性を依然として抱えている」(Gilroy 2006: 31)。ギルロイはコンヴィヴィアリティを、互いに近接して暮らすメトロポリスの社会的諸集団によって生み出される、無秩序で自発的な社会的パターンとして理解する方法を提示した。そこでは人種的差異はどこにでもある平凡で、取り立てて注意を引くことがなく、ときには退屈と言っていいほど何の変哲もないものになる。コンヴィヴィアリティについてのギルロイの見立てでは、それの所産であるともにあることの形式は「日常的な美徳」を生み出し、それが都市生活を豊かにする。私たちが若い移住者たちとともに活動した経験から得た知見は、ギルロイの描写と合致している。社会的結束が緩むと、そこでは、「わずかな程度の差異化が大きな程度の重なり合いと組み合わされることになりうる」のだ（Gilroy 2006: 40）。このありふれた形の多文化的な「良識」は、ジー・ジーとマルドーシュの経験のなかに非常に生き生きと見て取ることができ、コンヴィヴィアルな文化をつくる感性に——実践的な道具とみなして——着目することで最もよく理解できる、と私たちは主張する。

ギルロイの思考が与えてくれる重要な教訓は、彼が強く主張する、「コンヴィヴィアリティの認識が、人種主義の不在を意味してはならない」ということである（Gilroy 2006: 40）。コンヴィヴィアリティという概念から得られるのは、文化についてのオルタナティヴな理解の仕方である。人々を常にかれらの文化的起源に還元するのではなく、かれらが日々何を行っているのかに焦点を合わせるような文化の理解である。ギルロイが結論づけているように、「所有され、著作権の下に保護されるエスニックな財産であると捉えられることによって、文化は誤解され、過度に単純化される。無秩序でコンヴィヴィアルな多文化をある種の「オープンソース」の共同作業として捉えるような、オルタナティヴな発想が必要不可欠なのだ」（Gilroy 2006: 40）。ギルロイが提供している一連の分析道具によって、私たちは人種主義とコンヴィヴィアルな文化とが共存していることを理解できるようになる。

したがってコンヴィヴィアリティを、感傷的な多様性幻想を指す言葉にしてはならず、人種主義がもたらす政治的荒廃（ruins）の只中で、人々がどのように平和的に共生しているのかを理解しようとする困難な作業を指す言葉にしなければならない。ヴァレンタインは、オルポート（Allport 1954＝1968）の有名な「接触仮説」の間違った論理を反復し、コンヴィヴィアリティを差異との近接が単純にもたらす帰結であると考えることは浅略であると、的確に指摘している（Valentine 2008: 334）。しかしながらヴァレンタインの所見の多くは、その分野で古くから確立している見解を繰り返しているにすぎない（Hewitt 1986を参照）。たしかに変化はみられ、さまざまな形態の文化的架橋が起きてはいるが、人種主義と多文化状況との弁証法的緊張に積極的な解決など存在しない。それゆえに、止揚の可能性を想定せず、場所についても人間についても相反する諸条件とともに生きる、すなわち「メトロポリタン・パラドックス」とともに生きることこそが必要になるのだ（Back 1996）。

コスモポリタンな生あるいは多文化的な生に関する理論的議論にみられる限界のひとつは、議論が大抵、抽象的あるいは一般的な概念用語で表現されていることである（Appiah 2007, Beck 2007）。ワイズとノーブルは「生きている多様性の諸実践」に焦点を合わせることが重要だと主張しているが（Wise and Noble 2016: 425）、私たちはこれを拡張し、ポジティブな形態の連帯を可能にする社会的資源や、世界内存在のあり方に注目を払っていくべきだと主張する。イヴァン・イリイチが最初に系統的に展開したコンヴィヴィアリティ論の中核にあったのは、社会関係をつくる道具への着目だった（Illich 2009 [1973]＝2015）。道具に着目したことによってイリイチは、社会生活の活動や配置、行いの重要性を前景化した。これによって、コンヴィヴィアリティを「アイデンティティ」の捉え方の問題に還元することからも、何か「文化的生態系」のようなものが基盤にあって、それがコンヴィヴィアルな生を生産していると主張する——つまりコンヴィヴィアルな生を、特定の形で人間が社会的に混じり合ったことの産物として、あるいは基礎にある社会構造の産物として説明する——ことからも脱する道が得られるのだ。本研究の参加者から私たちが学んできたことは、ポジティブな連帯はそのような単純な機械論に従って仕方で生まれるのではないということである。多様な背景を持つ人々同士の接触は、コンヴィヴィアルな生の機会を提供しはするが、その生を保証するわけではないのだ。

私たちは若い移住者たちの経験に細やかに注意を払っていくことによって、かれらが人種主義に分断されたままの都市の内部で生き、そこに空間をつくることをできるようにしている可能力と資源を垣間見ることができる。イリイチの関心は私たちとはかなり異なっていたが——彼は産業社会が有する破滅的な性質に対するオルタナティヴを探し求めていた——、「諸個人は移動と居住のための道具を必要とする」と彼は書いている（Illich 2009[1973]: 11=2015: 39）。私たちの関心にとって興味深いのは、イリイチは「使用者たちの性格の構造ではなく、道具の構造」に着目していることだ（2009[1973]: 15=2015: 48）。同様に私たちも、若い移住者たちの「性格の構造」、すなわちアイデンティティについて検討したいのではなく、かれらがポストコロニアルなロンドンを生き抜くために使用しているコンヴィヴィアルな可能力の道具箱を特定したいのである。

私たちが話してきた若い移住者たちは、ロンドンを分断された都市として経験している。人々のあいだに広がる反移民感情や人種主義から、出入国管理の強引な取り締まり、そして申請が処理されるのを待つあいだかれらの合法的な就労を禁止する制度化された周縁化との構造的な関係まで、さまざまな形でかれらはそれを経験している（Back and Sinha 2012）。だが私たちは、人種主義による荒廃（ruins）——あるいは反移民時代の社会的損害と呼べるかもしれないもの——の只中で、ムラはあるが、生き生きとしたコンヴィヴィアルな多文化がつくり出されてもいると主張する。道具あるいは可能力を重要視することによって私たちは、移住者たちが複雑な社会的接触領域をどのように読解し、評価しているのかを理解することができると訴えたい。

私たちは本研究に参加した若い移住者たちの生のなかにはっきり現れていた、五つの主要な道具あるいはコンヴィヴィアルな可能力を確認した。これらのありふれてはいるが価値のある能力が参加者たち全員のなかにはっきりと見て取れるというわけではない。それらはそれぞれの個人史ごとの状況に応じて互いに共鳴し、組み合わされるからである。私たちが前景化したい第一の道具は、注意深さと好奇心を育むことである。ともに活動してきた人々の多くの若い生のなかに私たちが見いだすのは、ロンドンの複雑な文化的風景に耳を傾け、それを読解し、それに驚くことができる能力である。かれらは自分たちの社会的世界に好奇心を抱き、すでに述べたように、時としてその世界を観光客の目でうっとりと眺めることもある（第三章参照）。日常の多文化的生活に向けられるこの種の注意深さは、ノーブルが鋭く、「パニック状態の多文化主義」と呼んでいるものと全く対照的である（Noble 2009）。ジー・ジーを例に出せば、彼女がニューハムに世界を見出すさまや、それがさまざまな場所で暮らした経験と共鳴するさまに、そうした能力が見て取れる。彼女が仕事に向ける意欲は、彼女自身が重ねてきた経験から引き出されており、彼女は若者たちが目標を成し遂げられることができる、もっと包摂的な場を作ろうと努力している。「人生はただのトラウマではない」からだ。同様に私たちはこの能力を、次々と展開していくロンドンの性格を、驚きつつも、広い心で受け止め、かつ魅了されながら観察していた、他の多くの参加者にも見て取った。

第二の道具は、都市の生活をケアし、自身を他者の立場に置くことができる能力である。これも、本研究に参加した若者たちの口頭説明や写真、芸術作品に一貫して現れていた。この道具はハージが、ケアの倫理と、文化の喪失や差異に圧倒されることを不安がるパラノイア・ナショナリストたちの懸念とのあいだに設けた重要な区分を思い起こさせる（Hage 2003＝2008）。これは単純に人種に沿った区分ではない。なぜなら私たちがますます目にするようになっているのは、「多様性」の内部の差異をふるいにかけて選別し、差異ごとに階層化をする、複雑な帰属のヒエラルキーだからである。そこでは、肌が黒い人間であっても、茶色い人間であっても、「やつら」――移民都市に来る新しい移民たち――の存在によって危険に晒されている「ホスト文化」の「われら」という観念のなかに組み入れられるのである（Sinha 2008, Back and Sinha 2012）。ロンドンの多言語混成《ヘテログロット》的な風景をケアし、それを気にかけることが、そこで生きるためのオルタナティヴな道具になるのだ。参加者たちの生の多くは、この気遣いとケアの感性の好例である。特にジー・ジーの個人史は、こうした感性を生き生きと示している。

ローカルな文脈においては、ある種の「近隣《ネイバーフッド》ナショナリズム」が生まれ、それによって包摂の条件が一部変更されることの結果として、帰属の条件は再設定されうる（Back 1996）。ニューハムへのジー・ジーの愛と、白人たちの不公平感や怒りの感情に対する彼女の理解は、この一例である。さらに小さな規模の事例では、コペンハーゲン・ユース・クラブの友好的な社会空間は、ホームにいるかのような居心地が公共の場で生み出されることを示している。日常生活の空間においてこそ、親密な近接性を通じた差異とのありふれた交渉が起こっているのであり、しばしばそうした交渉が義務的なものに、必要に迫られるものになる。こうした空間は「ミクロな公共領域（micro-publics）」と捉えるのが最も適切である。職場や学校、病院、大学、ユース・センター、スポーツ・クラブ、それから公共交通機関などの何らかの付き合いが生じる他の接触領域も、そこに含められる（この概念の精緻化については、Amin 2002: 969 を参照のこと）。

ノーブルが指摘しているように、そうした場所においては、コンヴィヴィアルな生活が習慣的なものとなり、差異が「人々の日常的な振る舞いのなかで取り扱われ、調整される」ときに用いられる基準となることもある（Noble 2013: 1）。ワイズとヴェラユタムは、コンヴィヴィアルな生活は、「間文化的な適応とつながりを生む習慣、性向、発話実践」を意味する間文化的なハビトゥスにまで拡大されると主張している（2014: 423）。こういった種類の文化と経験も、コペンハーゲン・ユース・クラブや、それについてのマルドーシュの描写のなかに息づいていた。

私たちが強調したい点は、コンヴィヴィアルな文化は、特定の場所や特定のミクロな公共領域の文化的生態系の有機的産物ではないということである。私たちは、文化的接触はコンヴィヴィアルなオルタナティヴをつくるための機会と社会的素材の両方を提供すると主張する。しかし、コンヴィヴィアリティは接触のみによっては保証されはしない。コンヴィヴィアリティの道具がミクロな公共領域を形成するのであり、その逆ではない。多文化状況という社会的生態系がミクロな公共領域の舞台設定を行い、そこで意味深い接近と出会いが起こるのだ。ジー・ジーやスティーヴ、マルドーシュのような人々の行動を通じて、これらの可能力が形作られ、それがコンヴィヴィアルな生をつくるのである。

ギルロイの仕事は、コンヴィヴィアリティを「互いに近接して暮らすメトロポリスの社会的諸集団によって生み出される、無秩序で自発的な社会的パターン化」と表現している（Gilroy 2006: 40）。そこでは人種的差異はどこにでもある平凡で、取り立てて注意を引くことがなく、時には退屈と言っていいほど何の変哲もないものになる。たとえばマルドーシュと話していると、彼の友人たちの多様性は彼にとって普通のことであるように、彼の人生の文脈を考えれば、わざわざ言及する必要のないものであるように感じられる。しかし、彼らが伝える友情の価値は重要なものだ。それに由来するさまざまな形式の理解とコミュニケーションが「日常的美徳」を生み出し、それが都市生活を豊かにするのである。

ここでのコンヴィヴィアリティとはひとつの可能力なのであり、それは、哲学者マーサ・ヌスバウムが「人間の尊厳と、その尊厳に見合った生の尊厳」のために最低限必要となる一連の核心的な権原として、人間の可能力に着目したことを思い起こさせる（Nussbaum 2006: 74＝2012: 88）。ヌスバウムの論では、可能力とは「人間的な開花（human flourishing）」を保証するために、すべての者に与えられるべき最低限度の正義である。彼女が挙げる項目は私たちのものより広大であるが、私たちの関心にとって興味深いのは、彼女が次のことをそこに含めていることである。「他者とともに、他者に向かって生きることができ、他の人間への関心を認識し、それを示すことができ、さまざまな形態の社会交流に関与できること。別の状況を想像できること」（Nussbaum 2006: 77＝2012: 91）。人種主義はそうした可能力を損壊させるが、この可能力を発現させるために使用できる道具がある。そうした道具が本書に登場する若者たちの語りのなかにはっきり見て取れるのだ。

日常生活の空間の内部でこそ、親密な近接性を通じた差異とのありふれた交渉が起こり、そこで新しい種類の公共生活が可能になる。自身を他者の立場に置いてみることができるというそうした重要な共感能力が、マルドーシュが築くことができた交友関係や、彼の友人たちの彼の扱い方に見て取れるものだ。彼とスティーヴとの関係はその一例である。

第三の道具は、世俗世界性（worldliness）を持ち、ローカルな範囲を越えたつながりをつくることである。これは、グローバルなレベルとローカルなレベルの双方で出来事の相互関係を捉えるジー・ジーとマルドーシュの物の見方に現れている。たとえば、マルドーシュは自身もシエラ・レオネを訪れたことがあり、また里母との友好関係と結びつきを介して、ローカルな範囲を越えたつながりを築き、自身の人間関係を修復してきた。他の参加者たちも、かれら自身の日常的な環境から辿れるグローバルなつながりについて言及した。前章で取り上げたアルバニア生まれのヴラッドは、ロンドンがいかに外部との関係性に依存しているのかを具体的に語った。

> ロンドンを見てよ。ロンドンはもう……ぜんぶの投資のことを見てみたら、全然イングランドのものではないよね。ぜんぶ外国のもの。でもメディアは全然そんなことを言わない。けど、どこの誰と話してみたって、みんなそんなこと知ってるよね。

ヴラッドの観察は、文化地理学者のドリーン・マッシーが「場所の外的地理学（external geography of place）」と、つまり「内側が外側になるように裏返しに」ロンドンの生活を捉える見方と呼んだものに近い。マッシーにとって、これは「ローカルな多文化主義の主張を何とかグローバル化しなければならないという要請」である（Massey 2015: 1）。第二章で指摘したように、この作業には、グローバル資本主義の重要な結節点であるロンドンと、その経済的・政治的諸制度が、不公平な世界と搾取、富とライフチャンスの著しい格差の再生産にどのように関わっているのかという問題に取り組むことが必要となる。ヴラッドが言うように、「真実を隠そうとすることはできても、真実はやはりそこにある」のだ。工事施工者であるヴラッドは、ロンドンに住む世界的な超富裕層《グローバル・スーパーリッチ》や中産階級の専門職たちの豪邸のメンテナンスをする仕事をしている。だが、彼もまたアルバニアの不動産に投資し、いまその物件を改装している最中なのだ。これもロンドンでの生活とアルバニアのあいだの外的なつながりの一つの側面である。

第四の道具は、憎しみがもたらす快楽への反感を育てることである。私たちは第三章で、異なる在留資格と非公式な差異化のプロセスとが、ロンドンにおける新たな帰属のヒエラルキーになっていると述べた。私たちの考えでは、こうしたヒエラルキーはその文化の人種主義の産物であるが、それらは次第に、移住者としての背景を持つ人々を引き入れ、ニューカマーや「新参者《フレッシー》」たちの悪魔化やスケープゴート化に加担させるようになっている。シャーリンの詩「内側で（On the inside）」は、人種主義の対象とかつては見なされていた人々が、多くの点で自分たちに似ている他のニューカマーたちのことを、反移民のレンズを通して見るようになるという、この複雑なプロセスを明らかにしている（第三章参照）。この症候群は決して支配的なものでも、争う余地のないものでもない。私たちは参加者たちのなかで、人種主義に対する強い反感にも出会ってきた。かれらの多くは時間をかけて、さまざまな移住者コミュニティの経験をつなぎ合わせていたのだ。

前章で述べたように、建築と建設の世界におけるヴラッドの職業人生は、マンジットが彼を雇い入れたときに始まった。マンジットの会社は類いまれなほどよい会社だ。そう言うのは、彼が多様な背景を持つ労働者を雇っているからだけでなく、彼の従業員との接し方のためでもある。マンジットは従業員たちに独り立ちの機会を与え、かれらがやる気を見せれば、現場仕事中に建築の技術を教えることに時間を惜しまない。彼のエートスは、その業界に入ってから彼が独学で身につけてきた技術習得の考えによって形作られている面があるが、左翼的な政治信条と明確な反人種主義によって形作られている面もある。マンジットは自由が奪われていると感じた場合には、強い態度に出ることもある。

いまは五〇代のマンジットはケニヤの生まれであるが、彼の家族は元々インドから東アフリカに移住している。彼の家族は、東アフリカからイギリスに移住したシク教徒たちの「二重移住」経験とパルミンダール・バーチュが呼んだものの一端を構成していた（Bhachu 1985）。ヴラッドはレスとのある面談の際、このことを一種の社会教育と捉えて検討した。

それはとても大きな、とても大きなことだったんだ、レス。知ってるだろうけど、この国に初めてインド人たちがやってきたとき、黒人たちや、あらゆる人種の人たちがこの国に来たとき、かれらはほんとにひどい扱いをされた。いまやってきている移住者たちみたいにね。かれらは五〇年前、同じようなターゲットになっていた。いまと同じようなターゲットに。でも考えてみてよ。そういうバックグランドを持った医者が、どんなにたくさんいるか。看護師がどんなにたくさんいるか。何百万人もの人たちが働いていて、家を持っていて、家を貸していて、家を修理して、家を建てていて、イングランドの家族に家を提供しているかって。

ヴラッドは一六年間マンジットと一緒に働いてきた。その経験を通して、世界の理解の仕方が広がったと、建築業について学んだだけでなく、人生についてのより広い理解が身についたとヴラッドは話す。マンジットが私たちにシェアしてくれた話は、この点を例証する。

マンジットは大学の学位を取得したが、機会を無駄にしたと言う。やがて彼はロンドンで肉体労働をするところから建築業に入り、レンガ職人に付いてレンガ箱を抱え、塗装や装飾をするようになる。「建築の仕事を始めるのに必要なのは、ペンキ用のはけだけさ」と彼は私たちに話した。彼の語りに非常に強く感じられたのは、彼が他の人たちから技術を教わることを通じて実地で仕事を学んできたこと、そして彼が職人《クラフトマン》の感性を、仕事を教える師としての感性を持っているということだ。彼は、どのように実《さね》と溝をつくって板材をぴったり継ぎ合わせるかといったことだけでなく、人生の教訓を教える師匠でもある。ヴラッドが彼のところで働き始めたとき、二人はワゴン車のラジオのチャンネルをどの局に合わせるべきかでよく揉めた。

常に独学を続けるマンジットは、作業員と乗るワゴン車のラジオのチャンネルを「BBCラジオ4」のニュースや時事問題の番組に合わせていた。マンジットが車を降りると、ヴラッドはいつも、KISSFMのようなポップミュージックを流す局にチャンネルを変えていた。ある日、車に戻ったマンジットは、ヴラッドがラジオの局を変えていないことに気づいた――ヴラッドはチャンネルを変えず、ある時事問題を扱ったラジオ・ドキュメンタリーにじっと聞き入っていたのである。英国において「ＢＢＣラジオ４」の聴取を愛好することは、中産階級の文化的趣味の典型である。ここでの話が伝えているのは、熱心に学習と自己修養を続けるマンジットの、独習のエートスのようなものである。マンジットは単に文化的教養の価値を植えつけているだけでなく、従業員たちにそれぞれの宿題をこなし、技術を向上させ、取扱説明書を読み込み、資格認定コースを受けるよう促し、しばしばそのための費用を負担しているのだ。「とてもたくさんの機会がある。いまは何のやり方だってYouTubeで学べるからね」と彼は言った。

またヴラッドは、彼とマンジットの二人が白人のイングランド人の建設業者から受けた人種主義について説明した。

僕はある会社でマンジットと一緒に働いていた――ロンドン南東部の会社だった――プロジェクト・マネージャーはほんとに素晴らしい紳士、ほんとに素晴らしい紳士だった。僕はその人のことをとても尊敬している。彼はイングランド人。ベンという名前の――トップにいる人で、ほんとに教養にある立派な人なんだ。彼には人種主義的な考え方をしなかったけど、僕らは会社で働いていて、そこにはその会社のボスも含めて、レイシストの連中がたくさんいたんだ。

彼らが行っていた仕事は難しい問題にぶつかり、作業に関していざこざが起こった。彼はその話題を取り上げた。

知識に関していえば、特に建築のことなら、「マンジットの相手になる人間なんて」めったにいないね。その会社のオーナーがマンジットのことを「パキ」と呼んだんだ。僕はそれが信じられなかったよ。だって、僕らは別の口論をしてたんだから。というのは、若いイングランドの男がいて、でっかくて偉そうにしてくるエセックスの奴なんだけど、そいつが僕に対して人種差別的な態度を取ってきてさ。お前ら外人はああだとかこうだとか。それでマンジットが「おい、そんなことは俺が許さねえぞ」って、「お前の上司に報告するからな」って言ったんだ。それでマンジットがその上司に報告したら、彼は「ああ、あんたも含めてみんな外人だろ、パキだからって関係ないさ」って言うわけ。僕たちは彼と大げんかして、「彼のところで」働くのを辞めて、あんたんとこの仕事には興味ない……やりたくないって言ってやったんだ。

この話は、日常生活の空間でどのように人種主義が認識され、同時に反撃されているのかを、そしてまた、憎悪とあからさまな敵意の只中ですらコンヴィヴィアルな文化が維持されているということを示す良い例である。ヴラッドがロンドンに来るための旅費を彼の兄が負担したことを思い起こしてもらいたい。二人はいまも親密で、定期的に連絡を取り合っている。ヴラッドが話した彼の兄の生活で起こった出来事は、私たちがここで展開している議論の例となる。私たちは二〇一五年の夏、バーキンのパブでヴラッドに会い、近況を話し合った。彼は次のような話をした。

兄はムスリムなんで、礼拝をしてる。僕はそれを尊重してる……兄はモスクへ行くけど、だから何だっていうのさ？　兄は現場でいつもそういう問題を抱えてるんだ。彼はいまも建築業界で働いている。……大工をしてるんだ……ほんとにいい大工なんだよ。金曜に現場監督が現場に来るんだけど……ほんの二週間前……現場監督〔白人のイングランド人男性〕が金曜日に礼拝に行くのを容認することはできないと言ったんだ。兄は「あんたが容認しようがしまいが、俺は行きますよ。俺には、どうでもいいことなんで」って言った。それで彼は彼の上司に、彼が働いている会社の重役に電話をしてさ。そしたらラッキーなことに、その人はユダヤ人で、彼はその現場監督に言ったんだ。「彼のことは放っといきなさい。私はシナゴーグに行くんだから、それは全く構わない。彼が自分の時間にすることであれば、彼は何でも好きなことをしてよいだろう……」。〔兄は〕いまもその会社で働いてるよ。

「心に憎しみを」抱くことに対するジー・ジーの拒否は、コンヴィヴィアルな生を可能にする、人種主義の拒絶と開放性を要約するものだ。これは、力と不屈の精神の誇示をいつも要求する政治家たちの「強硬的な発言《タフ・トーク》」と著しい対照を成している。たとえば、二〇一一年二月、デヴィッド・キャメロン首相はミュンヘン安全保障会議でテロリズムの脅威に関するスピーチを行った。彼からすれば、「自国産のテロリスト」の出現は、イギリスの「集合的アイデンティティ」の「弱体化」に、その原因の一端を求められるものなのだそうだ。キャメロンはこう主張した。

国家多文化主義の教義の下、我々はさまざまな文化が、互いに離れたまま、主流文化からも離れたまま、別々の生活を送ることを奨励してきた。我々は彼らが帰属したいと思うような社会のヴィジョンを提供しそこねてきた。我々はこのような分離したコミュニティが、我々の価値観と真反対の行動を取ることを容認すらしてきたのである。

(Cameron 2011: 1)

キャメロンは多数のアイデンティティとイスラム教を尊重する肯定的な発言をしはしたが、行き過ぎた分離という問題と奇妙に関連づけられ、イスラム過激主義の蔓延を導く政治環境を結果的に醸成したとされたのは、「国家多文化主義」だった。キャメロンはこう主張した。「率直に言って、我々には近年の受動的な寛容はさして必要ではなく、もっと積極的で力強いリベラリズム(muscular liberalism)が必要なのだ」。皮肉なことだが、アリとジー・ジーが逃れてきた戦争や紛争は、英国や合衆国のようなポスト帝国国家の地政学的利害によって形作られ、力強いリベラリズムのレトリックによって支えられていた。アリとジー・ジーはグローバルな地政学的介入の帰結に耐えてこなければならなかったが、二人は開放性と寛容のエートスによって形作られた、ある一種の生きられた多文化主義を作り上げ、実践してきたのだ。ミュンヘンでデヴィッド・キャメロンが奨励した解決策は、「移民たちにかれらの新しい故郷の言語を話す」よう強制し、「人々が共通の文化の原理の下で教育される」ことを確実にするというものだった。政治家たちは、狭隘で不寛容な形のリベラルな価値観を押しつけるのではなく、移住者たちが「共通の文化」をつくっている様子から学べる教訓を重要視するべきだ、と私たちは言いたい。

最後の道具は、つながりをつくり、ホームを築くことである。内向的になることもなく、かつてされたことを内面化することもせず、マルドーシュは友人関係を築き、友人たちや、彼の相談相手の役を務めてくれる大人たち、彼自身の熱望を促してくれる大人たちの手を借りながら、生活を建て直した。マルドーシュの生は、私たちが「ホームを築く能力」という言葉で表わそうとしているものの実例になっているが、この考えをさらに深めるために、本章冒頭で触れたアフガニスタン出身の庇護希望者のアリと、ベンチを製作した彼の素晴らしい話を取り上げたい。そのベンチ作りは、私たちが本章で展開しているコンヴィヴィアルな道具に関する理論的主張を体現する恰好の例である。

アリは庇護を求めてロンドンに来た。イギリスに至るまでの彼の驚くべき旅路については、第二章で議論した。シャムサーとアリは、アリがイギリスに来た頃からの友人である。二人はあるコミュニティ・サポート・センターで会った。アリは私たちのプロジェクトの一員になることに同意したため、二〇一〇年七月、シャムサーはイースト・ロンドンの彼のアパートを訪問した。シャムサーにはひとつ傑作な、フィールドワーク中の逸話がある。アリの元を訪れるときにいかにドキドキしたかという話である。それはワールドカップの時期で、ほとんどの家の窓にはセント・ジョージ旗〔イングランドの国旗〕が掲げられていた。シャムサーがアリの住まいに近づくと、犬の獰猛な鳴き声が聞こえた。彼は内心「どういう場所なんだ、ここは?」と思った。アリがドアを開けて、シャムサーは仰天したのだが、窓のセント・ジョージ旗も吠える犬も両方、彼のものだったのだ。

アリは動物、特に犬を愛している。アフガニスタンにいた頃は、二〇匹以上の犬を飼っていた。彼は山のなかの洞穴に手を加え、そこを巨大な犬小屋にしていた。だが、そのスタンフォードシャー・ブル・テリアは、ロンドンで彼の隣人の一人から贈られたものだ。

アリはロンドンにホームを築いている。在留資格のため彼は英国での就労を禁止されており、大学に行くこともできない。福祉手当に頼って生活せねばならないが、彼は働きたいと思っている。その結果、彼は睡眠障害を抱えることになっている。「夜、三時とか四時とかに起きてしまう。喧嘩、いつも血が流れる喧嘩さ」。夢を見ているときは「歯を食いしばってるんだ」と彼は付け加える。彼の在留資格に従って現在の彼ができることには制約が課されているが、彼はいまこの時の生を生きようとしている。前章で議論したように、出入国在留管理制度は友情を分断し、人々を離別させる――今ここにいる者たちが明日には去ってしまうかもしれないのだ。

アリは二〇〇九年からここで暮らしており、この会話が行われた時点で、ロンドンで暮らすようになって四年になっていた。彼の隣人たちは当初は敵対的だった。彼はこう振り返る。「そう、初めてここに来たとき、かれらは僕が洞穴から来たとか、別の惑星から来たエイリアンだとか思っていて、馬鹿にされたこともあったね」。アリはかれらの疑いを払拭しようと努力した。

でも僕は考えたんだ。あの男《ひと》は知らないんだって。彼はここで生まれて、旅をしたことがなくて、他の人たちに会ったことがない。だから初めてだったんだ。それによって僕がかれらに教えていくことなんだよ。どうすればいいか、コミュニティでの生活をどう送ればいいか、僕がかれらに教えるんだ。僕がかれらに伝えるんだよ。愛とか、みんなをケアすることとか、互いにケアし合うこととか、団結することとか、一生懸命働くこととか、ここでの生活とはそういうものだってこととかをさ。自分の家をきれいにするようにって、いつもかれらに言ってきたよ。

アリはシャムサーに「僕は便利屋なんだ」と言った。庇護申請が処理されるのを長期にわたって待っているあいだ、彼はよく近所の器用仕事人《ブリコルール》として働くことで時間をつぶしてきた。アリが描く、自分の住むイースト・ロンドンの通りの情景は、瓦解していく世界の、ブレグジットの憤怒とともに引き裂かれていく世界のそれではない。それどころか、人種主義の廃虚の只中で、アリは生きているコンヴィヴィアルな街の姿を描き出しているのだ。アリはその世界の目録を読み始めていく。まず登場するのはジョンである。

それで彼は僕に犬をくれた。「この犬をあげるよ、面倒をみてやって、この子は君のものだ」と彼は言ったんだ。だから彼は僕の友だちなのさ。もう一人、男の人で、下の階に住んでるトミーがいる。彼は僕の友だちさ。向かいには、ジョンが住んでる。彼は職業安定所で働いてる。いい人だよ。うちの隣に住んでいるのが、ジョアン。彼女は優しい女性で、昔陸軍にいた。彼女は八六歳。僕は時々彼女の顔を見に行って、掃除の手伝いをしてる。彼女の庭をきれいにするんだ。

それから、あとは、ハーブがあっちに住んでる。インド系の男性ね。うちの向かいにはユダヤ系のタクシー運転手がいる。かれらと揉めたことなんてないよ。みんな僕のことを愛してくれてる。かれらは僕が働き者だってことを知ってくれてる。それからジョイスって女の子がボーイブレンドのベンと一緒に住んでる。かれらも僕の知り合い。ポールはあっちに住んでいて、ポールも知り合いだね。僕は、えっとほら、この通りのたくさんの人たちと知り合いなんだ。かれらはみんな僕のことを知っていて、僕もかれらを知っている。僕たちはいい関係を築いてるんだ。

かれらはどういった国々から来ているのか？

かれらはみんなここの生まれだね。ザリーナは、母親がスコットランドの出身で、父親はジャマイカの出身。モニカは南アメリカからで、彼女のボーイフレンドのベン・アッパはガーナって、彼はここの生まれだけど、バックグラウンドはガーナにある。ジェイは、母親がフィリピン出身で、父親がイングランド人。ジョアンのことはもう話したよね——彼女は白人の女性。彼女は昔、陸軍で働いてたんだ。それからもう一人、白人の女性がいる。彼女は息子と娘と一緒に暮らしてる。ハーデヴはここの生まれだけど、母親と父親がインドの出身。そう、いろんな人たちに、いろんな背景があるんだよ。

ジョアンは特に重要である。彼女はイギリス陸軍に所属していたため、軍生活とのつながりを共有していることが、二人の会話の話題になっているのだ。こうした軍事的なつながりが、なにかアリの価値を高めていると言っているわけではなく、それは二人のつながりの一部でしかない。アリは廃棄されたベッドを材料にして、建物のなかに椅子を拵えたことがある。「それで、このベッドを使って僕は椅子を作って、みんなが木陰の下に座れるようにしようと、庭に置いたんだ。木も僕が切った」。

写真 6.3　アリのベンチ

廃棄された木材からベンチを作るという行為は、コンヴィヴィアルな生が移民都市でどのように作り上げられているかについての私たちの主張を象徴している。彼は一〇年前、木材でボートを作って地中海を渡り、ヨーロッパの岸辺に辿り着いたが、いまはロンドンで高齢の隣人たちが座り、足を休ませるベンチを作ってている。私たちは彼に、彼がしていることはホームづくりの一環でもあると認識しているかどうか尋ねた。彼はこう答えた。「人々が共有できるようにしてるんだ。一緒に楽しむためだね。それが誰であろうとね。僕の友だちを見てよ。かれらはあらゆるところから来てるでしょ」。

ここでは、移住者たちは単に公共空間を使って、場所への愛着や「ローカルな規模での帰属感」を育んでいるというだけでなく（Rishbeth and Powel 2013: 160）、ストリートを使って、ローカルな生活と結びついている社会的・文化的性質を変容させている。アリはホームを築いていくという文脈で、過去の困難から遠ざかり、自身の未来を開くという文脈で、よくきれいにしておくという話をする。そうすることで、彼は人々のあいだの関係性を築き、ローカルな地域の社会的な家具のメンテナンスをしているのだ。彼の隣人たちや、自らのホームについて、アリはこう言う。「僕はちょっと貧乏だけど、それで本当に幸せなんだ。ここで生活できてとても幸せだよ。僕の家はきれいだし」。

おわりに

本章では、若い移住者たちはコンヴィヴィアルな可能力を用いて、都市を作り直し、逆境のなかで生活を築き上げている、と論じてきた。アリの言葉を借りれば、かれらは「家をきれいに」し、そうすることで、物理的かつ存在論的なホームをつくっているのである（Back 2007＝2014）。若い移住者たちとともに活動した経験から得られた知見は、コンヴィヴィアルな文化についてギルロイが示した特徴と合致している（Gilroy 2004）。マルドーシュが築いた交友のネットワークから得られたことも、ニューハムの若者たちを支援するジー・ジー、あるいは同じ通りに住む高齢者が使える地域の屋外スペースを作ったアリから得られたことも、そうだった。いずれも表層的で祝賀的な多様性の物語を思わせるものではなかった。そうした物語のなかでは、文化は、結婚式やレストランや文化行事などの独特の場所で披露される、独特のエキゾチックなものとして扱われ、国民的な特質と交じることも、それを乱すこともなく、その経済や社会の進歩を妨げることもないとみなされる。たしかに変化は見られ、さまざまな形態の文化的架橋が起きてはいるが、人種主義と多文化状況との弁証法的緊張に積極的な解決など存在しない。それゆえに、止揚の可能性を想定せず、場所についても人間についても相反する諸条件と共に生きる、すなわち「メトロポリタン・パラドックス」と共に生きることこそが必要になるのだ（Back 1996）。これは、英国内務省による監視や、ストリート・レベルでの嫌がらせや人種主義に晒されていた際に、アリが経験していたことであり、彼が人々のあいだに架けた橋と、結果として作り上げたつながりが実証していることでもある。

ドリーン・マッシー（Massey 1994）は、人種主義や移民監視、人々を特定の場所に留め置かせる日常的な取り締まりなどの「権力の幾何学」によって、移住者たちの生が制限されていると論じた。しかしながら、マッシー自身が認めているように、そこには常に「判断、学習、即興」の余地がある（2005: 162=2014：304）。シヴァモハン・ヴァラヴァンが論じているように、コンヴィヴィアルな多文化が「都市全体に関わる非共同体主義的で反人種主義的な物語の脚本を書くための素材を提供する」のは、日常的でローカルな規模においてなのである（Valluvan 2016: 219）。本章で私たちが明らかにしてきたのは、ロンドンの「権力の幾何学」と「無秩序な混じり合い」がもたらす制約のなかでさえ、コンヴィヴィアルな関係が築かれ、新たな種類の都市生活が形成されているということである（Massey 1994: 153）。

あわせて強調しておきたいのは、そのようにして作られるものは、唯一無二でも一定不変なものではなく、変化に開かれた、創発的なものであるということである。多文化は多種多様な形態を取り、さまざまな政治的・倫理的特質を持つ。コンヴィヴィアルな文化は、男性性、女性嫌悪、暴力といった有害な〔社会〕編成からも、あるいは最も新参の者たちへの憎悪を共有することで異なる集団間に構築された同盟関係からも築かれうるのだ。コンヴィヴィアルな道具に関するイリイチの考え方を重要視することによって、私たちは、結果としていかなる種類の多文化が出来上がるのかという問いを開いたままにしておくことができる。本章で私たちが明らかにしようとしてきたのは、私たちが入念に耳を傾けてきた若者たちの生から浮かび上がってきた道具である。冒頭で提起した問いに立ち返えれば、もし人々がコンヴィヴィアルに生きているのだとすれば、ロンドンがばらばらになるといったヴィジョンには、移住者たちを集め、拘留し、追放しようとするさまざまな形態の警備《セキュリティ》措置やハラスメント、規則を支持し、作り出すという機能があることになる。社会学的に言うなら、そうしたものは抑圧構造のレトリックなのである。それゆえ、以上の三人の若者が示していた開放性は、感傷的な楽観主義ではなく、人種主義と移民制限によって課された障壁と境界を通り抜ける道をかれらが探し出すことを可能にする世俗世界のナビゲーション装置なのだ。

私たちは、協力してくれた移住者たちのなかに、以下のコンヴィヴィアルな道具を確認した。

・注意深さと好奇心を育むこと
・都市を気にかけ、他者の立場に立つことができること
・世俗世界性を持ち、ローカルな範囲を越えてつながりをつくること
・憎しみがもたらす快楽に対する反感を育むこと
・ローカルなネットワークを構築し、ホームを築くこと

これらの道具が生み出すのは、未来に開かれているという感覚でもある。それは、サッカーのコーチになりたいというマルドーシュの願望から建設現場での彼の仕事まで、自宅の窓にセント・ジョージ旗を掲げるアリから、ジー・ジーのコミュニティ・ワークまで、本章での報告のすべてに見られたものだ。かれら全員の生は、ロンドンに住む他者たちとの関係構築を伴っているが、それら他者たちも本人自身、あるいは家系を辿れば、さまざまな場所から来た者たちなのだ。ユース・クラブから建設現場に至るさまざまな場所で、コンヴィヴィアルな多文化生活が、私たちが本章で描いてきた道具によって作られている。このコンヴィヴィアルな知識あるいは日常的英知は、マクロ政策を司る高官たちや、多様性の社会算術にしか興味を持たない者たちには見過ごされている。本章は、この日常的英知がどのように機能的な形態の多文化状況を創出しているのかを描き出そうと試みてきた。

章を閉じる前に、章題で示唆していた「人種主義の廃虚（racism's ruin）」というアイデアに立ち返っておきたい。私たちはこの概念でロンドンの多文化生活の相異なる側面を表そうとしている。一つ目は、反移民時代における監視、管理、草の根の憎悪に由来する拘束、社会的損害、痛みと傷である。ゲイル・ルイスが説明するように、社会的世界のさまざまな形態の権力が曲線状に走らせる分断線は、「決して確定的なものではなく、決して保証がない」（Lewis 2007: 873）。本章で議論してきた若者たちは、暴力や憎しみの標的にされた経験の痕跡を抱えていたが、ジー・ジーが教えてくれたように、かれらがこの経験によって規定されているとはかぎらない。むしろ、かれらが築いているコンヴィヴィアルな生は、人種主義を荒廃（ruin）させ、その破壊力を萎縮させ、都市生活の異なる条件を定めることを——ほんの束の間であれ——可能にするのだ。

第七章

結論

ロンドンの物語

Conclusion: London's story

ロンドンは移民の都市である。しかしこれは、あなたが通りですれ違う人や、バス停に立っている人が、どこか別の場所からここへ旅してきたから、という理由だけではない。そこにはそれ以上の要因があるし、またこの事態について、この首都が文化的多様性をめぐる一定の閾値や基準を破っているといった表層的な考えでは理解しえない背景があるのだ。私たちが論じてきたように、「多様性」という言葉は、本書で考察した移民たちの経験を、一連の表面的な決まり文句やありふれたものへと還元してしまう――それが学術サークルであろうが、経済的都市ブランディング、政治的レトリックであろうが。だが、もし移民たちに真剣に耳を傾けるならば、かれらの経験はこのロンドンという都市自体のグローバルな位置関係と歴史的な構図に関する極めて重要なことを私たちに教えてくれる。本書で描かれたさまざまな人生の軌跡には、ロンドンとより広い外の世界との、歴史的、経済的、政治的な関係の痕跡を見いだすことができる。私たちの試みは、若い移民たちの目と耳を通じてロンドンを描き出すことだけではなく、かれらの物語——移民の物語——が、それ自体ロンドンの物語であると論じることだったのだ。

私たちが描き出したのは、ジョン・バージャーとジャン・モアによる移民労働者の描写とは非常に異なるものであった。彼らが描いたその労働者たちは、ヨーロッパの汚れ仕事にあてがわれ、最後には消え去っていく「ゲスト」として、消耗品のように扱われたのだった。しかしながら、本研究の参加者たちの経験には、奴隷制や植民地主義、大量虐殺、経済的搾取、貧困、戦争といった出来事の遺産にロンドンが関わっていることが跡づけられていた。そしてイアン・チェンバースが述べるように、それらにおいては、「そうした過去は過ぎ去らず、積み重なる」(Chambers 2016:124)。本書で描かれた若者たちの人生は、それぞれのあり方で、ロンドンと世界の関係の積み重なりを映し出している。その結果、移民の若者たちはしばしば、より広い文化が認めようとしないこうしたつながりの諸側面を知覚するのである。キリ・カンクウェンデはこう論じている。「イギリスの物語は移民の物語である。移民規制を目的として用いられるジェスチャー政治は、過去をごまかしているだけでなく、想像力と勇気が破たんしたものである」、と (Kankhwende 2017: 180)。あるいはチェンバースが述べるように、「現代のメトロポリスにおける日常的な生は、まったくもって、よりフレキシブルな歴史を指し示している。そこでは、境界が流動し、近接し、重なり合うため、一つの切り離された外的世界を語ったり、ある文化的構成を別のそれとはっきり切り離して考えることが不可能になる」のだ (Chambers 2016: 126)。

移民については、あまりにも多くの軽率で悪意のある言葉が語られる。そこには深刻なダブルスタンダードがある。他の場所で生まれ、いまはロンドンに住んでいる若者たちのなかでも、移民だとはほとんどみなされないものもいる。ここで私たちが考えなければならないのは、いかに人種主義が移民にとって帰属の条件と経験の条件をともにコード化しているのかということだ。このロジックによれば、オーストラリア人やアメリカ人は移民ではないし、またその一方で、この歪んだプリズムを通すと、カリブ系やパキスタン系、インド系の人々は完全に移民であり、かつてのニュアンスで、場違いな人々とみなされるのだ。アイデンティティにハイフンをつけて定義するという要請は、移民の過去が言語的に管理される一つのあり方である。これが要らなくなるのはいつなのだろうか？　三世代目か、それとも四世代、五世代目？　言葉とカテゴリーは一つの人生を形成する力を持つ。私たちが示したように、ここには若者たちの在留資格を決定する公的なカテゴリーが含まれるが、それはまた、大衆的な政治的想像力を備給するカテゴリーにもあてはまるのだ。

アブデルマレク・サヤドによれば、その結果「国家的思考」が生み出され、そうして大衆の「精神構造」が国家の利害関係を優先するように導かれるという（Sayad 2004: 278）。とはいえブレグジット以降の文脈では、「人民《ザ・ピープル》」の反移民感情を決定しているのが国家なのか、あるいは何が要因なのかを判断するのは難しい。英国の――より正確にはイングランドの――帝国という過去の栄光にたいする未解決の愛着は現代の人種主義に力を与えるものだが、おそらくこの愛着によって、国家政策と大衆による移民のスケープゴート化が相互補強的な共生関係を結ぶのだろう。バーディーとマクギーバー（Virdee and McGeever 2017）によれば、EU離脱キャンペーンの成功は、一方において、帝国の歴史を蘇生させる（と同時にそれが引き起こした損傷に真摯に向き合うことを拒む）「帝国2.0」の結果であり、他方においてそれは、グローバリゼーションからの「島国的撤退」というイノック・パウエル的な語り口、そしてイングランド人であることが政治化された結果であるという。しかしながら、ブレグジット投票をこのように人種主義だけで説明してしまうのは、一つの悪魔（化）を別の悪魔に取り換えただけに過ぎないというリスクがある。そこではブレグジット投票の動機が単にゼノフォビア的な無知だとされており、とりわけ白人労働者階級コミュニティがこのナショナリズムへの撤退を導いたものとして冷笑的に描かれる。

移民をめぐる公的な議論の語りは、「ホスト社会」の自己利益の言語によって形作られており、そこでは国民的利己主義がそのパラメーターを構成する。これは政治的スペクトラムにおける右派と左派についても同様で、それが特に現れたのが国民投票の結果が出て、ＥＵ離脱が決定した後だった。二〇一七年七月二八日、ＢＢＣラジオ４の「Any Questions」という番組内で、労働党に所属しＥＵへの「残留派」であったバリー・ガーディナー議員は次のように発言した。

移民はもともとここに住んでいる人々の利益になるでしょう。この国の経済にとって利益になる、つまり、この国の人々にとって利益となるはずなのです。だからこそ、これらを実現するために、経済を成長させるために、そして私たちの繁栄を確かなものとするために移民をよび込みたいのです。

「離脱」キャンペーンを支持していたキャスターのジュリア・ハートレー・ブリュワーは、強調点が異なるとはいえ、同様のことを語った。

これは第一にイギリス国民およびイギリス経済のニーズに関わる問題であるべきです。そして私が非常にはっきりと感じているのは、私たちがこうしたニーズを満たす最も良い手段は、まず私たち自身の若い世代をこうした仕事ができるように訓練すること、そしてもしそれでも足りなければ、外国から人々を取り入れることなのです。

国民的利己主義、もしくは「イギリスが最も得をする」ことが、ブレグジット以降の政治的スペクトラム全体に通底する、共通の前提となっているのである。

人種的な動機を持つブレグジット賛成派やメランコリー的ナショナリストがどれほど欲するとしても、スチュアート・ホールが述べたように、ロンドンの過去の人種的単一性へと回帰することは不可能である（Hall and Back 2009＝2014）。むしろ私たちが本書で示したのは、まるで階段の段差のように、人々を別のあり方でふるいにかけ序列化する、新たな帰属のヒエラルキーが生まれているということだ。一部の旧植民地出身者は国民の家の内側へと持ち上げられる一方で、「新参者」であるニューカマーはエスカレーターに乗って下へと降格していく。こうした可動的な境界線は、政治的な議論においても、日常生活の空間でも活発に生産されている。第四章でシャーリンが語っていたように、この無言の分断はまた、移民たちの見られ方、またお互いへの向き合い方を規定しうるのである。単一の人種で成り立つ都市へと戻ることができないかわりに、現在生じているのは、人種的差異の再序列化であり、軋轢が伴う選択的な包摂である。移民の若者たちがイギリス社会に足を踏み入れるとき、多くの場合、不安と不確実性に晒されてしまうわけだ。

本章では、移民たちの人生に注意深く耳を傾けるという実践から私たちが学びえたことについて、いくつかの一般的な結論をまとめてみたい。このプロジェクトを始めたときから、私たちは移民の経験を、エスニック集団や単一の移民史という観点から理解し**ない**ようにしようと決めていた。むしろ私たちは、信じられないほど幅広い現代の移動性の経験を横断するような、何らかのパターンがあるかどうかを知りたかったのである。参加者の展開していく人生とともに、ときには一〇年以上も、私たちも旅をし、そしてかれらとともに、反移民の時代（と私たちが呼ぶもの）が激化していくのを見てきた（Massey and Sánchez 2010）。そこには二〇一五年のいわゆる「移民危機」や、二〇一六年のＥＵ離脱を決めるためのブレグジット投票が含まれる。この最後の章で、本書の結論と全般的な主張をまとめ、この不確かな時代が参加者たち独自の視点からはどのように見え、どのように聞こえているのかを論じたい。

危機？　誰の危機？

トラックの荷台の下に隠れて海峡を渡り、子ども難民としてアルバニアからイギリスへとやってきたヴラッドは、二〇一五年の夏のあいだ、「移民危機」をめぐる報道に失望していた。バーキングのパブで腰掛けながら、彼はこのように言った。

メディアが難民を報道するやり方は良くないと思うんだ。だって、これだけは言えるはずだよ。もしすべての難民が……もしすべての外国人が「送還」されたら、ロンドンは墓場みたいになってしまうはずさ。ものすごく多くの難民や外国人がロンドンの発展を支えているんだから。ニュースで「ああ、難民がああで、外国人がこうで……」なんて言っているのを聞くと、「お前ら、ふざけんなよ」と思うよ。こんなこと言って悪かったけど、これが本心なんだ。ここにいる人々はみんな何年も何年も苦しんでるんだから。

「ここ」と「そこ」との関係の座標が変容したことを示すために、私たちは移民をめぐる議論のスケールを修正することを提案する。ヴラッドの人生が多くの点で私たちに示してくれるのは、バーキングからアルバニアのハスへ、そしてその逆へといった、さまざまな地理的規模のあいだでいかに彼がいつも移動しているかを理解することの重要性である。また、ロンドンという移民都市の地図が、バージャーとモアが描いたようなヨーロッパとその後背地にもはや限定されていないというのも事実である。ロンドンに息づいている生は、グローバルな規模で無限に接続されているのである。その結果、（ドイツのゲストワーカーのような）調整された労働力移動のモデルや、（英国の旧植民地出身の移民のような）移動性を経路づける植民地関係の導線は、多方向的な移動によって置き換えられてきた。とはいえ、本書で示したように、組織化された労働力移動は、国民を労働者として輸出することが国家の経済政策となっているフィリピンのような国々にたいしては継続している。本研究の参加者たちの人生が示しているように、新たな機会を求めて移動する人々だけではなく、貧困や紛争から逃れるために移動する人も非常に多い。

バージャーとモアが一九七〇年代の北欧で描いた姿と、現在のロンドンの姿は異なっている。彼らは移住と労働が生み出す疎外を強調しており、移民たちは労働生活と自分自身の愛情・愛着とのあいだに距離感を感じるという。一方、私たちの調査において参加者との対話や、かれらがこのプロジェクトのために制作した作品が示しているのは、自分たちのさまざまな背景とともに、あるいはそれを横断しながら、なんとかやっていく関係性を構築しようとする姿である。ある意味では、『第七の男』（1975＝2024）においてジャン・モアの写真とジョン・バージャーの言葉が鮮明に映し出した流動する移民たちの疎外された経験と、こうしたコンヴィヴィアリティは対照的である。その当時、ゲストワーカーの生活は厳格に規制・管理されていた。社交のためにバラックから外出するのが許される時間から、行政の試験や健康検査、労働契約の種別、詳細な雇用時間と場所、そして居住場所についていつどこで報告するかまで、細かく決められていたのである。だが私たちの調査が導く新たな形の理解はより変革的であり、現代の〔移民たちの〕経験の新たな側面を指し示すものである。

しかしながら、ある重要な点においてそこには類似性がある。いまだ監視と規制は移民都市の核心なのだ。さまざまな粛清や、オペレーション・ヴォーケンやオペレーション・センチュリオン〔保守党に支持され内務省が主導する不法就労の取り締まり〕のような政治的な意図による移民取り締まりであったり、ジー・ジーが登校中に経験したような日常的な誤認や煩わしいヘイトであったりと、それは多くの側面で強化されている。チェンバースが述べているように、若い移民たちは「もてなし《ホスピタリティ》と敵意《ホスティリティ》」のあいだで宙吊りにされているのである（Chambers 2016: 125）。移民の監視、そしてなお継続する反移民ポピュリズムの潮流はそれぞれ激しさを増しているが、それは文化的多様性の表層的な称賛が限界であることを示している。

バージャーとモアの執筆当時、移民はヨーロッパの都市における労働力不足を補うものであったが、それは現在でも同じである。ロンドンの労働者階級について考察するならば、そこで働く移民労働者の役割を理解しなければ始まらない。だがこれはかなり複雑である。というのも、そこには都市のエリート職や不動産投機、金融経済におけるホワイトカラーの仕事も含まれており、さらには、ロンドンを機能させるために従事している非熟練労働には見合わない立派な資格を有した多くの労働者がいるからである。かれらは、電車の運行を確認したり、ガードマンとして働いたり、コーヒーショップやブランド服のアウトレット店舗で働いている。本研究に参加してくれた若者たちの多くがこの種の仕事をしてきた。二〇一七年三月に、〔非営利団体〕「ロンドン・ファースト」の最高責任者ジャスミン・ホイットブレッドは自身の調査に関してコメントし、『フィナンシャル・タイムズ』紙に以下のように率直な言葉を述べた。

> 事実に向き合いましょう。〔移民たちは〕ロンドンを走らせ続けているのです。移民たちはロンドンのサクセスストーリーの一部なのです。移民たちがイギリス生まれの市民から仕事を奪っているという神話がありますが、それが事実ではないことをこの調査は示しています。なぜならば、移民の数が増えている一方で、イギリス生まれの無職の市民の数は実際に減っているのです。
>
> （Warrell 2017 より引用）

移民労働者を維持することは、金融サービスからホスピタリティ産業にいたるまで、また建設・建築業からオフィスの清掃まで、首都の経済的利益となるわけだ。

そうであるならば、ヴラッドが述べていた「移民危機」をめぐる見出しでは、いったい誰の危機が語られているのだろうか？　内戦の状況下で故国を去らざるを得なくなったシリア人難民を取り巻く環境は、この危機の一側面でしかない。私たちが主張するのは、この問いに答えるためには、人間が流動する時代にもまだ続いている人種主義の力を理解しなければならないというである。人種主義は、それを通して世界を把握するようなレンズとなる。それは何が目に見えるかをふるいにかけ、何が聞かれるかを定めてその声を増幅する。それは冷静な判断ではなく、理性を欠いたものである。「移民危機」は、他者を非難するという有害な文化のなかで、すべての政治問題にあてはまる単一の原因とされてしまう。すべての良くないことについて誰かが責められる必要があるように思われ、そうした罪をあまりにも簡単に背負わされてしまうのが移民なのだ。社会の悪いニュースは全部移民たちの仕業で、「秩序の崩壊」の象徴だというわけである（Bauman 2016: 15＝2017: 19）――住宅が不足しているのは奴らが多すぎるからで、十分な職がないのもそのせいだ。移民が多すぎるから、病院には親戚が横になるためのベッドも不足している。看護師が私たちとは違う人種だから、私たちは病棟で「適切な」治療を受けられない、等々。こうして、現実的な苦痛であれ誇張されたものであれ――それはなぜか強く感じられるのだ――流入した他者がそのすべての責任を背負うのである。アブデルマレク・サヤドは短い言葉で非常にうまくそれを言い表している。「同じ人たちがいつも疑われる」のであって、かれらは「永久的な容疑者」の位置に固定されているのである（Sayad 2004: 292）。こうした観点からすると、移民は危機の症候でもあり、同時にそれら関連する諸問題すべての原因とされるわけだ。ゲイリー・ヤングによれば、ブレグジット投票までの時期に生じた外国人嫌悪《ゼノフォビア》の復活は、帝国のメランコリアと世界におけるイギリスの衰退状況との間隙をさらけ出しているという（Younge 2016）。これは逃避を強いられ故郷を去らざるを得なかった人々の悲劇を最小化しようというのではない。むしろ「移民危機」とは、帝国の過去に囚われ続けているイギリスの一つの視点が生み出したものだということである。同時に、移民がイギリスの諸問題すべての根本にあると考える人々は、イギリスがかつて支配していた被植民地の人々を遠ざけておきたがるのだ。

本研究に参加してくれた若者たちはこうした大衆的な「危機」の描き方を認識していなかったし、ヴラッドのように多くの場合は、内戦を逃れたり、より良い生活を求めて故郷から離れた人々のイメージで自分たちの人生を捉えている。しかしながら、移民に対する敵意はロンドンにおける日々の経験のなかに浸透している。建設業をやっていて恨みや憎しみに出くわしたことはないかと尋ねたとき、ヴラッドは躊躇なくこう答えた。

もちろん、いくらでもあるよ。いまではどこを歩いても、多人種的なコミュニティがないところなんてほとんどないよ。世界中から来た人が働いているし、僕はそれが気に入ってるんだ。僕の会社でもいろんな出自の人が働いている。エジプト人もいれば、イタリア人、アルバニア人、イギリス人、南アフリカ人、アフリカ人もいる。本当にいろんな国から来ていて、すごく面白いよ。ランチのときに座ってしゃべると、本当に多くのことを学べるよ。さまざまな人々がさまざまな背景でさまざまな人生を送っているからね。素晴らしいことさ。でもいまだに白人イギリス人の建設作業員のなかには人種差別があって、他の労働者たちはまだ十分に仕事ができないということで怯えている。

こうした深い怨恨は反移民感情のいくつかの側面と共鳴するが、その一方でこの移民都市においては多文化が規準となる状況も生まれている。この対立する勢力のバランスは安定するものではない。それは絶えず揺れながらどちらにも傾きうる。ヴラッドはロンドンで必死に生活を送ってきた。彼は二〇一四年に結婚し、子どもが生まれた。その子については後ほど触れることになる。ヴラッドにとって人々を移動に駆り立てるのは欲望、つまりより良い生活への憧れである。ある意味でヴラッドは、カーンズとリード＝ヘンリー（Kearns and Reid-Henry 2009）が「地理的な運」のグローバルな分配と呼んだものに人々がいかに反応するのかを語っているのだ。彼はこう続ける。

一つ確実に言えることがある。もしこの国が他の国と同じように貧しくて同じような問題を抱えていたら、一人残らず同じことをするはずだよ。だから僕は移民たちがそうしようとすることを責めることはできないんだ。彼らは必死でやっていて、なんとか生き残ろうとしている。もしあなたが彼らの立場だったら、なんとしてでもどこかへ逃れようとするだろうし、生き残るためなら何でもすると思う。僕もそうだからね。

実際にこれこそ、子どものときにトラックにしがみついてカレーから密航して以来、彼がやってきたことなのだ。そして彼の闘いはいまだに続いている。

過去の傷

私たちが分断された接続性と呼ぶ環境下に生きる世代のなかでは、新たな文化パターンが生まれ始めている。私たちは現代の生活経験が深い意味での一つの共存だと論じてきたが、そこではリアルタイムの接続性が同時に分断や階層化、境界付け、制約となる。こうした意味で、移住の経験には二一世紀の中心にあるさまざまな力が集約している。それは、ヨーロッパの富と特権を保護し維持しようとし続ける帝国の遺産と現代の地政学的利害に、いまだに憑りつかれているのである。カーンズとリード＝ヘンリー（Keans and Reid-Henry 2009）の「地理的な運」の概念は富と人生のチャンスがはっきりと分断されていることを示したものだが、これは人々を移動に駆り立てる社会的‐経済的諸力を理解するのに役立つだろう。移住は運を変えうる一つの方法なのだ。ここまで論じてきたように、移動しながら生きていくことによって、新たな社会的経験と感情の構造が生み出されるのである。

シャーリンが彼女の詩に書いた「新たな常態《ニュー・ノーマル》」は、さまざまな場所のかけらが彼女のうちに宿り、同時に彼女のかけらがそれぞれの場所に宿っているという一つの経験を示したものである。ではこうした経験は、離れ離れでありながらも同時に結びついている一つの家族生活についてはどのようにあてはまるだろうか？　確かなのは、バージャーとモアのいう「不在の二重の痛み」がそれによって解消されることはないということだ。第五章でシャーリンはこう述べている。「スカイプで一五分話すのは素晴らしいけど、そこにいって手を握ったり慰めたりはできないの」。携帯電話やスカイプでの通話は離れた人々を近づけることはできるが、離れたままであることは事実なのだ。愛する人が目の前に現れていると同時に離れているというこうした状況は、世界中の多くの人々が経験するようになっている。

本書を通じて私たちはまた、人々を結びつけるテクノロジーが人々を分断するためにも用いられていることを論じてきた。ここでの矛盾は、移住とは危機から逃れ、自由の機会を獲得しようとする行為であるが、それは同時にそうした人々を新たな制限と規制の対象にしてしまうということである。移動する若者たちの物語は機会の探求の物語である一方、それはかれらを別の形で囚われの身にしてしまうことが多々あるのだ。

新たな主体性のあいだには緊張関係がある。参加者たちは単一のアイデンティティに還元されうるが、同時に絶えず権力の領域に引き戻され、特定の主体性を押しつけられるのだ。そこでかれらは自分自身を証明するように求められる――「いったいあなたは誰なんだ?」「あなたはどこから来たの?」。ここまで論じてきた多くのことが示しているように、移民をさまざまにカテゴリー化することは、人々の生をそうしたカテゴリーに枠づけて拘束する権力を持つことに他ならない。だが私たちが見出したのは、さまざまなタイプの在留資格のあいだを人々が移動することは非常にありふれているということである。移民都市に住む若者は、記録文書のない移民から庇護申請者、永住資格を与えられたもの、一時滞在ビザを持つ学生、ＥＵ圏出身の学生（ヨーロッパ国境を長く自由に移動する権利は今後自動的に与えられなくなる）などさまざまである。移民とは移動に関する事象であるだけではなく、人生が展開していくなかでの時間をめぐる重大な経験でもある。そのために私たちは移民たちの待つという経験について、そして移動する人々に押しつけられる時間の拘束について強い関心を寄せてきた。

先に論じたように、待つことは無為に時を過ごすことではない。それは空白の時間ではないのだ。なぜなら移民たちは自分たちの生の時計を進めるためにさまざまな実践を行うからである。したがってかれらの格闘はある部分、出入国管理制度によって、さらには（ますます増えているが）資格や帰属をめぐるナショナリズム的な諸定義によって生み出される時間的制約との格闘なのである。移動の経験の大きな部分が待つことをめぐるものになっている。空港のロビー、出入国管理局の待合室、カレーやセウタの難民キャンプでの待機などである。第四章で論じたように、待つことのあり方はジェンダー規範や家父長的な権力形態によって形作られており、それはこうした若者たちの人生の展開に制約をかけている。このことを力強く述べたのはジェシーリンだった。人身売買され、フィリピンからイギリスへの道のりを確保した男たちの虐待的なセクシズムとともに生きた経験を彼女は語ってくれた。

こうした暴力形態の個人的な代償はまた、人生を通じて消えるものではない。ジェシーリンはこうした不正を隠し続けなければならないプレッシャーについて述べている。「大変なプレッシャーなの。私が経験したことなんだけど、でもそうではないの。そうではないの……」。思い出してほしい。彼女は違法パスポートを所持したことによって有罪判決を受けたのだ。しかしながら、逮捕されたことによってジェシーリンは彼女を事実上囚人にしていた男たちと手を切ることができた。彼女はこう続ける。「政府はすごくはっきりとこうした人々がいかに犯罪者で、いかに悪いかをいうの。わかるでしょ。でも、政府は人間の物語を知らないの。たしかに私は有罪になった。でも何のために？　ど

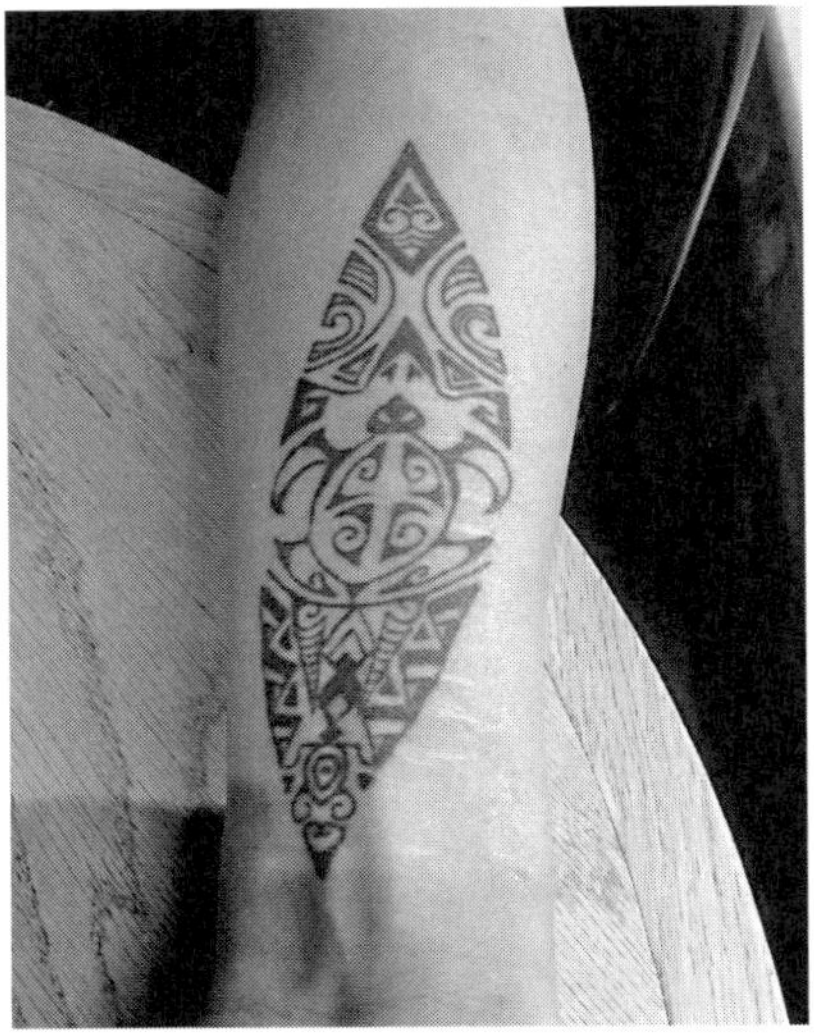

写真 7.1 ジェシーリンのタトゥー

うしてなの？　そこには理由があるのに」。本書では、こうしたある特定の人々の人生、そしてその個別的な詳細を通じて、より一般的な人間の物語の一部を描こうと試みたのである。

国家的暴力や家父長制、あるいは監禁が原因となって社会的に生み出される被害は感情的・身体的な傷となって刻印され、それを若者たちは抱えていくことになる。ジー・ジーは家父長的な束縛からなんとか逃れようとした闘いを、どのように物理的な証として身体に刻印したかを述べた。また、最後のミーティングのときにジェシーリンは腕のタトゥーを私たちに見せてくれた。それは、「亀よ。平和の象徴。部族的なタトゥーなの。ここ［ロンドン］で入れたの」（写真7・1）。彼女は一四歳のときに自傷を始め、刑務所にいるときも自傷していた。彼女のタトゥーは、これまで経験してきたすべてのことにもめげず、ここロンドンにおいて新たな人生を生み出す彼女の能力を象徴するものである。フィリピンでの地政学的な搾取から身近な男性による暴力的な性的搾取まで、彼女の身に降りかかったそうした困難を物ともせずに、そこから回復していく力をそれは示しているのである。彼女は大学で勉強し学位を取った。そして彼女は、ロンドンにおけるフィリピン人コミュニティ内において政治的な活動を行い、またより幅広い移民の政治活動にも積極的に関わってきた。ジェシーリンは二〇一三年一〇月のソーホーにおけるデモに参加した。その時はチャイナタウンにおける移民襲撃に抗議してすべてのレストランが店を閉めていた。彼女は自分のタトゥーをもう一度説明した。「これは平和を意味する。これは亀で、平和の象徴なの。そして過去の傷を包みこん《カバー・アップ》でくれる」。

夢を盗む

ブレグジットの後、不透明感が広く蔓延している。ほぼすべての移動する市民たち――大学の教員からコーヒーバー・コスタの従業員まで――は、ブレグジットのためにイギリスにおける自分たちの将来について、そしてここでの生活が想像し得るかどうかについて考え直すことになった。これはバージャーとモアが『第七の男』で描こうとした世界と二一世紀という時代との重要な違いを示しているように思われる。ブレグジット投票のすぐ後にレスはウエストフィールド・ショッピングセンターでシャーリンと出会った。最初はこの話題を避けていたが、会話は否が応でもＥＵ残留／離脱の国民投票をめぐるものになった。いつものように気さくな態度で彼女は言った。「あなたがブレグジットの話をするんじゃないかと思ってたのよ」。シャーリンの生活はそのプロジェクトが続くなかで大きく変わっていた。彼女はナナと離婚し、正式な学校教員として働いているのだった。そして詩のほうもたくさん書き続けていた。この投票結果を彼女は次のように考えていた。

そうね。私は実際のところＥＵ市民なの……コモンウェルスの市民であれば投票権があるけど、ＥＵ市民は投票できない。いい？　私は自分のドミニカのパスポートがどこにあるかわからないから投票できなかったの。父からはフランスのパスポートをもらっているし。本当に辛かった。そして私はイギリスにいるわけだから、いまも先行きが見えないの！

シャーリンの人生が多くの点で映し出しているのは、ヨーロッパの統合、ロンドンの植民地的過去、そして現在のポストコロニアルな現実との複雑な相互関係である。彼女は続ける。

私がここに来た理由は、ここがＥＵの一部だったし、私にとって安全な場所だったから。故郷で何かあったわけでもないから私はまったく庇護申請者ではなかった。たしかにそこで殺されそうになったりしたこともあるけど、実際以上に深刻なものだと思われたくはないの。でもイギリスは私にとって安全な避難場所なの。私が当時逃れてきた場所よりも良い場所だったし、自分の生活をより良くすることができたのだから。

シャーリンは学位を取り、教職課程を修め、現在はプレイストウの子どもたちを教える教師として働いている。だがEU残留をめぐる国民投票や移民問題をめぐる議論において、こうした貢献は無視されている。

シャーリンは続けてこのように言う。

この問題に関しては、私は移民としてもヨーロッパ市民としても、この国に対してたくさん言ってきたの。でもそれは全然しっかりと受け止めてもらえないでしょ？　どうしてかって、ほら、私と同じようにこの国にいる他の人たちみんなも、かれらも同じようなことを感じているに違いないと思うけど、移民としてやってきた人たちの多くはここで働いているわけ。ここに以前から住んでいた人たちの多くがやりたがらないまっとうな仕事をしているの。かれらはお返しをしているのであって、ただ座って利益にあずかっているわけではないの。もちろんそんな人もいるけどね。どこへ行ってもそんな人たちはいるわけだから。でも、私はこの国に来てからずっと税金を払っているのに、いまではそんなの意味がないって言われているの。そもそも私がここに来ているという事実が不快だからという理由で、私が実際に税金を払ってきたことには何の意味もないとされてしまうの。

シャーリンにとってこれは帝国の遺産へと帰着する。「何もかもイギリスが海外に進出してすべての人を植民地化したことが原因でしょ。いまになってかれらはみんなを締め出そうとするんだから」

と彼女は言う。

すごくアンフェアだと感じるわ。それが実際のところだし、私はずっと考えてきたの。私たちは植民地化してくれと頼んでいないって。私たちはこの国に来ることが求められるようにお願いしてはいないけど、私たちがここにいるから、あなた方は私たちにそう言うわ。あなた方はかつて私たちに属していたものを奪い取り、そのかわり私たちには別のもの、あなた方が私たちに望んで欲しいものを与えた。それにもかかわらず、いま私たちがそれを望むと、「えーっと、無理だね」と言うの？　まるで、あなた方が私たちにまず植えつけようとした夢をあなた方が盗んでいるようなもの。多くの人がそう思っているはずよ。ただそれを言葉にするのはとても難しいけど。

シャーリンは私たちに、分断された接続性の世界が孕む矛盾についての深い洞察を与えてくれる。彼女が巧みに表現しているのは近代という夢そのものであり、そしてそれが約束する経済的・技術的・経験的進歩であった。教育の機会であれ高給な仕事のチャンスであれ、その夢がさまざまな形でぶら下げられる一方で、ますます厳しく排他的になっていく出入国管理制度による制約や境界線、統制は、それを手の届かないところに押しやっていくのだ。

これによって、ロンドンの住民を帰属のヒエラルキーの中に囲い込むような分断が強化されているとシャーリンは捉えている。

ブレグジットのようなものは人々を結びつけるのではなくて、常に人々を分離する力を持ってしまう。なぜそう思うか話しましょう。私は何人かのアフリカ人と話したの。かれらはヨーロッパ人ではなくてコモンウェルス出身だから、ヨーロッパ経由でこの国に来たわけではなかった。彼らの多くはEU離脱に投票したいと言ったの。私はどうしてEU離脱に投票したいのか、どうして移民をストップしたいのか尋ねた。するとこう答えたの――「その理由は、東欧人が入国を許可されるから私たちの入国が認められないということさ」。私は「いや、それは事実じゃない」と言ったわ。そうじゃないし、いまでは東欧人の入国が制限されようとしているけど、だからといってあなた方が歓迎されるようになるわけじゃないでしょ、と。彼らはすでにアフリカ人の移住を拒んでいたんだから。こういうことなの。人々を互いに対立するように仕向けているわけ。私はあなたが感じていることに共感していない……ここにも分離があるわね。

ロンドンの地政的な奥地はいまだに帝国の首都であった歴史に形作られているが、現代の経済的・政治的結びつきはこれをはるかに越えるものである。この意味で、シヴァナンダンの「あなたたちがそこにいるから、私たちがここにいる」というポストコロニアルなスローガンはアップデートされる必要がある。おそらくこう言うべきなのだ。移民がここにいるのは、イギリスの地政学的・経済的な利権が、フィリピンからイラクに至るまで、いまだに世界中で作動しているからだ、と。移民をめぐるいまの議論の大きな思い込みは、国民的利己主義や歴史の忘却、そして経済・政治分野におけるイギリスの対外的関与の責任の否認が当たり前となっている雰囲気にある。「私たちの国を取り戻す」

とか「イギリスの仕事はイギリス人のために」といったレトリックはすべてこうした身勝手な忘却と否認を孕んでいるのだ（Orwell 1968[1939]を参照）。グルミンダー・バムブラは、「右派でも左派でも、白人の評論家が〝英国人〟や〝イングランド人〟、〝労働者階級〟と言うとき、それはいつも〝白人英国人〟、〝白人イングランド人〟、〝白人労働者階級〟を指している」と指摘している（Bhambra 2016: n.p.）。今日における「救われるべき原住者」と「救うに値しない移民」の区別は、人種主義的なフィルタリングと拒絶に似たプロセスなのである。また同時に、権利を奪われた「白人労働者階級」というイメージは、自分たちのそばにいる余所者について「正当な懸念」を抱いている救われるべき貧困者、というかつてのイメージを新たに描き直したものなのだ。

移民に反対する議論の多くは、当然であるかのような物言いで常識的な決まり文句として表明される。「結局のところ、人々は自分と同じような人間といるのを好むのだ」というのがとりわけ強力な〝公理〟である。こうした考えは政治家だけでなく評論家によっても支持されている。たとえばデヴィッド・グッドハートはイギリスの人口を次のように分割する。一つは「どこかの人々（somewheres）」であって（これは人口の約半分を占める）、小さな町や地方のある特定の場所に根づき、教育程度が比較的低く、文化的な変化に対しては社会的に保守的な人々のことを指す。これと対立する「どこでもよい人々（anywheres）」（これは人口の二〇〜二五％）は、流動的で土地に根差さないコスモポリタンであり、大学教育を受け、社会的にリベラルで多文化に肯定的である（Goodhart 2017a）。そして残りの四分の一はこの中間に位置するという。グッドハートの主要な攻撃相手は、左派的な北部ロンドンの多文化主義者や「人種活動家」である。フィナンシャル・タイムズ紙に掲載された「なぜ私はリベラルなロンドン部族を抜け出したか」という記事で、イートン校出身者である彼は自分自身をしっかりと「どこかの人々」に位置づけている（Goodhart 2017b）。第一章で示したように、一〇年以上にわたってグッドハートは多様性や移民が社会の同質性を脅かすと主張する人々の擁護者として振る舞っており、それは大きな見出しのニュースというわけではなかった。だがたとえばジー・ジーのように、本研究に参加した若い移民たちはロンドンに強い地域的誇りを持っており、すなわち「どこか」へ強い愛着をもって生活している一方で、それと同時に別の場所への国際的な結びつきを維持してもいる。ニューハムにおける彼女の生活は、二〇一六年ブレグジット投票後の保守党会議でテリーザ・メイが述べた、「もし自分が世界の市民だと思うなら、あなたはどこの市民でもない」という言葉が嘘であることを明らかにしているのだ。

デヴィッド・グッドハートのような評論家は、階級的に異なるさまざまな都市経験、そして多人種的なコミュニティ形成のさまざまなパターンが生み出してきたロンドンの多文化の複雑な歴史を、単に無視しているか排除している。ジー・ジーはニューハムでの避難所を提供したこの国に対して忠誠心を抱き、「憎しみを心に抱く」のを拒否するが、それはまさにこの複雑性を示している。アリのベンチもまたそれを象徴している。彼はそのベンチを廃材で作ったが、白人の高齢の隣人がそこに腰かけてくれるようにとの思いからだった。こうした事例が示しているのは、ディストピアの姿でもなければ崩壊していく世界でもない。むしろこれらは永続しているコンヴィヴィアルなコミュニティ生活のあり方なのだ。そしてそれは、一つの場所に定着すると同時に、他のどこかへとグローバルに接続されているのである。ここにおいて都市の多文化は、その多様性の内側と外側両方で機能する、一つの確立された作業規範であり生活のリズムなのである。

反移民の決まり文句として同じくよく語られるのが、「私たちの民族自体がまず最初に仕事にありつくべきだ」というものである。「白人労働者階級」を守ろうとする一群の人々はみな一致して——そこには左派のブレグジット支持者や強固な白人ナショナリスト、一国主義の「ポスト・リベラル」も含まれる——、民族という家族の内部にいる貧しい親類の面倒を見て、「自分たち自身」を最初に雇用すべきだと考えている。このロジックによれば、ビルの工事や銀行の清掃などロンドンが機能するために働いている多様な肌の色のロンドン市民たちは、イギリスの労働者階級に属していないことになる。まさに帝国主義時代の植民地労働者のように、若い移民たちは数に加えてもらえないわけだ。

これは政治的議論や大衆文化に広く見られる人種主義の否認とつながっている。あらゆるタイプの社会的保守派の人々が共通に懇願するのは、「私たちが移民を減らしたいと主張するからといって、私たちを人種主義者と呼ばないでくれ」ということだ。だがそうした拒否は屈折したものだとジョーンズらは指摘している。なぜならそれは「憎しみの情動的な登録」と結びついており、不満が人種差別の対象から「人種差別だと非難された人の傷ついた感情」へと転移されたものだからだ（Jones et al. 2017: 153）。反移民感情が激しく高まるこの時代において、政治評論家たちがそうした敵意はイギリスのこれまでの人種主義と全く関係がないとわざわざ否認するのは、ポストコロニアル状況の奇妙な症候である。デヴィッド・グッドハートは社会意識調査を用いながら人種差別は減少していると主張し、人種主義を狭く定義づけながら、「自分たち自身」を好んで排他的になること、偏見、さらにはいくつかの差別形態は人種差別ではないとする（Goodhart 2014b: 251）。また同様の文脈で、エリック・カウフマンのように、マイノリティを含めたすべての集団が文化的利益を持っているのだから、「白人の自己利益」は人種主義とは区別されるべきだと論じるものもいる（Kaufmann 2017）。

こういった評論家たちがやろうとしているのは、人種的な自己利益に正当性を与えることである。それによって自分たちと同質的な人々を好むことが自然かつ合理的だとされ、それが期待されるようになることを望んでいるのだ。彼らによれば「人種主義者である」とは、「他の人種」の人々に対する歪んだ個人的な嫌悪感を生み出すような確固たる信念を持つことにかぎられてしまう。そうして、私たちの文化における人種主義は、そのメカニズムの一つとして、白人多数派に運命共同体的な感覚を作り出すのである。これは自然な状態ではなく、むしろ政治的に達成される事態である。なぜならイートン校出身者と失業中のシングルマザーが共通の利益において同盟を組むためには、数々の大きな社会的差異が乗り越えられねばならないのだから。かれらが「私たち」という感覚を共有する支えとなるのは、他者や移民の侵略から自分たちの「人種的利益」を防衛する共通の白人性なのである。

それは「自分と同じような人間を好む」という単純な問題ではないのだ。むしろブリトン人の多くにとって、「白人の自己利益」は社会的・経済的な優位性を確保するという見当違いの希望を与えることになる。イギリスの裕福なエリートたちは、貧しい労働者階級コミュニティの生活が改善されるような実質的投資を何も行っていない。白人労働者階級を何十年もの間お決まりのように非難し、蔑み、見捨ててきたのがそうしたエリートたちであるのに、なぜそうした投資が行われえただろうか。労働者階級コミュニティで経験される明らかな社会的荒廃は移民がもたらしたものではない。むしろそれは、富の一極集中と貧富の格差拡大を生み出してきたグローバル資本主義と新自由主義政策に対して、労働者階級コミュニティが不安定な関係しか持てないことに由来するのだ。

「イギリスは小さな島国で、もう移民が入る余地はない」という考えもまた、移民反対の議論によく用いられる。実のところ、ピーター・ヘザリントンが体系的に主張するように、イギリス諸島は二一世紀においても多くの空き地を残している。土地所有に関するその優れた調査において、彼はこのように述べる。「イギリスは小さくて密集した島国であり、住宅開発の余地がなく、ましてや急速な世帯形成を受容するのに必要な新しい町やコミュニティなどはいうまでもない、という風にいつも語られる。しかしそれはまったくの誤解である」(Hetherington 2015: 6)。ヘザリントンによれば、イギリスの土地六〇〇〇万エーカーのうち、イングランドは都市化の割合が高く一〇%であるが、全体としてはわずか六%しか都市化されていないという。さらに住宅として使われているのはそのうちの四%強だと推計されている。このようにイギリス諸島の大部分は空き地だというのに、もはや余地がないとはどういうことだろうか。たしかにこの国の都市では人口の増加と変動が生じており、その公共サービスに関する社会的圧力を過小評価するわけではない。だがその圧力は空間が足りないことが理由ではない。都市の過密や低賃金、手ごろな価格の住宅の欠如、食糧不安といった現実的な社会問題は、政治と経済が引き起こすのである。

さらにまた、「住宅が不足しているのに移民が住宅供給を優先されているのは不公平である」という不満もよく語られる。しかし本書で示してきたように、不安定な在留資格しかない移民や庇護申請中の移民たちは公共住宅への入居が非常に制限されている。ロンドンの多くの自治区は最小限の居住期間を設定しており、待機リストに応募できる資格を得るのに少なくとも二年間(ニューハムなど)、もしくは三年間（クロイドンなど）その地区に住んでいなければならない。第四章のアフリカン・クイーンの経験が示しているように、そうした移民の人々は民間の家主に頼っている状況であるが、家屋を不潔で未修理なまま放置しているような非良心的な家主も多い。

ヘザリントンが提起するさらに大きな問いは、誰が私たちの土地を所有しているのかというものである。そして彼はこうも問う。私たちはこの土地をすべての市民のために使っているのか、それとも少数の特権者のためなのか、と。広く認められているように、ロンドンのような都市では地価が高騰し、それによって住宅費が上がるため、最貧困層の市民は町を出なければならなくなる（Dorling 2014を参照）。だが同時にロンドンの裕福な資産投機家たちは投資のために不動産を買い上げ、その結果それらの住居は未使用で誰も住んでいないままとなっている。そして国全体でも同様のことが生じている。ヘザリントンが述べるように、実際のところ私的利得のための土地利用は、間違いなく地方のほうが目まぐるしく行われている。彼の調査によれば、二〇〇四年から二〇一四年にかけてイングランドの耕作可能な土地の価格は二七七％上昇した（Hetherington 2015: 9）。投機家たちは毎年数千エーカーの更地を税金納入回避のために購入する。新しい住宅を建てるための建築許可が地方で認められた場合、その土地の価格は五〇倍に膨れ上がることもある。このように、人口過密や住宅不足の原因として移民がスケープゴートにされる一方で、広大な面積の土地が未使用で更地のまま投機家の手中にあるのだ。ロンドンでも同様に高級住宅は投資対象として購入され空き家のままとなり、いわゆる「買ったまま残す（buy-to-leave）」現象の一つとなっている。

二〇一七年夏、警察発表によると七二人が命を落としたウェスト・ロンドングレンフェル・タワーの悲劇的な火災は、住宅の不平等の残酷な矛盾をはっきりと浮き彫りにした。そのコミュニティ内部では死者の数も含め公式発表に異議が唱えられている（Gentleman 2017を参照）。焼け出された住民たちは公営住宅に住むロンドンの多文化的労働者階級を代表する人々であった。ケンジントン・アンド・チェルシー区はロンドンで最も裕福な自治区の一つであり、その地区の高級不動産は世界的な超富裕層の投資対象となってきた。火災が生じる前の二〇一七年三月、『ブルームバーグ・ビジネスウィーク』誌は次のように書いている。「ロンドンのケンジントン・アンド・チェルシー区では、六九〇の住宅が二年以上空き家で家具が備えつけられていないままである」（Edde 2017）。不動産投資会社プロパティ・パートナーがコミュニティおよび地方自治局のために作成したレポートによれば、その数字はさらに上がり、その王室特別区〔ケンジントン・アンド・チェルシー区のこと〕では一三九九の住宅が六か月間空き家のままだったという。ケンジントン・アンド・チェルシー区はロンドンで最も数字が高く、次がクロイドン区で一二一六であった（Inman 2017）。このレポートでは、二〇一六年にイングランドでは二〇万以上の住宅が六か月以上空き家になっていたことがわかっている。

ロンドンはもはや変わり果てて昔の面影がなく「私たちは自分自身の土地で余所者になってしまった」という不満も、この反移民的なムードのなかでよく語られるものである。この種の感情は人種をめぐる不満や不安という形でインフォーマルに表出されるが、時として公的な議論のなかに侵入してくる。それをよく表すのが以下に示す二〇一四年の事例である。トーキーで開催されたＵＫＩＰの年次会議で、ジャーナリストたちを前に〔当時の党首〕ナイジェル・ファラージは、ロンドンからケントまでの電車の中でまったく英語の会話が聞こえなかったことがいかに「気まずかったか」を語った。

彼は言う。「チャリング・クロス発で、ラッシュアワーの人々が乗り込んできました。電車はロンドン・ブリッジ、ニュー・クロス、ヒザー・グリーンに停車していきます」(Cohen 2014より引用)。ロンドン都心部のこれらの地域は、私たちが移民都市と呼ぶものと大まかに対応している。ケント州ダウン生まれのファラージは、一九七五年から一九八二年までサウス・ロンドンの専属独立学校であるダリッジ大学に通っており、これらの土地柄をよく知っているのである。

ファラージは続ける。「グローブ・パークを過ぎたころには、車両の中でまったく英語が聞こえなくなりました。それを私が少し気まずく感じるかって？　もちろんです」。移民都市はファラージにとって「気まずい」感じがするものだった。さらに彼は続ける。「いったいどうなっているんだと思いました。そして私は、人口の四分の三を反映している状況なんだとわかったんです。あるいはもっと多くかもしれませんが」。この物語は、人種的にコード化されているロンドンの風景《ランドスケープ》に分断線を書き込むものである。二〇一一年の国勢調査によると、ルイシャムのグローブ・パークでは地域人口の八六・三％が英語話者で、約二六％がイギリス国外の生まれである。つまりそこは白人が多勢を占める地区なのだ。彼のコメントは右派内部でも騒動となったが、「その不満は理解」できると言ったり(Goodhart 2017bを参照)、それは常識だとさえしながら彼を擁護する者もいた。

ファラージのこうした反応は、白人の利益を支持する非常に多くの人々が主張するほど「自然」なものではなく、むしろ説明を必要とするものである。なぜ他の言語の音が好奇心ではなく気まずさを生み出してしまわなければならないのか。この無様さを生み出している要因の一つは、馴染みのないものに対する不信感である。ガッサン・ハージによれば、懸念はすぐに猜疑心へと、あるいは彼のいうパラノイア・ナショナリズムへと転化しうるという（Hage 2003＝2008）。「あいつらは何をしゃべっているんだ？　もしかして私のことか？」。こうした感情を、前章で紹介したジー・ジーがニューハムへの愛を描くあり方、そしてロンドンでの生活におけるなじみ深いものと見慣れぬものとの両方に対する彼女の好奇心と比べてほしい。同様に、メンターや友人に対するマルドーシュの愛情についてもそうだ。かれらの多くは非常に多様な背景を持っているが、コペンハーゲン・ユース・プロジェクトを都市のコンヴィヴィアリティの場にしたのである。

　これら反移民の決まり文句の使用は、「理解しうる恐怖」や自然な感情の素朴な表明ではないと私たちは主張する。むしろそれらはある種の「感覚教育」であり（Gilroy 2000, Smith 2006）、あるいはロンドンでの生活の浮き沈みに意味を与える一種のフィルターともいえる（Back 2011）。それらは一群の原理となって、自分の生活を意味づけるためにそれを用いる人々の心を情動的につかむのだ。それはまったく「普通の気持ち」ではなく、その人が何を見、何を聞くかのフィルターとなり、その知覚を形成するのである（Back 2009も参照）。しかしまた同時に、これらの決まり文句はイギリスにおける移民の歴史的・社会的・政治的文脈と都市の多文化状況を理解することから人々の注意と議論とを逸らすのである。

　そうした感情は単純なモノクロの世界へとノスタルジックに回帰するのかもしれない。文化的差異と接することによって生じる不快感や当惑は、白人性の中心部におけるコントロールの喪失と不安の発動に関わっている。私たちが示してきたように、移民都市に生きる多くの人々は言語的・文化的多様性をそのようには捉えておらず、好奇心を持ってオープンにその見知らぬ言語や文化に向き合っている。ブレグジット以降、二つの対照的な社会的傾向がイギリスの混迷する社会編成に憑りついているが、それはグッドハートが描いたような、自分たちのことを頑固に「どこかの人」と考える人々と、拠点のない「どこでもよい人」との対照ではない。対立がどこにあるかというと、一方はポール・ギルロイ（Gilroy 2004）がポストコロニアル・メランコリアと名づけたものであり、これは帝国であったイギリスの過去への愛着を捨て去ることができず、差異の存在に当惑し不安を抱える状態である。他方にはコンヴィヴィアルなオルタナティヴがあり、それはジー・ジーやマルドーシュのような都市の感じ方である。そこにおいて多文化と差異は普通で当たり前のことであり、不安ではなく好奇心をもって捉えられる。そしてここに暮らすこととグローバルなつながりを持つことに何の矛盾もないのだ。これが本研究の参加者たちの声からはっきりと得られた結果である。移民都市ロンドンにおいてそのバランスはコンヴィヴィアルな方向に向いているといえそうだが、時計の針をもとに戻そうとする不安とパラノイアに満ちたナショナリズムの力が無くなったわけではない（Hage 2003=2008）。移民都市では、その単純化しえない万華鏡のような複雑性とともに、多文化は生活の当たり前の事実なのだ。それは人々が生きているあり方そのものなのである。

新たな生活と未来

移民都市の生活が持つ意味の複雑性を否定しようとしているのではない。

ヴラッドは妻のエレナ（Elena）とはアルバニアで出会ったが、その時彼女は看護の勉強をしていた。

彼女はイギリスで修士号を取ろうと計画し、学生ビザでロンドンに来た。だが二人が結婚した後でさえも、内務省との苦闘は続いた。

僕はこれまでずっとこの国の特に内務省と争い続けているんだ。しかしそれは僕だけではないはずで、本当に、本当に多くの人が同じ状況にあると思うよ。これがロンドンのやり方なんだ。内務省はあまりにも酷くて信じられない。それが僕の生活全体に影響を与えているよ。妻は勉強を続けられないんだ。彼女はここに来たとき、英語の資格を取ってキングス・カレッジで修士課程に入る計画を立てていたのに。

かれらに子どもが生まれてようやくエレナは二年半の一時滞在ビザを受け取ることができた。かれらの息子アルビは二〇一六年に生まれたが、エレナが一時滞在ビザでの滞在だったために彼女とヴラッドは出産の費用を支払わなければならなかった。これは保守党政府の政治的影響のもと、政策が推移した結果でもあった。移民にこうした費用を支払わせることによって、移民には公的基金や資源を利用することができないとはっきり示そうとしたのである。私たちは二〇一七年の夏に出会って最後の会話を行った。ヴラッドはこのように説明した。

僕はすべて支払わなければならなかった。妻がちゃんとした書類を持っていなかったから。国民保健サービス（ＮＨＳ）でさえ払わなければならなかったんだ。出産のために僕は六三八〇ポンドも払った。ありえないよね。僕はこの国のやり方がまったく理解できない。もう二〇年もここに住んでいるけどまだわからない。これは問題だよ。

息子の出産そのものは難産ではなかったが、エレナは出産後に合併症を起こしてしまう。最終的に彼女は骨粗しょう症と診断されたが、それは若者には極めてまれな骨の病気であった。ヴラッドは続ける。

全部で二万ポンドもかかったんだ。出産後、NHSでMRIのスキャンを受けるのに八〇〇ポンド支払わなければならなかった。たった一回のスキャンだよ。僕たちは結婚して僕はイギリス市民であり、僕らの息子は半分僕のもので半分妻のものだろ。少なくとも費用は半分になるべきじゃないか。僕はみんなと同じように税金を払っているのに、なぜ子供が生まれるときにお金を払わなければいけないんだろう?

私たちは、この経験を通じてここロンドンでの生活をどのように感じるようになったかを尋ねた。ヴラッドの答えはこうだ。

まったくクソだよ。こんな言葉を使って申し訳ない。僕は本当に落ち込んで、でもほら、これがロンドンだし、ここではそんなことが起きるんだよ! 低い立場の人々なんてどうでもいいわけだから。僕たちはいつも騙されてお金を取られるんだ。

彼はシステムに孕む二重基準《ダブルスタンダード》と不平等を認識している。彼は続ける。

それをするのは低い立場にいるイギリス人ではなくて、地位の高いイギリス人なんだ。もし自分の家族が引き離されたらかれらはどう感じる？　デヴィッド・キャメロンから家族──息子と娘──を奪い取ったら、彼はどんな気持ちになる？　僕らは難民にすぎない。僕らは難民としてここに来ていて、そしてそれが問題なんだ。

ヴラッドの経験は、「強靭さ」や「コスト削減」を掲げる政治的圧力がこうした家庭にどのような悲惨な結果をもたらすかを示すものだ。ヴラッドにとってこれは、子どものときに公園で経験した人種差別とは何か別の、異なる政治的規模をもった圧力が生じていることを表している。彼は続ける。

ヴラッド：いまは二〇一七年で、僕らはまだ同じ社会に暮らしている……僕はこの国のシステムが非常に残念な恥ずべきものだと思うよ。これが現状なんだけど……昔は道端で起きていたことがいまは議会で起きているんだ。

レス：人種差別のこと？

ヴラッド：まさしくそうだよ。昔は学校で起きていた……でもいまは学校だけじゃなくて議会でも起きているんだよ。

ブレグジット以降の政治的ムードによって「間違いなくとても大変だと思うようになった」とヴラッドは言う。彼が推測するに、白人イギリス人の「約三〇％」が移民に対して怒りを感じ敵対的であり、また政府はそうした人々の利益を確保しようとしているという。彼は続ける。「雰囲気なんだ。イギリス人でなければ自由に出歩くべきでないとか、アラビア人であればそれだけで罰せられるべきだ、とか」。だが才能豊かなヴラッドは未来を見据えている。息子の出産に伴った経済的な負担が原因となり、ヴラッドは彼のメンターでビジネスパートナーだったマンジットと喧嘩別れをすることになった。彼らは別々の道を進み、その後ともに働くことはおろか会うことさえなくなった。彼らの物語にハッピーエンドは用意されていなかった。だがこうした不和や困難にもかかわらず、ヴラッドは強調する。「私は彼がやってくれたすべてのことに本当に感謝しているんだ。人生は進んでいく。マンジットは若いときから最近まで僕の人生の大きな一部だった。いまでも彼のことを尊敬しているよ」。彼らの関係は素晴らしい物語だった。だから、以前私たちと一緒に語り合ったことはいまもそうだと言えるのかと、ヴラッドに尋ねた。「うん……彼は僕をとても助けてくれたし、間違いなく僕はそう考えている。人生の中で僕を助けてくれた人々を認めたいし感謝したいんだ。僕はずっと感謝し続けるよ」。

私たちは彼が今後どうするつもりか尋ねた。「いつもプランはあるんだ。代替案も。ずっとここに住んできて、これからは家族を大切にしようと思う。まだ仕事は続けるけど、週末は働かない。週末は家族の時間だから」。ヴラッドは自分自身で改修や配管、暖房、電気工事を中心とした建築ビジネスを立ち上げ、それは順調に進んでいる。彼は開発業者から発注を受け、ロンドン中の物件のリノベーションに携わっている。彼の計画としては、息子により良い学校を探すために家族とともにバーキングを離れるつもりである。「やはり親としては最高の環境を与えたいよね」と彼は言う。もう一つのプランはアルバニアで土地とビジネスを開発すること、つまり建築事業を展開することである。「僕は人生のほとんどをロンドンで過ごしてきただろ。でも今後はより頻繁に故国に戻ろうと思う。数か月か数年か……」。

ヴラッドは続ける。「僕の中に故郷とつながっている部分が常にあるんだ。いつもあったし、これからもずっとつながっていると思う。かなり頻繁に故郷に戻るよ。一年に二、三回かな。そこで失った時間を取り戻すんだ」。そうだとすれば、ここもそこもともに故郷ということだろうか？「そう……」。ではヴラッドの息子はロンドン市民になるのだろうか？　彼は少しためらいながらこう答えた。

難しい質問だけど、うん、僕はそうだと思う。うん……彼はここで育っていくし、彼が成長したら僕はきっと連れ戻すだろうね。いまや僕は「故郷」よりもここにたくさんの投資をしているんだ。故郷にもたくさん投資してはいるよ。でも、ここに長く住めば住むほど、ここで成長していくわけだから。

彼の妻エレナは永住資格を得るには一〇年かかるため、しばらくは一時滞在ビザを申請し続けなければならない。エレナと同様、ヴラッドもまた現実を見据えている。「僕は何も持たずにここにやってきた。そして何も持たずに故郷に帰ることができる……僕は自分が歓迎されていないことがわかってる。毎日それを感じているよ」。

移民都市としてのロンドンは機会と制限がともにある空間であり、この対立する二つの力は、若い移民たちがこの都市をどのように意味づけるかによって、そしてまた日々のさまざまな出会いのなかで変動する。シャーリンは機会とその代償を次のように述べる。

> 私がドミニカを出発したときに一番欲していたことは混ざり合うことだったの。私は誰も私のことを知らない場所に行きたかった。誰かが引き返してきて「あら、キャサリンの娘さんがこんなことしてる！」なんて言わない場所にね。私はただ、誰にも知られずに好きなときに外に出て、走り回ったり、好きなことをしたかった。でも匿名性のなかに自由はあるけど、そこには代償もあるの。

誰にも知られず、否定的なことも言われずにすむ一方で、それは孤独を意味した。シャーリンは続ける。

> ドミニカが恋しくなることの一つは人々のつながりがあったこと……何かにつけて口を出してくる人やおせっかい焼きがいたけど、あの人たちはちゃんとあなたのことを知っていたの……ここでは何回

会ってもその人は本当には私のことをわかっていないと感じてしまう。それがここと故郷の違いね。

シャーリンは彼女の挑戦とその複雑さをうまく述べているが、それが新しく複合的なあり方で分断されていると同時に接続されているような多様性へとつながっていることをも示している。彼女は言う。

人は常にさまざまな立場に身を置く。あなたが東欧人に話しかけてその人が「はい、私はポーランド人です」と言うとする。するとあなたは「ああ、あの人たちはポーランド人なんだ」って思う……私は金曜日にバーベキューで二人のルーマニア人と話したの。私がその一人の女性と話していると、彼女は「ああ、私はルーマニア人です」と言った。あなたが彼女に「どこの出身ですか?」と聞いても、彼女は「ああ、私はルーマニア人です」と言うでしょう。私は彼女に「まあ、それはすごく素敵ね」と言った。そして「故郷に帰ろうとは思わない?」と聞いたの。彼女は、「思わないわ。九年前にルーマニアから来た時、私は決して帰らないつもりだったから」と言った。私はそれを聞いて不思議に思ったの。人々がここに来るとき、だいたいは生活を良くしようと思ってくるし、故郷に帰ったり、故郷と自分を再統合しようとするでしょう。でも、ここに来たら二度と戻らずにここで子どもを持とうとする人がいると知って……実際に彼女は「私の息子はイギリス人なの」って言ってた。

こうした問題は、単に移民が一緒に暮らしていかなければならない他者を誤解しているとか、若い移民たちがよく答えを要求される出自についての「罠が仕込まれた質問」であるなどとして、簡単に片づけられるものではない。私たちの調査に参加した若者たちはこうしたことを深く考えなければならず、また自分の置かれている状況を自分で、自分自身のために理解しようとしているのである。シャーリンはその友人がさらなる複雑さに直面していることを話してくれた。

でも彼女の息子は自分がルーマニア人だと言ってる。だから彼女は息子のために故郷に行くことも考えてるって言ってた。彼が自分の故郷について知りたいらしいの。彼女は、「帰省を喜んでるのは彼だけ」で、「私にとってあそこは何でもないの」と言ってた。あそこは何でもない。私たちはずっと当たり前の考えを持っていたんだけど、いったい何が当たり前なの？　私たちの本当の出身はどこなの？　あなたがどこにいても、またそれがいつであっても、その場所が故郷ですよね。

あなたがどこにいても、またそれがいつであろうとそこが故郷《ホーム》である——これは、場所と時間のなかに、そしてそれを交差して位置づけられる存在感覚を表す美しい表現ではないだろうか。シャーリンにとって、それらの場所と時間の痕跡は彼女の生活のなかに持ち込まれていると同時に、いまここにおいて彼女が構築している生活と故郷を形作るのである。

私たちは深刻な不確実さの時代に生きている。これは移民都市において非常に深く経験されるものであり、だれも今後何が起こるかは本当にわからない。そしてこの不確実さはＥＵ市民にとっては特に重大な問題だ。本書で描かれたさまざまな人生の物語が終着するのはここである。根源的な不確実さがそれらの人生に影を落としているのである。私たちの調査に協力してくれた若者たちは、かれらにとって風当たりの強いこの時代においても、状況を把握し再度立ち上がろうとしている。第四章では二〇〇二年にトーゴからロンドンにやってきたボブの物語を描いたが、この調査で彼が撮影した写真にはそうした努力がはっきりと示されている。彼は自分が住むことを夢見る高級な空き家のドアステップを何枚も撮影した。そして彼はそれを、ホームレスや貧困、不確実さのポートレートと対比させる。それらはボブがロンドンで見ることになるとは思わなかったものである。彼がロンドンの象徴として撮った写真は、高級な家のドアステップにホームレスの障碍者が腰かけているものだった。それは豊かさと誹謗が共存する都市の姿である。ボブの解決策は、とらわれずに人生を送ることであった。彼は現在、不動産賃貸と住宅提供に関わる事業家として働いている。

シャーリンもまた不屈である。彼女は言う。

ブレグジットやいろんなことがあるけど……それでも私は思うままに生きてる……まだまだ探究すべきことがある。それに関していうと、「新しい常態《ニュー・ノーマル》」は馴染んでいくことではなくて、経験されるべくそこにある経験を経験することなの。私に向かって投げられるすべてのものを受け取って、自分をつくるためにそれを使うということ……私をつくるためにね。

シャーリンのいう「新しい常態」という考えが表しているのは、新たな条件や可能性において人間が複合的な経験をすることである。それは、アイデンティティのカテゴリーを揺るがし、文化形態がエスニックグループに準拠するという考え方を揺さぶる、一つの感情の構造である。そしてまた、単一の文化的・国民的伝統によるのと同じぐらい、好奇心や種々の変化によっても形成される感情の構造なのである。

シャーリンによれば、「移民」の経験を持つ人々は機会を制限されているわけではなく、どんな背景であろうがすべてのロンドン市民が機会と教訓を得ることができるという。

私はずっと中国に行きたいし、人生で何かが起きるときには理由があるの。私は中国に行きたかった。私はそれを経験して自分の一部にしたい。私は簡単なマンダリンが話せて、フランス語も少し話すし、スペイン語も好きだから少しは話せるって人に言うでしょ。するとみんな驚いたように私を見るから、私は「でもあなたたちだってやりたかったらできるでしょ！」って思うの。そういう経験をして、「私は本当に興味があるし、いまの私の一部にしたいの」って言うわけ。

これもまたロンドンの物語の一部であるし、多文化が例外ではなく常態である場所として、この都市の歴史が生み出した機会なのである。たとえそこに、過去の単純さを懐かしみ時計の針を戻そうとする人々から向けられる憎しみのこもった誹謗中傷があろうとも。

しかしながら、こうしたコンヴィヴィアリティのかたわらには憎しみ、敵意、暴力が存在する。アリのお気に入りの場所の一つ、イーストハムのプラシェット・パークは、彼が世界中の人々に出会い、友人になった場所である。二〇一二年のオリンピック会場となったニューハムのロンドンバラにあるこの公園は、その多文化的な特徴を政治家や政策担当者からも称賛されている。二〇一七年一〇月一五日、アリもよく足を運ぶこの公園で、アフガニスタン出身の若者ムーサカン・ナシリがナイフで刺殺された（Hopps 2017）。この暴力的犯罪に関与した人物はいまだ裁判にかけられていないが、ロンドンの公共空間においてコンヴィヴィアリティと暴力は同時に存在する可能性があるということを、この悲惨な事件は知らしめるものだ。移民都市における生活は、ますます増加する日常的な争いのなかで作られている。ときにそれはマンダリンを学ぶことであったり、隣人が座れるようなベンチを作ったり、内務省の暴挙や移民監視に反対するデモに参加することであったりする。本書はこうした注目すべき物語のいくらかを記録しようと試みたが、おそらくそれらと同じぐらい重要な物語を、私たちがまだ出会っていないロンドンに暮らす何万人もの若い移民たちは紡いでいるはずである。数えきれないほどのそうした人生が、いまだ見も聞かれもしていないが、本書をそうした人々にも、そしてこの移民都市で未来を築いていこうとするかれらの努力にも捧げたいと思う。

おわりに

別のやり方で民族誌《エスノグラフィー》を書くこと

Afterword: Writing ethnography differently

はじめに

本書を閉じるにあたって、私たちのこの本の書き方、そしてより協働的なあり方で民族誌を書くために私たちが実験的に用いた方法について考察してみたい。だがこの問題に向かう前にまずは、反植民地の立場の書き手たちが学術的調査一般、とりわけ民族誌における政治的共謀に関して表明してきた不安について考えてみよう。『黒い皮膚・白い仮面』の序論においてフランツ・ファノンは、どのような社会調査を始めるにあたっても、「方法論的な見解をあらかじめつけておく」のが「洗練されたやり方」だと述べている（Fanon 1967: 14＝2020: 35）。だが彼は読者に、もし自分の作品にこれを期待するならば失望するだろうと注意を与える。「私はその慣例に背くことになる」とファノンは書く。「方法論は、植物学者や数学者にくれてやろう。方法が吸収されてしまう一点があるのだ」。調査方法論について彼が疑い深く、忠実になれない理由の一つは、彼にとってその冷淡な手続き上の論理が感情的な政治批評を排除するからであろう。

植民地化された人々の視点から見ると、学術的調査は支配的利益のためにかれらに向けて用いられる武器となってきた。リンダ・トゥヒワイ・スミスは『方法論の脱植民地化』(*Decolonizing Methodologies*) の中で、「〝調査〟という言葉それ自体が、おそらく先住民の世界において最も汚れた言葉の一つである」と述べている (Smith 2012: 1)。だが私たちは方法論を「植物学者や数学者」にくれてやりたくはないので、なんとか私たちの調査を別のやり方で行おうと努めてきた。そうすることでこれまでの落とし穴や植民地主義的傾向を避けようとしたのである。社会科学の手法に対するファノンのアレルギー反応は、それが生み出す知識が植民地的権力関係と、それを支える人種的差異の神話を維持するために用いられたあり方をめぐるものだ。ジョージ・スタインメッツによれば、社会人類学と同様に社会学もまた植民地的遭遇に深く関わっていたが、研究者たちはそれぞれの学問分野におけるこうした歴史に目を背けがちであるという (Steinmetz 2009)。さらに一九八〇年代には人種や民族関係の社会学においても、マイノリティのコミュニティを「犠牲者」や「問題」として描くような病理学的説明を生み出す社会科学の役割について激しい議論が交わされていた (Gilroy 1987＝2017)。したがって私たちは、調査者である私たちが対象をまなざし、聞き取るそのあり方が根本的に政治的であるという理由から、調査手法は重要な問題であると論じたい。ジョン・バージャーとジョン・モアはこう述べている。「歴史学や政治理論、社会学は、〝普通である〟ことはただ規範的であるにすぎないということを教えてくれる」(Berger and Mohr 1975: 100＝2024: 104)。そして、あわれにも多くの学術的調査は反対のことをやっていると彼らは嘆いている。

イモージェン・タイラーやゲイル・ルイスをはじめとした多くの論者の見解と同じく、私たちもまた移民を理解するための枠組み——政治的議論における移民のイメージが生み出される——それ自体が問題の一部であると論じてきた（Lewis 2005, Tyler 2006）。さらに私たちは、調査方法というのは責任感に関わるものだと論じたい。それはそこで描かれる人々に対する責任感であり、またこうした言葉や洞察の収集を可能にする関係性に対する責任感である。以下では、私たちが民族誌的調査を別のやり方で行おうとした実験的手法について考察したい。私たちはそれを社交的手法（sociable methods）と呼んでいる。

今日の世界においてなぜ民族誌的調査は重要なのだろうか？　クロード・レヴィ＝ストロースは彼の構造人類学の三巻目となる『はるかなる視線』において、この問いに対する自身の答えを見いだしている（Lévi-Strauss 1985＝2006）。レヴィ＝ストロースにとって人類学の価値とは、西洋的思考の偏狭さを切り崩し、西洋文明から遠く離れた人々の生活の中に見出される文化的多様性を強調することであった。この定式においては、民族誌とは西洋の白人がはるか遠くまで旅をし、現地の文化を理解するためにその人々の中に入っていくという孤独な作業のことである。民族誌（ethnography）の語源はギリシャ語で「人種、常民、民族、国民」を意味するethnosと「私は書く」を意味するgraphoだが、その仕事は異なる人間の文化と世界観を生き生きと記録し、それらを比較することであった。しかしながらレヴィ＝ストロースが述べるように、こうした民族誌家の仕事の中心には、人間の多様性を記録したいという欲望と、それらのあいだに共通の構造や類似があるという感覚とをめぐる揺らぎがある。

このレヴィ＝ストロースの考察を、私たちの時代における民族誌の価値を再考するための出発点としたい。民族誌とは――それは耳を傾け、学び、語り、見せる技術であるが――比較対象としてはるか彼方の差異を探すだけのものではなく、さまざまな文化が結びつき、移動し、特定の文脈に位置づけられながらも、場所と時間を交差してつながり合っているあり方を理解する手法として優れていると私たちは主張したいのだ。本書に描かれたいくつもの人生が示してくれるように、近くにあるものは常にはるかなる視線を含んでいる――それは必ずしもレヴィ＝ストロースのいう意味ではないが。

多くの点でフィールドワークに別れを告げた回想記『悲しき熱帯』の冒頭に、レヴィ＝ストロースが痛烈な一文を書いたことは有名である――「私は旅も探検家も嫌いである」（Lévi-Strauss 1974: 17＝2001: 4）。リンダ・トゥヒワイ・スミス（2012）は、旅人の物語は「だいたいが白人男性の経験と観察であった」し、人類学者は搾取的なやり方で先住民の文化を「抽出し、それを我が物と主張した」と論じる。そしてそれによって帝国主義の心的装置が再生産されたという。彼女はこう述べる。「人類学者を気に入ったのは、のぞき趣味を持つ者、軍人、空想家、使節団、改革派、冒険家、企業家、公務員、そして啓蒙主義の学者だった」（Smith 2012: 9）。スミスは、こうした知識構造の抜本的な改革が必要だと主張する。それを脱植民地化し、非暴力的な新たな調査形態によって置き換えていく必要があるというのだ。

私たちが影響を受けた先行研究はフェミニズム民族誌や（Stacey 1988, Visweswaran 1988, Stack 1993）、社会科学の悪用に対する黒人や反人種主義、先住民の立場からの批評である（Ladner 1973, Carby 1982, Lawrence 1982, Smith 2012）。これらの研究は、こうした批判的視点がいかに民族誌に対する協働的アプローチにとって重要であるかを示している。ダグラス・R・ホームズとジョージ・E・マーカスが指摘するように、民族誌には常に協働が含まれているが、しばしば調査参加者に対するクレジットが適切に与えられないことがある（Holmes and Marcus 2008）。また、「絶えず協働と行為主体、行動を活性化し、またそこから滲み出てくるような」調査と記述の方法を民族誌家は練り上げる必要があると、ルーク・エリック・ラシターとエリザベス・キャンベルは論じている（Lassiter and Campbell 2010: 765）。ジョアンヌ・ラパポートが述べるように、それは「理論の共同生産」の可能性を与えてくれる（Rappaport 2008: 2）。

サンティンの書き手たちとリチャ・ナガル（The Satin Writers and Nagar 2006）の素晴らしい作品『火と戯れる』（*Playing with Fire*）もまた示唆的な先行研究である。フェミニズム運動に関するこの研究は、大規模なＮＧＯに活動家として雇用された女性たちが、日記や会話を通じて、彼女たちのコミュニティについて集合的に書いた作品である。私たちは本書でこれに近いことをやろうと試みた。とりわけそれは、移民の経験の中に分断とつながりが共存するあり方、そしてかれらが空間と時間を交差して自分の主体性とつながりを理解するあり方を考察するためであった。また私たちはここで、この深い協働形式が倫理と著者性《オーサーシップ》の問題に関して生み出しうる課題、さらにそれが引き起こしうる新たな論争について考えてみたい。

本書を含むこの民族誌シリーズもそれを反映しているはずだが、昨今民族誌への関心が再び高まっている。だがそれは興奮だけでなく人類学的な狼狽を導いている。ティム・インゴルドはあらゆるところで民族誌への言及が生じているようだと指摘する。「民族誌的《エスノグラフィック》」という言葉はほとんど何にでも用いられる不正確な接頭辞になってしまったというのだ。「民族誌的遭遇、民族誌的フィールドワーク、民族誌的方法、民族誌的フィルム、民族誌的理論、オートエスノグラフィー」などである。インゴルドはそれが「質的なものを表す流行りの代用語」になったと批判する（Ingold 2014: 384）。その結果民族誌は単純化され、文化の輪郭と個別の形を内側から確かめ、知っていると主張する実証的な道具に成り下がったと彼は論じる。いいかげんな用い方が表しているのは粗雑な実践である。それはインゴルドのいう「適切で厳密な人類学的研究」ではない（Ingold 2014: 384）。

ダイアン・ベルやパトリシア・カプラン、ワジール・ジャハン・カリムのようなフェミニスト人類学者たちは長らくフィールドワークのジェンダー化について批判してきたが（Bell, Caplan and Karim 1993）、民族誌の冒険的で男性的な過去の影響は捨て去るべきものの一つである。キャリー・モットとスーザン・M・ロバーツの洞察に富む指摘によれば、この種の男性中心主義は都市研究においてある特定の形を取るという。都市の調査は危険だから「根性がいる（takes balls）」という性差別的な想定がなされているわけだ（Mott and Roberts 2014）。私たちが異議を唱えたいもう一つのものは、民族誌家はそれぞれ個別の「単独の著者」であるという暗黙の前提である。これはひどく浸透していて、イギリスの研究評価制度（Research Excellence Framework）のような学術価値の審査から、学術的評判が形成されるあり方、そして学術賞のエントリーの条件にまで至る。[1] 本書において、私たちはできるだけ協働の概念、共同制作、社交性を取り入れようとした。したがって本書は単著の書物ではなく、多くの人々が一緒に書いた産物なのである——もちろん出版される最終版にはそれぞれ異なる貢献をしているのだが。

で、どこの出身なの?

移民は決まり文句によって表象されることに耐えなければならないだけでなく、同じ質問に何度も答えなければならない――「ロンドンにはいつ来たの?」「どのぐらいここに住んでいるの?」「どこの出身なの?」。私たちはこれをジャック・デリダの「罠が仕込まれた質問」の概念を使って第四章で詳しく論じたが、そこでの「罠《トリック》」とは、まさにそういう質問がなされることで、質問そのものがネイティブの質問者と、その存在自体が疑問視される人とのあいだに不平等な立ち位置を作り上げているということである(Derrida 2000: 13＝2018: 71)。私たちはこうした質問を極力避けようとしてきたが、標準的な調査方法のなかには全く中立でないものもあると認識することになった。

話を聞く方法について私たちがしっかりと考えたい理由の一つは、参加者の多くがこれまで質的インタビューの威圧的な形式――私たちはそれを反復しないように努めた――に従ってきたように思えたからである。社会科学が作り上げたインタビューの様式を出入国管理局や警察が用いる場合、個人の物語が時間、場所、環境をめぐる一連の情報に変換され、その真偽を確かめることが中心になってしまうことがある。「サウス・ロンドン市民」が出入国管理業務を調査していた時、ある上級役人が

1 たとえばここで私たちの念頭にあるのは、イギリス社会学会とBBCシンキング・アラウドが毎年優れた民族誌に与える賞である。それは次のように規定されている。賞のエントリーは、「その年度に出版された単著もしくは査読付きの研究論文が該当する」。www.bbc.co.uk/programmes/articles/1WpM0Rx77DSwYGbYHhcdFd/the-thinking-aloowed-award-for-ethnography を参照。二〇一七年八月四日閲覧。

レス・バックに次のように言った。「そうだね、私たちが望んでいるのは亡命者の物語《ナラティブ》を引き出す一番良い方法を見つけることだよ」（Back 2007: 28-30＝2014: 65-67 を参照）。ここで物語《ナラティブ》という概念が使われているのを見ると、社会生活を取り調べようとする国家や法的な調査様式の中に、いかに方法論的言語が入り込んでいるかがわかる。この役人のコメントで思い出すのはクベールとブリンクマンが用いた比喩である。彼らによれば、インタビュアーは鉱夫のように対象者の秘密の内的世界を掘り下げようとするのだ（Kvale and Brinkmann 2009）。

掘り下げて物語を取り出すこのプロセスは侵略的である。その人から何かが奪われるのだ。これを反映しているのは取り調べの環境である。クロイドンのＵＫＢＡで移民たちはしばしばレイプや暴力の経験について話すが、そこはまるで銀行の窓口のような質素な空間なのである。出入国管理サービスの管理体制において、物語《ナラティブ》の手法は生体認証技術によって補われる。最も一般的なのは指紋であるが、生理学的・身体的属性のデジタル化とともに、生体認証データの範囲は網膜スキャンや顔のサーモグラフィー、歩行分析、さらにはＤＮＡや脳波による認証にまで至る。ベンジャミン・Ｊ・ミュラーはこう論じている。「生体認証技術の中心的な目的は、あなたは自分があなただという人である、、、、、、、、、、ということを確認することである」と（Muller 2013: 136　強調は原文）。

協働的技法には、緻密な調査対象となりやすい人々のために知識生産の範囲を推移させる可能性がある。これは、インタビュアーは旅人であるとするクベールとブリンクマンの二つ目の比喩に近い。これは会話（conversation）という語のラテン語の原義が「一緒に歩き回る」だということを思い出させるが、私たち自身のこの試みを説明する前に、「参与型」の調査を用いることについていくらかの注意点を指摘しておきたい。

質的調査における一つの危険は、デジタル技術や視聴覚技術を使って社会生活の生きた部分を捉えることには、「技術的な工作」があると考えてしまうことである（Pauwels 2012, Spencer 2012 を参照）。たとえばフォト・エリシテーションのようなマルチメディア技術は、社会調査の支配的実践に追従するような疑似的な参与調査形態を生み出す可能性があり、そうなるとインタビュアーはトピックや順番、調査対話《リサーチ・ダイアローグ》の構造を支配する立場であり続けることになる（Gibson and Brown 2009）。社交的な調査対話を構築しようとした私たちの試みは、複数の視聴覚技術を提案しつつ、調査のために何を記録し観察するかの選択権を参加者に付与することで質的調査のあり方を拡大したエリシテーションの手法に発想を得たものだ（Mason and Davies 2009）。それによって、知識は研究者と参加者が協同で作り上げたものだという認識がある程度可能になるし（Smart 2009）、参与調査モデルの採用にもつながるとともに、参加者を招いてデザインや手法、分析、拡散に関するコメントをもらうこともできるようになるだろう（Christensen 2004, Bagnoli and Clark 2010）。

こうした手法は調査参加者に声を与え、その声はそうした参加者から情報が抽出される一般的なあり方を超えて、その調査がなければ探索されなかっただろうかれらの人生の舞台裏を明るみに出すと論じられてきた。というのも、研究者たちはそうした領域について知らなかっただろうし、また知ろうともしなかっただろうからである（Muir and Mason 2012）。しかしながら、エリシテーションの手法には調査者が参加者に対して作業と方法を決めるという事項が含まれている。行きたい場所や行きたくない場所の写真、お気に入りの娯楽、普段家から出たり家に帰ったりする際の記憶に残る景色、などを設定するわけだ（Wright *et al.* 2010）。まず研究者たちは調査目的に合わせて何を探究し何を吟味するかを決定する。参加者はそこで一定の自律性を持つとはいえ、その決定のもとに研究者は調査における作業と方法を決め、フィールドワークの分析を行うのである。

上述のようなエリシテーションとインタビューの手法は一つの認識論的パラダイムに属している。まず参加者は自分自身の生活についてよく理解し、かれらを取り巻く世界がどのような意味を持つかを認識できる存在として位置づけられる。一方、研究者はそうした参加者の観察／説明を調査目的や公共問題に関係づける専門技術を持っているとされる。参加者たちはインタビュアーが提示する判断基準と質問にしたがって物語る。要するに、質問するのは調査者で、答えるのは参加者／インタビュイーなのだ。

私たちは調査のなかで対話が行われるあり方をデザインし直そうと試みた。調査目的に対応するためにどのような方法を用いるべきかを、参加者とともに決めていったのである。そうすると、どのようなトピックが重要でどのようなデータが必要になるかといった分析上の選択についても参加者に関わってもらうことになった。本調査のなかで私たちは、抽出法やエリシテーションの手法が依拠している調査者と参加者／インタビュイーの分業を曖昧にすることによって、このパラダイムを作り直そうとしたのである。私たちは、調査目的を満たすために何をどのように分析的に調査していくかを参加者とともに個別に決定することで、また、この研究から私たちと参加者とがともに生み出した素材を分析することで、このパラダイムの見直しを達成した。

参加者のなかには、調査目的に合わせてどの手法を用いるか、あるいは素材を収集するために重要なトピックはどのようなものかについて、私たち調査者に一任したものもいた。そういうことをするかわりに、ただ会話形式で私たちの質問に答えたいように見えた参加者もいた。しかしそういう場合でも、この調査で探っていくトピックに関して私たちに勧めてくれた写真や思い出の品、近所の場所などを見せてくれた。結果として「調査データを掘り出されること」を選んだ参加者もいた。しかしながら、私たちは参加者が関われる範囲を拡大する可能性を提供したし、それによってデータ抽出や疑似的な参与手法とは異なるアプローチを取り得たと考えている。それ自体が、調査における社交的対話への一歩だったのである。

私たちが採用した調査形式においては、対話と理解はガダマーが「地平の融合」と呼んだものを通じて生み出される（Gadamer 2004: 305＝2015: 479）。私たちの社交的モデルでこれが生じるのは、調査者と参加者がそれぞれの調査段階でお互いが付け加えたり見落としたりしているものを一緒に比較するときである。ここで前提となっているのは、調査者も参加者も、公的問題や私的な問題の真理をはっきりと掴んでいるわけではないということだ。こうして、調査者が参加者の個人的な世界について観察でき、一方参加者は自分の個人的な世界の問題がいかに公的な問題に結びついているかを明らかにできる、という関係が生み出される。

本書の執筆もまた、調査が行われたあり方と同様の社交的で反復的なロジックを持っている。各章はまずレスかシャムサーが初稿を執筆し、次にそれを交換して加筆修正を行った。そうして出来上がった各章の原稿を参加者に渡しコメントをもらうのだが、しばしばそこでは解釈や分析の変更を示唆された。希望があった場合には参加者を著者としてクレジットし、かれらの執筆箇所には作者として名前を記した。そのため主要な参加者とはフォローアップの追加的なミーティングや対話を行い、文章化された説明をチェック・更新し、より進展させた。それから本書全体の原稿を参加者に渡して読んでもらい、コメントをもらった。こうした作業は、一番最初に出版された論文も含めて、本プロジェクトについて執筆する過程全体で行われていたといえる。今も実行中のこのプロセスがどのように行われてきたのかを、実例をあげて示したい。それはこのプロジェクトから実質的に最初の出版物が生み出されたときの話である。

「どうしてそれを知ってるの?」――対話、そして一緒に考えること

インタビュー調査を行うための実践的なハウツーガイドで最初にくるのは、まず静かな場所を見つけることである。情報を集める作業はできれば他の人に聞かれないようなプライベートな環境で行うべきである。これは単に秘匿性に関わる倫理的な問題だけではなく、実践的な問題でもある。雑音があると、デジタルレコーダーに人の声をきれいに録音しづらくなるわけだ。このように会話をテキストデータに変換するということだけを見ても、社会調査そのものがあまり社交的ではないという問題がわかる。このような臨床的行為を可能にする調査の条件はまた、純粋な双方向の対話を構築することにも全く適していない。本書に登場した若い移民たちのような参加者にとっては、こうしたインタビュー形式は警察や出入国管理局の職員に質問を受けるのとほとんど違いがないのである。これは周縁化されたグループや弱い立場にあるグループを調査する場合に特徴的な問題である。

調査対象の語りをテキストデータに「きれいに」変換しようとする衝動には歴史がある。レイ・リーが指摘しているが、テープレコーダーが登場する以前の初期の社会調査では、リアルタイムで語りを記述するために参加者は大学に来なければならなかった。シカゴ学派の著名な社会学者クリフォード・ショウは若者たちから多数のライフヒストリーを収集したが、そこは壁の背後に速記者が隠れており、まるで法廷を思わせるような光景だったという（Lee 2004: 72）。

ここまで述べてきたように、私たちは移民の若者たちの経験を調べるこの調査が、刑事司法制度や出入国管理業務に類似するような条件で行われないようにしたかった。なぜならば、国家の力によって参加者たちがすでに経験してきた威圧的な取り調べの形式をそこに反映させたくなかったからである。監視と容疑を前提とするような言葉の交換から脱却し、より自由でオープンな意見交換と対話の構築を目指したかったのだ。そこで私たちは、文章を書くことや写真を撮ること、日記をつけたりスクラップブックを作ったりすることを通じて、若者たちに自分自身の生の観察者になる機会を提供した。かれらの作品について語り合うために、わたしたちはよくカフェやレストランといった公共空間を用いた（文字起こしに協力してくれた我慢強い秘書たちもカフェの社交的な雑音にはイラついていたが）。

ミーティングに適していてよく使ったのがイースト・ロンドンのレイトンストーンにある「ザ・イータリー」だった。二〇一一年の一〇月初旬に私たちはシャーリン・ブライアンとそこで会うように設定した。彼女は本書において最も取り上げられ、貢献してくれた参加者の一人である。彼女の人生に基づいて私たちが書いた雑誌論文の原稿を、彼女と話そうとしたのである。シャーリンはロンドンでの彼女の経験と生活についてスクラップブックを作っていた。その一部は第三章で紹介したが、そのスクラップブックには雑誌記事の切り抜きや彼女が撮った写真、彼女が描いた絵、彼女の詩や独創的な文章が詰まっていた。私たちは三年にわたる調査期間で彼女と八回のミーティングを行ってきたが、このスクラップブックとそれに関係する問題について話し合った。シャーリンはそのスクラップブックを使って自分の人生の歴史を跡づけ、また、彼女が探究しているテーマに私たちの関心を導いた。このプロジェクトに一旦区切りがつくときに、私たちはザ・イータリーで会うことにした。私たちはシャーリンの詩の一つを使いながらロンドンで現れつつある移民間の新たな階層化と分断を説明しようとしたのだが、それについて話し合おうと考えたのである。

ザ・イータリーでの討論のなかで、私たちはお互いの全く異なる文化的・歴史的経験を交換し合うことになった。アイデンティティということでざっくりいうならば、インド系イギリス人社会学者のシャムサー・シンハ、白人男性でイギリス人社会学者レス・バック、そしてドミニカから学生として一八歳のときにイギリスにやってきたシャーリンという三人である。シャーリンは討論のために原稿を読んでメモを取っていた。彼女はイースト・ロンドン大学に通っており、そこでシャムサーは初めて彼女を知った。シャーリンは二〇〇九年に社会心理学の授業で優秀な成績を収めていた。シャムサーは地下鉄のレイトン駅で彼女と偶然出会い、そこで私たちが行っていたこの研究に興味があるか尋ねた。幸運にも彼女は関心を持ってくれ、そうしてこの調査に参加してくれたのだ。だから学術論文を読むことはシャーリンにとって日常的なことだった。私たちは腰掛け、サモサとドリンクを注文し、彼女がこの調査のために作ってくれたものと私たちの議論との関係について語り始めた。

活発で刺激的な会話が二〇分ほど続いたが、そこでシャムサーがトイレに立った。彼が重要なことを聞き逃してはいけないので、一旦作業を中断することにした。するとシャーリンはレスに向かってこう言った。「この論文を読みながら私が驚いてずっと考えているのは、〝どうしてそれを知ってるの？〟ということなの」。彼女は私たちがこのような正確な理解に到達していることを純粋に驚いていたのだ。それはまるで、その論文を読むことによって、当たり前だと考えていた身近な物事が彼女にとって急に魅力的になったかのようだった。レスはシンプルにこう答えた。「だって君が話してくれたじゃないか」。

このフィールドワーク中の出来事は、私たちがなぜ参与的で対話的な社交的手法を提唱するのかをきちんと示してくれる。数年間にわたる対話においてシャーリンは、もし彼女の洞察がなければ、また、何を観察しその観察にどのような手段を用いるかについての彼女の分析的選択がなければ気づかなかっただろうさまざまなことを私たちに気づかせてくれた。同様に、理論的概念を用いて彼女のパースペクティブを再構築することによって、シャーリンは自分の過去と現在、そして未来との関係性について再考することができた。そうすることで彼女は、そうした関係性と自らの過去を、今ここの地点から再評価したのである。こうした対話のなかで、観察する者とされる者、データと分析、参加者と著者の関係を曖昧化しながら、私たちは経験的な調査を再想像したのである。

参加者についてではなく参加者とともに行われるこうした研究手法によって、私たちの社会学的地平は広がることになった。他の参加者についても、このプロジェクトに関わることで自分自身との関係が変わったり、また、自らが置かれた社会的立場についての私たちおよびかれら双方の理解に変化が生じたりした。以下では、手法をめぐる政治性、調査の技能《クラフト》、そして著者性と流通形態の新たな可能性について広く論じながら、この経験を再考していく。だがこの問題に踏み込む前に、まずは移民の調査をめぐる手法の政治性について検討したい。

私たちは、参加者が分析の委任事項を変更することができ、また参加者にとって何が重要なのかを私たちに再考させるような対話形式を促した。パスケールによれば、調査方法の構築と使用は「研究される人々や場所、文化」ではなくて、むしろ研究者の洞察を規定する西洋中心的な限界を反映することがしばしばあるという（Pascale 2020: 154）。私たちの調査は、非専門的な調査者もまた調査を行い、「調査プロジェクト、社会問題についてのコミュニティベースの分析、そしてコミュニティ行動にむかう方向性をわかち合う」参与型調査の発展に貢献するものである（Kemmis and Mctaggart 2008: 273）。この研究において、私たちは耳を傾け、言葉を語るやり方を発展させる方法に取り組んだ。それは、研究者と参加者それぞれの洞察には限界があるということを認め、その上で両者を突き合わせて、それぞれの洞察が対話のなかで何を生み出すのかを見ていこうとするやり方であった。

この方法では参加者とともに素材を分析し、かれらの解釈に十分な注意を払うことが必要とされた。また同時に、提供される説明の信頼性については、私たちは方法論的に厳密であった。サンダースとクーネオは、調査チームがコード化するとともにそのコード化を頻繁に再検討《クロスチェック》する必要性を強調している（Sanders and Cuneo 2010）。私たちの対話に必要とされたのは、継続的に話を聞き、意味を再検討して共有するプロセスだった。それは調査者同士だけでなく、参加者とのミーティングにおいてもそうだった。その理由は、私たちはインタビュー後の書き起こしの読み合わせに技術的に対応しようとしたのではなく、調査者と参加者との対話のダイナミズムを再形成しようとしたからである。イングリスは根拠づけられた技術的な分析枠組みの使用をあえて避けたアプローチをとり、理論や概念のこれまでの理解を参考に「手がかり」を探す観察を好む（Inglis 2010）。

私たちは移民の、、、ために語るという考えとは異なる立場を主張している。そうではくて、対話のなかで一緒に旅をするという社交的なプロセスを選んでいるのだ（Sayad 2004: 7を参照）。第四章で論じたように、サラ・アーメッドは「他者のために語る」という考えは逆説的にも「絶対的な近接性」と「絶対的な距離」という空想に基づいているという（Ahmed 2000: 166）。このような腹話術は、著者がそのために語っているはずの主体を閉じ込め、沈黙させてしまう。民族誌的調査はより社交的なプロセスになる必要がある。そしてその調査を実現する多くの声が認められ、記名されるべきなのだ（Couldry 2010も参照）。

〝〜について〟ではなく〝〜とともに〟

調査手法を社交的にするために私たちが強調したいのは対話であり、また参加者と分析者の関係の再構成である。アンドレア・コーンウォールとレイチェル・ジュークスは次のように述べている。「ゆっくりと、そしてしばしば痛みを伴いながら、伝統的な研究者たちはいま、貧しい人や声なき人について研究するよりも、かれらとともに研究する方が最終的には価値があることに気づき始めている」（Cornwall and Jewkes 1995: 1674）。彼らはまた、調査を参加者についてではなくかれらとともに行うと考えるようになるためには、調査と執筆をめぐるより広い文化的制度を変革することが必要だと論じている。私たちは最後に、私たちの提唱する社交的手法が、この文化の一部である調査倫理と著者性の性質に関して、逆にどのように問題を提起するかを論じたい。そのためにもう一度、雑誌論文の原稿についてシャーリンとともに話し合ったザ・イータリーのミーティングに立ち返ってみよう。

その論文は「帰属の新たなヒエラルキー」というタイトルで、本書では加筆修正され第三章として収録されているものだが、それはシャーリンの人生に関するものであり、そこにはある黒人の出入国審査官との出会いについて彼女が書いた独創的な文章と詩が収録された。シャーリンとの対話は、「調査データ」と「分析的記述」との境界が曖昧になるようなものだった。私たちの分析にはこの調査のなかで生み出された素材について彼女と話し合うことも含まれていたが、一方でその会話自体が私たちのあいだでさらなる分析に使い得る素材として記録されたのだった。

シャーリンはその論文をともに書いたわけではないのだが、その著者性には重要な貢献をしていた。移民について
ではなく移民とともに研究を行ったことの成果として、参加者が著者として記名されている先例を参考に、私たちは論文の著者欄に彼女の名前を入れることを提案した（特に Leder *et al.* 2000 を参照）。二〇一三年にレスとシャーリンはこの経験についてあらためて話し合った（これはオンラインで視聴可能である。Back and Bryan 2013）。そこでシャーリンはこのように振り返っている。

私がそう感じていたという事実を私自身がよくわかっていなかったのに、論文にはちゃんと書かれていたの。私が文字にしたわけではないのに、詩のなかで私が何を書こうとしたかを、あなた方が本当に理解してくれたことがわかってとても気分が良かった……それは私が口にしたのかもしれな

いけど、それでも……私は心理学を勉強していて、調査をしている人は何にでも感動する一面を常に持っていると学んだけど、そんなことが一度も起こらなかったように感じたの。あの論文に書かれていたことすべて、そしてその解釈も、私について書いている人ではなくて、本当に私から生まれたものだった。それは嬉しかった。

私たちは著者名を「レス・バックとシャムサー・シンハ、シャーリン・ブライアンとともに（with Charlynne Brian）」とすることで同意した。その論文は学会誌に投稿され、掲載されることになった。だがこの物語のその後の展開は、コーンウォールとジュークスが指摘した制度的な限界を明るみに出した。

掲載までのプロセスで、シャーリンの著者としての立場に疑問が呈され、彼女に仮名を与えるよう提案があった。というのもそれが「調査参加者を誌上で論じるときの通例」だったからである。さらに出版社は、参加者のアイデンティティを明らかにすることは「倫理的な問題や許可上の問題」があるのではないかと疑った。私たちはシャーリンをクレジットに記載することが倫理的な配慮であり、また彼女自身も仮名を使う気はないのだと言った。この出来事は、参加者を自動的に匿名化することが良い倫理的実践だという前提が調査文化に蔓延していることを表している（BSA 2002 Section 34も参照）。私たちはこのような判断なきデフォルトの立場が、倫理的な不安神経症の症候だと考えている。そしてそれは、とりわけデジタル的なつながりが拡大している現代の文脈において、著者であるとはどういうことかを再考したり、調査の新たなフォーマットを創造したりする機会を制限してしまうのである。このような抑制は奇妙なものだ。現在ではフェイスブックやYouTubeのようなソーシャルネットワークの場において、かつてないレベルで人々は「自分自身を放送」しているし、ときには対話の相手となる調査者についても放送しているのだから（Jackson 2012）。

最終的に出版社は冷静に対応してくれ、論文はシャーリンの記名とともに出版された（Back, Sinha and with Bryan 2012）。シャーリンは二〇一三年の会話のなかでこれについて語った。「可笑しくて笑ってしまったの。私は、〝まあ、守ってくれなくていいって言っているのに、彼らは私を守ろうとしている〟と思ったわ」。この皮肉な状況を私たちは一緒に笑った。だが最後にもう一つ問題があった。出版社はシャーリンがどの教育機関に所属しているかを知りたがったのだ。著者として登場するためには大学に所属していなければならないということである。これもまた、研究文化におけるデータと分析、そして参加者と分析者のあいだの暗黙の分割を示唆するものだった――私たちはそれを解体しようとしたのだが。出版にはこのようなプロセスがあったわけだが、こういうわけで私たちは本書においてもまた著者欄にシャーリンやその他の参加者の名前を加えたのである。

さらに、シャーリンが本名を使ったという事実によって、新たな種類の流通が生まれることになった。私たちは出版に先だって論文の原稿をアベリー・ゴードンにメールで送った。彼女は社会学の仲間であるが、ちょうどカリフォルニア大学サンタバーバラ校の「社会理論における諸テーマ」上級クラスで用いるための現代の移民論を探していたところだった。彼女のクラスの八〇人の学生たちは、ヨーロッパの移民に関するジョン・バージャーとジャン・モアの古典的研究『第七の男』を読み、そして私たちの原稿を読んだ。現代の移民に関する私たちの説明は、一人の学生の想像力を掴むことになった。ダニエラ・フローラントというその学生は、シャーリンと同じく西インド諸島に家系があった。ダニエラは授業での発表準備のためにシャーリンの名前をグーグルで検索し、彼女の背景をもっと知ろうとした。ダニエラはイースト・ロンドン大学のウェブサイトでシャーリンが自分の詩を読んでいるYouTubeの映像を見つけ、それをパワーポイントに載せた。[2] もし私たちが「自動的な匿名性」を押しつけていたら、想像力と結びつきがこのように流通することはなかっただろうし、それはこの「データ」の社会的生命を制限していただろう。ダニエラと彼女のクラスメイトはシャーリンについて、この論文の三人の著者のうちの一人として、簡単な学問的経歴とともに敬意をもって紹介した。そしてシャーリンは作家であり詩人として説明された。アベリーはメールでこう述べている。「その学術誌が彼女の「学術的所属」を問題にしたなんて、おかしな話だし失礼だったでしょうね」（二〇一二年八月二五日の個人的通信より）。

ポール・ラビノウが述べているように、「いまや規制の主な形態は「倫理上のもの（ethical）」である」（Rabinow 2003: 115）。より大きな問題は、上述のような可能性を促進するほど柔軟な倫理的言語を私たちがいまだに持っていないということである。偏狭な倫理意識は、社会学的実践をむしろ狭めてしまい、しばしば有害にもなる「移民」の描かれ方を乗り越えるような新たな可能性に向けてそれが開かれていくことを阻害するのである。シャーリンの事例が明らかにしたのは、社会学がこの高度に接続された《ハイパー・コネクテッド》世界において旅をし、そこで結びつき、誰かを魅了し、（あの学生からすると）そこ

2 Charlynne Bryan 'Colliding Inferences. Heritage at its Best', Black History Month 08, University of East London www.youtube.com/watch?v=Js3NsLKFMdw&feature=youtube_gdata_player を参照。二〇一二年七月二八日閲覧。

に自分自身の似姿を見いだすといった、そうした可能性である。カリフォルニア大学サンタバーバラ校の学生ダニエラ・フローラントはメールでこのように述べている。「シャーリンの顔を見て、彼女が話すのを聞いて、彼女の物語を知ることができたから、個人的なつながりを感じました……そして、紙に書かれた言葉よりもずっとリアルに感じることができました」（二〇一二年八月二七日の個人的通信より）。私たちは本書で描かれた人生が同じく旅をし、こころよく著者欄に名を連ねてくれた参加者の生命力もまた、その実名とともに運ばれていくことを望んでいる。

私たちはシェイクスピアが『ソネット集』で書いたように、参加者が「彼らの顔の持ち主」になる機会を提供したかった。また、それが十分値する場合には、著者としてのクレジットを参加者に受け取って欲しかった。私たちは本書の表紙に二人ではなくて五人の名前が載っていることをとても嬉しく思う。このプロジェクトが終わりに近づきつつある頃、私たちはこの試みの複雑さと、著者名／匿名性／倫理の相互関係を理解するようになった。どのように著者性を表示するかの選択権を参加者に提供することは重要だと私たちは信じているが、かれら自身から、そして実名を出すことによって生じるかもしれない実害から参加者を守る責任があると感じることも幾度かあった。この選択について人々の見解は時間とともに変わったし、実名を使うか仮名を使うかで揺れ動くこともあった。この選択はしばしば、社会におけるかれらの身分の安定性に関係していた。それはかれらの在留資格に、そしてまた、かれらが亡命状態なのかそれとも定住を認められているのかによって、大きく決定されるものだ。亡命生活を送っている参加者は内務省や入国警備官《イミグレーション・ポリス》による継続的な監視下にあり、できるならば実名を出し著者に含まれたいと思っていても、ほとんどの場合が匿名性による保護を選択した。

身元が特定されないように、かれらの物語の詳細を変更しなければならないこともあった。ときとして仮名はかれらの足跡を覆い隠す道具になると私たちは評価するようになった。私たちは参加者を記名しようとする試みと、同時にかれらが見つかって監視されるようなリスクに晒されないようにすることのあいだでバランスを取らなければならなかった。ジリアン・オルナットは、拷問の犠牲者によって書かれた詩集を編んだときに同様の問題について考えながら、「今日の我々の世界では、出版物で本当のアイデンティティを提示しうるというのは特権なのである」と述べている（Allnutt 2010: 9）。

おわりに――民族誌を再設計する

私たちが提唱する民族誌の社交的アプローチは表象空間を大きく開放するはずである。孤独なフィールドワーカーが現場の詳細をノートに走り書きするというモデルではなくて、より多くの人々が書くことができるのだ。これは先述した「民族誌的という接頭辞」の過度な使用に対するティム・インゴルドの批判にもつながる。インゴルドが主張するのは、人間の文化をレイモンド・ウィリアムズのいう「固定された形態」に還元するのではなく（たとえばヌア族の家畜についての考え方とか、労働者階級の拡大家族についての古典的な表象のように）、人類学の学びとは、そこに関係するすべての人々のあいだで展開し、繰り返されるプロセスなのだということである。インゴルドは、「いわば、手紙の書き手がそうしているように、かれらは応答しているのである」という（Ingold 2014: 389）。これは人生や文化を調査データにしようとするのではなく、「思考や感情を書き込んで答えを待つこと、ずっと伸びていく道に沿ってお互いのあいだを縫うように進んでいく人生を送ること」なのだ（Ingold 2014: 389-390）。そこでは参加者の声と理解は、その民族誌の解釈と一緒に、またその内部に現れることになる――たとえそれが学術的権威と真面目さを挫くとしても。ジョン・L・ジャクソンが論じているように、「文化批評と協働的な行為」は、ひどく深刻な状況に直面しても「本気で笑い合う」ような、ありふれた日常性のなかで達成されるのである（Jackson 2010: S286）。

これこそ、ロンドンに住む移民の青年たちの経験を研究するなかで、私たちがやろうとしたことである。ほぼ一〇年にわたって私たちはこの参加者たちとともに調査を進めてきたが、かれらの人生はグローバルなつながりを持つものだった。二〇一四年一一月一九日、私たちはシャーリン・ブライアンとともに、ロンドン大学東洋アフリカ研究学院（ＳＯＡＳ）の移民・ディアスポラ研究センターで基調講演を行った。[3] シャーリンが彼女の発表パートを終えたとき、観衆から喝さいが起きた。基調講演の最中に喝さいが起きたのを見たのは、このＳＯＡＳでの講演だけである！ ある意味で、私たちはその夜、民族誌を通じてそれまで私たちが行ってきた対話と「応答」のあり方を、集まった聴衆の前で再演したのである。私たちはまた、調査参加者を無判断の倫理基準によって匿名にしてしまうのではなく、その本名を使って著者として記名するよう学会誌や出版社にも働きかけている。

要するに、私たちが提唱する社交的手法においては、質的調査の支配的パラダイム、そしてそこに位置づけられるデータ抽出とエリシテーションのプロセスが再設計されなければならないのだ。これは研究者と参加者の明確な分業を不安定にし、さらに社会学者の立場を揺るがす。研究者にとってこの種の開放性は脅威となり不安を生み出す。なぜならそれは知識を生産するという私たちの権力を脅かすからである。SOASの講義の後に、聴衆のなかにいた若い研究者が洒落のきいた言葉を述べた――「これじゃあ私たちはみんな失業ですね！」。私たちはそのリスクを負う価値があると考えている。対話的調査の実験を通じて、私たちの視界では見えていなかったさまざまな洞察を認識することができたのだ。さらにまた、参加者たちは私たちが学術的専門性を放棄することを欲しなかったし、むしろまったく逆だった。信頼と相互尊重の精神において参加者たちが望んだのは、私たちの学識と俯瞰的な視点を、かれら自身の直観や洞察と対話させることであった。

本プロジェクトにおいて私たちは、参加してくれた若者たちに著者として問題解決のプロセスに関わってもらった。そこでは次のような問題がずっと存在し、解決に向けて交渉されなければならなかった。研究成果はどの地点で研究者と参加者の共著となるのか？ それは研究者と参加者の関係をどのように再定義するのか？ さらに、研究者の権威的な声の限定性と、対話において知を生産する参加者の役割を認め得るとすれば、どのような形態の著者性／投稿が展開していくのか？（Photovoice 2008も参照）

サベージとバローズは社会学の「経験的な危機」に関する議論を加速させた（Savage and Burrows 2007）。すでにかつてない規模で情報を生産し分析している社会において、学術的な社会調査はどのような権限／役割を持ち得るのだろうか、というのだ。こうした問題から抜け出す一つの答えは、独自の社交的調査方法を発達させることである。なぜならその手法によって社会学者は、知識生産の変

3 「帰属の新たな階層性」というタイトルの講義はオンラインで全編が視聴可能である。www.youtube.com/watch?v=1a79xENx-Ws 二〇一七年八月四日閲覧。

革的モデルを達成すること、また、一つの社会問題をめぐって研究者と参加者、読者／聴衆によって形成される公共性を作り出すことに参与できるからである。アンドリュー・アボットにならって、私たちもまた社交的手法には、人を惹きつけわかりやすい「感情豊かな声を大切にし、促していく」志があるのだと主張したい（Abbott 2007: 96)。

学術研究の道徳的次元に関する大学内での不安は、「倫理的不安神経症」と判断なき保守主義を生み出していると私たちは考えている。調査参加者に対して「強制的な匿名性」を課すことは、研究の幅を狭めることにつながる。なぜならそれによって質的調査を行う研究者は、新たな形の協働的な著者性と調査技能を発展させることがますます難しくなるからだ。それはまた、研究者たちがデジタル文化によって新たに生み出されるようになったデータや洞察を入手したり、またグローバルに移動して世界中の関心もつ聴衆へとそれを届けることに制約をかけるのである。

たしかに私たちが提唱する促進性の対話が適切でないケースもあるだろう。たとえば人種主義者やホロコーストを否認する歴史修正主義者、巨大な力を持った企業の役員などを対象に調査を行う場合などである。しかしながら、周縁化された人間集団を対象とする場合には、社交的手法はかれらを参加者であると同時に著者として社会学との対話に導きながら、深い洞察を生み出す可能性を与えてくれる。新たな不平等の編成や移住の経験を分析しようとする際にこれまでの社会学理論が遭遇している限界を考えると、これはいっそう妥当な応答であるように思われる。

シャーリンの人生について私たちが書いたものを彼女が読んだときに見せた驚きは、まさしく私たちが肯定したい特徴を備えたものである。彼女が「どうしてそれを知ってるの?」と尋ねたとき、その問いには戸惑いとともに喜びの感覚があったのだ。それを読むことで、彼女が伝えようとしていたことが何だったのかを、彼女自身が明らかにできたかのようだった。同様に研究者としての私たちについても、ドロシーがどうしてバッキンガム宮殿の写真を撮ったかを説明してくれたとき、私たちの想像力は刺激されたのである。彼女の説明を聞いていると、既存の社会学的概念や理論に命が吹き込まれ、さらに移民としての彼女の立場が持つ制約を越えて彼女の人生を見ることができたのだ。ここでの調査とは、インフォーマントから情報を掘り出すということではなく、調査者と参加者が身近な経験を離して置き、またあらためて再編するような作業なのである。その結果生み出されるのは相互の応答であり、変容である——たとえばシャーリンは自分自身を理解し、私たちは社会学理論の限界を認識したわけだ。まさにそうした社会的地平と想像力の交換をつうじて、人生の再活性化が行われる。こうした社交的手法は、社会の見えない部分にあるさまざまな制限を見ること、また、雑音で掻き消されたり沈黙に隠されたりしている不正を聞き取って、それを公共の会話に持ち込むことに捧げられるのである。

本書における移民の若者たちの肖像を通じて、移民をめぐる議論のなかで顕著に見られる拙速な判断や表層的な事実を抑制できればと思う。本書は、そしてその土台となる認識論もまたそうだが、移民の人々を社会的かつ実質的に貶めようとする政治的メカニズムに対抗して書かれたものである。私たちは、時間をともにしたかれらができる限り自分の物語の所有者になって欲しかったし、その人生が引用され、その経験が記名されて欲しかったのだ。まさにシャーリンが「私の一部はいつもあなた方がその論文で引用した少女であり続けるの」と言ってくれたように。私たちが本書で提示しようとしたのは、生き生きとした生命力を持ち、（実際の参加者や著者とは違って）「時が過ぎるとともに若くなっていく」移民たちの肖像である（Berger 2010: 7＝2024: 7）。これらの若者たちの生命力は必然的に衰えていくが、私たちが本書のページに保存しようとしたのはかれらの洞察であり、それは現在とともに未来においてもまた、移民の経験について適切に語り続けるからである。

訳者解説

本書はイギリスの社会学者レス・バック（Les Back）とシャムサー・シンハ（Shamser Shinha）による*Migrant City*（Routledge, 2018）の翻訳である。さらに著者のクレジットとしてシャーリン・ブライアン（Charlynne Bryan）、ヴラッド・バラク（Vlad Baraku）、マルドーシュ・イェンビ（Mardoche Yembi）の名前も付されている。その理由については本書の「おわりに」に詳しく書かれているので是非お読みいただきたいが、端的に言えば社会学的作品とは研究者が参加者について書くのではなく、参加者とともに書くもの、ともに知識を練り上げていくもの、というレスとシャムサーの思考を反映したものである（以下、著者の二人についてファーストネームを使わせていただく。二〇年以上の付き合いでレスをファミリーネームで呼んだことが一度もない！）。著者の一人レス・バックはロンドン大学ゴールドスミス校の社会学部教授として、また、同校の都市とコミュニティ研究センター所長として、人種・移民問題を中心に長年精力的に研究活動を進めてきた。本書執筆時もゴールドスミス校で教鞭を取っていたが、現在はグラスゴー大学の社会政治科学部に籍を移している。その理由は後で簡単に触れようと思う。レスの代表作としては一九九六年にUCL Pressから発刊された*New Ethnicities and Urban Culture: racism and multiculture in young lives*（後にRoutledgeから再版）や二〇〇七年にBergより出版された*Art of Listening*（邦訳『耳を傾ける技術』有元健訳、せりか書房、二〇一四）などがある。さらに共著・共編を含めると非常に多くの作品を生産してきた。彼の研究は一貫してイギリス社会において帝国主義時代の人種主義の遺産が今なお継続していること、そしてそれによって「イングランド人であること（Englishness）」あるいは「イギリス人であること（Britishness）」の概念に人種的包摂／排除の境界線が内在してきたことを批判するものだ。こうした問題系はスチュアート・ホールやポール・ギルロイといったカルチュラル・スタディーズの人種・多文化主義研究を受け継ぐものである。レスの関心領域はスポーツや音楽、そしてタトゥーにまで広がるが、それは人類学のトレーニングも受けてきた彼にとって、そうした文化の日常的実践の現場こそ、社会階級や人種・国民の包摂／排除の境界線をめぐるミクロな政治学が発現する重要な調査・分析の対象となるからだ。レスの社会学者としてのキャリアは、一九八〇年代にロンドンでユース・ワーカーとして働きながら博士論文執筆を行ったことに始まる。そうした経緯がもう一人の著者シャムサー・シンハと共同研究をするきっかけになったことは想像に難くない。

シャムサーはイギリス南東部イプスウィッチにあるサフォーク大学法学・社会学部に所属する上級講師で、社会学および若者研究の授業を担当している。専門領域は、イギリスにおける移民や庇護希望者が置かれている社会的・政治的状況、人種主義、エスニック・マイノリティの若者の家族関係や親密関係、若年層の性的な健康や教育の経験など多岐にわたる。近年はイースト・ロンドンに住む移民の子どもや若者たちとの長期間にわたる「かかわり」を重視する地道で、だからこそクリエイティブな民族誌的調査を続けている。今回、自身の作品が日本語に翻訳されるのは初めてということで、日本の読者に向けて自身の学術的キャリアについて紹介文を送ってくれた。ここには、彼がなぜ民族誌の研究手法について再考してきたのか、そして本書が「社交的手法」と呼びうるものを提唱する意味が示されている。

過ぎ去った時間を振り返って意味を理解することができるとはいえ、社会学における私の旅を導くために前もって計画した筋書きはありません。ジョン・バージャーとジャン・モアの『第七の男』に影響を受け、私は博士課程の調査を行いました。トルコ出身の元ガストアルバイター、そしてその後の世代を理解するために、今となってはさまざまな耳を傾ける実践に取り組みました。しかし博士論文の狭隘は彼らの物語から生気を奪ってしまった。そして私は期間契約の調査を通じて、社会学が私に洞察力を与えてくれた権力の問題に関わりました。その洞察の限界と、社会学が人間によって形作られていない、あるいは人間とは似ても似つかぬものであるように思えたことに、私は失望しました。社会学とは、システムそのものであるように思えたのです。ボランティア活動を始めるとそれは一層深刻な問題に見えました。ドスト（Dost）と呼ばれるユース・グループで、ロンドンで亡命を求める身内のいないティーンエイジャーと関わりました。ユース・ワークのクリエイティブな実践は活気と学びを与えてくれ、そこでは方法など無意味でした。レスと一緒に今読んでいただいているような作品に取り組むことになったとき、彼は私がどこから来たのかをよりよく理解してくれました。そして私も。私たちは二人とも『第七の男』が大好きで、そうして私たちの仕事が始まったのです。

本書に結実することになる調査を行った最初の二年間が過ぎた後、レスと私、そして参加者たちは、私の契約終了後もこの仕事を続けることを決めました。本書を執筆するかたわらで私は大学の社会学部に戻ることになり、展開されるストーリーとその意味についてより深く関わるようになりました。とはいえ私は学術機関にあまり関与しなくなり、社会学との溝は広がりました。私にとってそれは今も続いています。このことが大きな理由となって、私は社会学者であると同時にプロの劇作家になりました。その結果、物語を理解するための新たな枠組みを得ることができ、本書を例外として、私の日々の社会学では失われていた言葉の力を得ることができました。これが私のこれまでのキャリアです。私は今、物語の力について、それが社会学の言説として位置づけられるのかどうか、そしてそれが社会学や社会的不公正に対抗するために何を意味するのかについて、あらためて考えているところです。問題に直面している人びとが、最も搾取されやすく、利用されやすく、無視されやすいというのは、今なお真実です。一方、問題に直面することがほとんどない人々が、世界をわがものにしているのです。

レスとシャムサーはともに移民や若者など、社会においてその声が不当に軽視されている人々の声に真摯に耳を傾けてきた。ただ彼らにとって問題だったのは、社会学という学問制度の枠内では、データを生産する調査参加者とそれを抽出し学術の高みから分析する研究者というある種の支配関係が生じ、世界についての理解をともに深めていくはずの参加者たちの主体性が失われてしまうということだった。したがって彼らは、参加者たちの主体性や独創性ができるだけ発揮されうるように、調査の手法や手続き自体を参加者とともに考え、さらにデータの分析や解釈についても、あらためて参加者と話し合うというプロセスを取ったのである。研究者と参加者の洞察にはそれぞれ限界があるという認識に立ったうえでともに調査をつくりあげ、そして継続的な対話を通じて新たな知識（世界についての一層深い洞察）を生み出していくことが、社交的（sociable）といえるわけである。そしてそれは、二人が日本語版への序文に記してくれた「心からの社会学（*Sociology from the Heart*）」の実践なのだ。

本書の研究に参加した移民の若者たちが置かれている窮状を理解する一つの補助線を提供するため、イギリスの移民政策の歴史と背景について若干の解説を加えておきたい。ただしイギリスの移民法や国籍法の変遷を細かく説明したり、当事者はおろか行政担当者や専門家ですら理解に難儀するイギリスの出入国在留管理制度を網羅的に紹介したりすることは控え、ここでは（旧）植民地出身者の移住が制限されていく歴史的経緯と、そこにみられる人種主義の影響とにポイントを絞り簡潔に記述していく。

まず強調しておきたいのは、帝国時代のイギリスでは建前上、帝国の構成員はすべて、イギリス国王との忠誠・保護の関係に置かれる「イギリス臣民（British subject）」とみなされ、イギリス本土を含む帝国領土内における移動と居住は「自由」であると考えられていたことである（ただし保護領の住民は「イギリス保護民」としてほぼ外国人と同等の扱いがなされた）。こうした方針は、なにも歓待や寛容の精神に由来するものではなく、スコットランド人やアイルランド人を含めたイギリス諸島の人間が植民地に渡り、占領、入植、統治を進めるというプロセスを円滑に進めたり、またその時々の経済的要請に応じて、ある植民地から別の植民地への労働力の移動を促進したりする上で都合がよかったのである（たとえば英領インドの労働者をマレーのゴムプランテーションに送るなど）。また現実には、植民地出身の移住者たちは移動や在留のみならず、雇用、労働条件、就学、婚姻、住居、宿泊、日々の消費行動や交通手段など生活の各方面で、公式にも非公式にも、さまざまな差別に晒されていた。とくに一九世紀末以降は、オーストラリアの悪名高い「白豪主義政策」の例にみられるように、オーストラリア、カナダや南アフリカなどのいわゆる「白人入植植民地（white settler colonies）」において、イギリス臣民をも含めた「アジア人」移住者を主たる標的とした人種主義的政策が取られ、イギリス本国もそれを黙認していた。だが他方でイギリス本国には、帝国各地で台頭する脱植民地運動を刺激したくないという政治的思惑から、「人種」や肌の色、宗教などを理由に臣民の移動や在留を制限しないという「建前」を堅持する必要性があった。それはたとえばモーハンダース・カラムチャンド・ガンディーが南アフリカにおける英領インド人差別への反対運動からその政治的キャリアを開始したことを思い起こしていただきたい。

しかしこうした姿勢は、第二次世界大戦後、帝国の漸進的解体という歴史的文脈のなかで徐々に変化していく。戦後直後は、復興のための労働力不足という経済事情と、独立や自治を獲得した旧植民地の国々との政治的紐帯を維持したいとの政治的思惑から、イギリス政府はコモンウェルス諸国からの移住をむしろ積極的に奨励していた。実際、一九四八年に（以後の各植民地の独立を想定して）制定された国籍法では、（旧）植民地の市民は旧来の「イギリス臣民」と互換的に用いられる「コモンウェルス市民」のカテゴリーに含められ、コモンウェルス市民にはイギリス本国に自由に入国・定住する権利が保証されていた。しかし一九五八年にロンドンのノッティングヒルで起きた人種暴動などを契機にイギリス国内で「有色」の、とくに非熟練労働に従事する移住者に対する反移民感情が台頭すると、一九六二年に政府はコモンウェルス移民法を制定し、労働許可制度の導入によってコモンウェルス諸国からの移住に制限をかけることとなる。以降一九六八年、一九七一年と立て続けに行われた移民法改正（悪）によって、コモンウェルス市民の入国規制はさらに強化され、ついにはサッチャー政権下で制定された一九八一年国籍法によって、イギリスに自由に入国・定住できる権利は「イギリス市民」に限定された。ここにおいて（旧）植民地の市民たちは「母国」イギリスへの入国と、そこに住む権利から切り離されることになったのだ。

このように、二〇世紀後半以降のイギリスは、国内での人種主義や排外主義の台頭を背景として、あたかも「白人入植民地」の政策を後追いするかのように、次第に（旧）植民地からの人の移動に制限を課していった。それは、国籍と出入国在留管理に関わる法制度が、あくまで建前上であるが多「人種」・多文化の統合を掲げる帝国の論理に基づくものから、白人至上主義と重なり合ったナショナリズムの論理に基づくものへと、段階的に改正（悪）

されていくプロセスであったといえる。重要なのは、イギリスと旧植民地との歴史的つながりを断ち切り、植民地の「市民」が「移民」へと変容させられるプロセスを後押ししてきたのが、逆説的なことに、人種主義というもう一つの植民地時代の遺産の再活性化だったという点である。それゆえ本書各所で著者たちが何度も強調するように、現代イギリスの「移民問題」の考察には、これら二重の意味で、帝国の遺産と真摯に向き合うことが求められるのである。

本書に示されている通りロンドンは帝国主義の遺産を今もなお引き継ぐメトロポリスであり、グローバルな移住の目的地／通過点であるが、一方で極東にある東京もまたかつての帝国の中心都市であり、ネオリベラルな資本主義の拠点であり、多くの若い移住者が集まるグローバル・シティである。本書をきっかけとして日本、あるいは東京における移民の状況について関心を持たれる読者もいると思うので、簡単に説明を加えておきたい。二〇二三年末時点での東京都の移民（在住外国人）人口は六六万三三六二人で、日本全国の移民の一九・四％を占めている。しかも、今日の人口は二〇年前に比べて九〇％以上増加していることを示している。東京には外資系企業や教育機関が集中しているためか、移民の在留資格も「技術・人文知識・国際業務」などのいわゆる高度人材と「留学」の比率が全国に比べ高い。また、東京都の移民は二〇代だけで全体の三割を占めるほど男女問わずに若年層が多く、東京の若者の一〇人に一人が移民であるのが特徴である。居住者の国籍も一八〇か国近くに及び、多くの移民たちを魅了する国際色豊かな多文化都市を思わせる。その一方で、都の総人口に占める移民人口は五％にも満たないという事実を踏まえるなら、移民比率では三五％以上のロンドンには遠く及ばず、バージャーらの『第七の男』の時代よりもさらに低いことがわかる。そうしたロンドンと東京の移民比率の違いについては、総人口の規模の大きさや移住者による主体的な選択の結果というよりは、両国における地政学的なプレゼンスの差に加えて、入管政策の歴史的な展開の相違にその要因を求めるべきであろう。

ただし、このように量的な部分では大きな違いがあっても、移民都市のなかで生きる若い移民たちがどのような経験をしているのかという本書のテーマ、すなわち質的な観点でみるなら、双方の都市に共通する側面は少なくない。たとえば東京を含む首都圏では、インバウンドによる膨大な外国人観光客の存在に紛れて、現場から失踪した元技能実習生が闇の経済に絡めとられ、留学生は在籍する教育機関で監視されながらも眠らない街の経済を必死に支えている。難民認定を受けられない庇護希望者などの無登録移民は収容・送還の途か就労不可の仮放免生活かの選択を強いられ、定住化し永住資格をもつ移民でさえも、今日では永住許可を取り消されるリスクを突き付けられ安定した生活を脅かされている。

帝国の遺産を引き継ぐ戦後日本の入管政策は、旧植民地との関連のないニューカマーの移民に対しても管理と追放の矢を貫き、高度人材でなければ労働力の搾取にしか関心を払わず、難民に至っては頑なに門を閉ざし続けてきた。近年の改定入管法の動向をみてもわかるとおり、以前から強硬路線をみせていた日本の入管体制とそれを取り巻く言説は、本書でも指摘される国益優先の「現在主義」と「偏狭主義」をますます強めており、歴史の忘却と利己主義が市民社会のなかで醸成され正当化されるのを後押ししている。

したがって、移民論争のスケールを再構築する、すなわち移民に反対する議論の大きな思い込みを相対化する必要があるのは、日本においても変わりはない。「すでに日本は移住労働者を選ぶ側ではなく、選ばれる側なのだ」という最近芽生え始めた危機的な認識がこの再構築を促していくかどうかはまだ分からない。重要なのは、移民たちの移動がどのように差別化されているのかをまず知ることであり、恣意的な在留管理によって、自国で築いたキャリアを活かせないままホスト社会の新たな帰属のヒエラルキーに埋め込まれる現実を認識することである。「選ばれる側」になっても、「望ましい移民」と「望ましくない移民」が冷ややかに区分されるのであれば、そこに人種主義的なフィルターの作動を読み取れるだろうし、利権を求める国民国家の欲望がドリーン・マッシーのいう「権力の不平等な幾何学」の中で渦巻いていることの証左として捉えられるだろう。

東京という都市、ひいては日本という国家は、移民都市（国家）としてその身体を膨らませる一方で、同時に「反移民の時代」を生きている。それは、移民国家である日本や移民都市である東京が頑なまでに「移民」という用語を採用しないことに端的に表れている。ゆえに「多文化共生」をスローガンに掲げながらも、蔓延するヘイトに対峙しない構えが平気で黙認されるのだ。一九九〇年代から日本に暮らすクルド人難民への迫害が突如として過激化したのは、日本政府の外交関係に左右された難民政策の影響を隠して、事実上、難民を悪魔化する入管法の改定（二〇二三年）を行ったことにあるのを忘れてはならない。

本書はロンドンの若者の移民たちの言葉を通じて、国境をめぐるポリティクスがいかに帝国主義の歴史や人種主義の遺産、さらにはグローバル資本主義に編み込まれているかを明らかにし、同時に国境をまたぐ人々の生に宿されたコンヴィヴィアルな社会への道筋を美しく描きだしたものである。だが同時に、現在社会学的研究が陥っている窮状についても著者たちは指し示している。いまや研究者は外部の競争的研究基金をいかに獲得できるか、また国際的にどれだけ論文を引用されるかで評価され、さらに決まった期間のなかで成果を出すよう圧力をかけられている。その一方で、調査は規律的な倫理審査のフィルターを通過しなければならない。たとえその「倫理」が参加者や研究の価値のためでなく、研究機関側のリスク管理のためであっても。リスクヘッジをしながら最も効率よくデータを集め、最も効率よく数多く引用されるだろう成果物を生産する。現在の社会学者に求められているのがこうした知の生産のネオリベラル化だとすると、レスとシャムサーが行ってきたのはそれに抗うことだったといえる。本書の「おわりに」で言及されているように彼らは調査資金が提供される期間を過ぎても調査を継続した。なぜなら彼らと参加者との対話による協働的な知の生産はゆっくりと時間をかけて練り上げながら行われるべきものだったからである。そしてそうした社交的社会学においては、倫理もまた形骸的な「法」となるのではなく柔軟に吟味されなければならないのだ。しかしながら先述のように本書の出版から数年後にレスはゴールドスミス校を離れることになる。その直接的な理由は、ゴールドスミス校の経営に銀行が参入し、ネオリベラルな人員削減を断行したからである。ゴールドスミスの看板教授の一人であったレスはその対象にはならなかったが、「同僚の解雇によって浮いたお金で自分の給料が支払われることに我慢ができない」と自らゴールドスミスを辞し、二〇二二年にグラスゴー大学へと転任することになった。ロンドン南東部の貧困地域の住民に教育機会を提供するために設立され、かつてリチャード・ホガートが学長を務め、今ではスチュアート・ホール・ビルディングがそびえ立つゴールドスミスでさえ、こうした状況なのである。本書の読者の方々には知の生産が決して世俗的な権力関係と無縁ではないことをあらためて想起していただきたい。

本書を三人の訳者で分担して翻訳するにあたって migration や immigration、あるいは divided connectedness などの主要な概念についてどのように訳出するかを話し合ったが、最終的に日本語訳として無理に統一するのではなく、読者のスムーズな理解を優先するかたちで、各章の担当者がそれぞれの文脈において訳し分けることを選択した。言語間の共訳不可能性についてはレスとシャムサーも十分理解してくれており、何よりもロンドンの移民たちの声を届けたいという二人の想いに沿う読みやすい翻訳になっていればと思う。また、原稿作成の最終段階で移民たちの口調を全体としてどのように訳すべきかという基本的な問題に直面することになった。私たちの当初の翻訳原稿では、調査者も参加者も敬語で対話していたのである。私たちにはこうした会話形式が、ある種の「取り調べの形式」のように思われ、著者の二人にどうすべきかと問うた。二人の答えは、是非友人と会話しているときの雰囲気で訳してほしい、というものだった。著者と参加者が聞き取る／聞き取られるという関係ではなく、社交的な会話が行われている雰囲気がうまく訳出できていることを願う。もちろん、誤訳等のミスがあればすべて訳者の責任である。

本書の翻訳プロジェクトが始まって四年以上の月日が経ってしまった。著者の二人は今か今かと日本語版の出版を待ち望んでいたが、私たち訳者の力不足でなかなか作業がはかどらなかったことを申し訳なく思っている。しかしながらこの四年間私たちをずっと励まし、きわめて緻密な作業で支え続けてくれた人文書院の浦田千紘さんには本当に感謝しています。あなたの〝心からの〟気配りと支えがあってこそ、本訳書は完成しました。シャーリンをイメージした表紙のイラストを、レスとシャムサーはきっと喜んでくれると思います。みなさま本当にありがとうございました。

訳者一同

Warrell, H. (2017) 'London's 1.8m migrant workers contribute annual average of £46, 000', *The Financial Times*, 2 March 2017, www.ft.com/content/c9b2e4de-fe97-11e6-96f8-3700c5664d30?mhq5j=e1 downloaded 26 June 2017.

Watson, J. L. (1977) *Between Two Cultures: Migrants and Minorities in Britain*, Oxford: Wiley-Blackwell.

Wemyss, G. (2009) *The Invisible Empire: White Discourse, Tolerance and Belonging*, Farnham, UK: Ashgate.

Wessendorf, S. (2014) '"Being open, but sometimes closed": Conviviality in a super-diverse London neighbourhood', *European Journal of Cultural Studies*, 17(4): 392-405.

Wetherell, M. (2009) 'Negotiating liveable lives - identity in contemporary Britain', in M. Wetherell (ed.) *Identity in the 21st Century: New Trends in Changing Times*, Basingstoke, UK: Palgrave Macmillan, pp. 1-20.

Williams, R. (1977) *Marxism and Literature*, Oxford: Oxford University Press.

Wise, A. and Noble, G. (2016) 'Convivialities: An orientation, ' *Journal of Intercultural Studies*, 37(5): 423-432.

Wise, A. and Velayutham, S. (2009) 'Introduction: Multiculturalism and everyday life', in A. Wise and S. Velayutham (eds) *Everyday Multiculturalism*, Basingstoke, UK: 4 Palgrave Macmillan, pp. 1-15.

———(2014) 'Conviviality in everyday multiculturalism: Some brief comparisons between Singapore and Sydney, ' *European Journal of Cultural Studies*, 17(4): 406-430.

Wright, C. Y., Darko, N., Standen, P. J. and Patel, T. G. (2010) 'Visual research methods: Using cameras to empower socially excluded Black youth', *Sociology*, 44(3): 541-558.

Younge, G. (2016) 'Brexit: A disaster decades in the making', *The Guardian*, Thursday 30 June 2016, www.theguardian.com/politics/2016/jun/30/brexit-disaster-decades-in-the-making downloaded 8 August 2016.

Yuval-Davis, N. (2006) 'Belonging and the politics of belonging', *Patterns of Prejudice*, 40(3): 197-214.

Yuval-Davis, N., Anthias, F. and Kofman, E. (2005) 'Secure borders and safe havens and the gendered politics of belonging: Beyond social cohesion', *Ethnic and Racial Studies*, 28(3): 513-535.

Yuval-Davis, N., Wemyss, G. and Cassidy, K. (2016) 'Changing the racialized "common 6 sense" of everyday bordering', *Opendemocracy*, 17 February 2016. www.opendemocracy.net/uk/nira-yuval-davis-georgie-wemyss-kathryn-cassidy/changing-racializedcommon-sense-of-everyday-bord downloaded 23 August, 2017.

Yuval-Davis, N., Wemyss, G. and Cassidy, K. (2017) 'Everyday bordering, belonging and the reorientation of British immigration legislation', *Sociology*, DOI: 10.1177/ 0038038517702599, http://journals.sagepub.com/doi/abs/10.1177/0038038517702599 downloaded 5 December 2017.

Zabriskie, P. (2008) 'The Outsiders', *National Geographic*, 213(2): 114-135.

Smart, C. (2009) 'Shifting horizons: Reflections on qualitative methods', *Feminist Theory*, 10(3): 295-308.

Song, M. and O'Neill Gutierrez, C. (2015) '"Keeping the Story Alive": Is ethnic and racial dilution inevitable for multiracial people and their children?', *The Sociological Review*, 63(3), 680-698.

Spencer, S. (2012) 'Looking for Africville - complementary visual constructions of a contended space', Sociological Research Online, 17(1): 6, www.socresonline.org.uk/17/1/6.html

Stacey, J. (1988) 'Can there be a feminist ethnography', Women's International Forum,

Stack, C. (1993) 'Writing ethnography: Feminist critical practice', Frontiers: A Journal of Women's Studies, 8(3): 77-89.

Steinmetz, G. (2009) 'The Imperial entanglements of sociology in the United States, Britain, and France, since the nineteenth century', Ab imperio teorii a iistoriia national noste ̄ı i natsionalizma v postsovetskom prostranstve (Theory and History of Nationalities and Nationalism in the Post-Soviet space), 4: 23-78.

Tanner, S. (2009) *Afghanistan: A Military History From Alexander the Great to the Present*, Philadelphia, PA: Da Capo Press.

Thiel, D. (2012) *Builders: Class, Gender and Ethnicity in the Construction Industry*, Abingdon, UK: Routledge.

Travis, A. (2015) 'Ai Weiwei given extended visa to visit Britain after Theresa May intervenes', *The Guardian*, 31 July 2015, www.theguardian.com/artanddesign/2015/jul/31/ ai-weiwei-visa-britain-theresa-may downloaded 3 September 2016.

Tyler, I. (2006) '"Welcome to Britain": The cultural politics of asylum', *European Journal of Cultural Studies*, 9(2): 185-202.

United Nations Department of Economic and Social Affairs (2014a) 'The Number of International Migrants Worldwide Reaches 232 Million', *Population Division Inter national Migration – Population Facts No. 2013/2*, New York: United Nations, http:// esa.un.org/unmigration/wallchart2013.htm downloaded 29 May 2014.

———(2014b) 'International Migration 2013: Age and Sex Distribution', *Population Division International Migration – Population Facts No. 2013/4*, New York: United Nations, http://esa.un.org/unmigration/wallchart2013.htm downloaded 29 May 2014.

——— (2014c) 'International Migration Stock at Midyear', http://esa.un.org/unmigration/TIMSA2013/migrantstocks2013.htm?mtotals downloaded 29 May 2014

Universities UK (2017) Economic impact of international students, www.universitiesuk.ac. uk/policy-and-analysis/reports/Documents/2017/briefing-economic-impact-internationalstudents.pdf downloaded 31 August 2017.

Valentine, G. (2008) 'Living with difference: Reflections on geographies of encounter', *Progress in Human Geography*, 32(3): 323-337.

Valluvan, S. (2016) 'Conviviality and multiculture: A post-integration sociology of multi- ethnic interaction', *Young*, 24(3): 204-221.

Vertovec, S. (2007) 'Super-diversity and its implications', *Ethnic and Racial Studies*, 30(6): 1024-1054.

Vij, S. (2012) 'Of nationalism and love in Southasia', *Himāl SouthAsian*, 19 June 2012, http://himalmag.com/of-nationalism-and-love-in-southasia/ downloaded 24 August, 2017.

Virdee, S. and McGeever, B. (2017) 'Racism, crisis, brexit', *Ethnic and Racial Studies*, DOI.10.1080/01419870.2017.1361444.

Visweswaran, K. (1988) 'Defining feminist ethnography', Inscriptions, 3-4: 27-47.

Ware, V. (2008) 'Towards a Sociology of Resentment: A Debate on Class and Whiteness, ' *Sociological Research Online*, 13(5): 9, www.socresonline.org.uk/13/5/9.html down - loaded 20 February 2018.

Rodriguez, R. (2010) *Migrants for Export: How the Philippine State Brokers Labor to the World*, Minneapolis, MT: University of Minnesota.

Readings, B. (1996) *The University in Ruins*, Cambridge, MA: Harvard University Press.

Rhys-Taylor, A. (2013) 'The essences of multiculture: A sensory exploration of an inner city street market', *Identities: Global Studies in Culture and Power*, 20(4): 393-406.

Rienzo, C. and Vargas-Silva, C. (2016) *Migrants in the UK: An Overview – Fifth Revision The Migration Observatory*, Oxford: Compas/University of Oxford.

Rishbeth, C. and Powell, M. (2013) 'Place attachment and memory: Landscapes of belonging as experienced post-immigration', *Landscape Research*, 38(2): 160-178.

Rishbeth, C. and Rogaly, B. (2017) 'Sitting outside: Conviviality, self-care and the design of benches in urban public space', *Transactions of the Institute of British Geographers*: 1-13 DOI 10.1111/tran.12212 downloaded 5 December 2017.

Rutherford, J. (2007) *After Identity*, London: Lawrence and Wishart.

Said, E. (1993) *Culture and Imperialism*, London: Chatto and Windus.〔エドワード・サイード（1998/2001）『文化と帝国主義』1・2, 大橋洋一訳, みすず書房〕

Sanders, C. and Cuneo, C. J. (2010) 'Social reliability in qualitative team research', Sociology, 44(2): 325-343.

Sandhu, S. (2006) *Night Haunts: A Journey Through The London Night*, London: Artangel and Verso.

Santin Writers and Naga, R. (2006) *Playing With Fire: Feminist Thought and Activism Through Seven Lives in India*, Minneapolis, MT and London: University of Minnesota Press.

Savage, S. and Burrows, R. (2007) 'The coming crisis of empirical sociology', *Sociology*, 41(5): 885-899.

Sayad, A. (2004) *The Suffering of the Immigrant*, Cambridge, UK: Polity Press.

Schuster, L. (2005) 'The continuing mobility of migrants in Italy: Shifting between places and statuses', *Journal of Ethnic and Migration Studies*, 31(4): 757-774.

Schwartz, B. (1974) 'Waiting, exchange and power: The distribution of time in social systems', *American Journal of Sociology*, 79(4): 841-870.

———(1975) *Queuing and Waiting: Studies in the Social Organisation of Access and Delay*, Chicago, IL and London: University of Chicago Press.

Sennett, R. (1998) *The Corrosion of Character: The Personal Consequences of Work in the New Capitalism*, New York: W.W. Norton.〔リチャード・セネット（1999）『それでも新資本主義についていくか——アメリカ型経営と個人の衝突』斎藤秀正訳, ダイヤモンド社〕

Short, C. (2009) 'Foreword to second mining report', in R. Goodland and C. Wicks *Philippines: Mining or Food?*, London: Working Group on Mining in the Philippines. p.vi.

Sigona, N. and Bechler, R. (2016) 'On superdiversity in a "crisis mood"', Opendemocracy, www.opendemocracy.net/Can-europe-make-it/nando-sigona-rosemary-bechler/on-super diversity-in-crisis-mood, pp. 1-14 downloaded 8 August 2016.

Sinha, S. (2008) 'Seeking sanctuary: Exploring the changing postcolonial and racialized politics of belonging in East London', *Sociological Research Online*, 13(5): 1-23, www.socresonline.org.uk/13/5/6.html downloaded 15 July 2017.

Smith, M. M. (2006) *How Race is Made: Slavery, Segregation, and the Senses*, ChapelHill, NC: The University of North Carolina Press.

Smith, L. T. (2012) *Decolonising Methodologies: Research and Indigenous Peoples*, 2nd edition, London and New York: Zed Books and Dunedin: Otago University Press.

and the Challenge to Criminology, London: Routledge, pp. 129-145.

NBC News (2008) 'UN soldier killed in Haiti's riots over food', NBC news service 14 December 2008, www.nbcnews.com/id/24072532/#. U_2n6EtX_1o

Neal, S., Bennett, K., Cochrane, A. and Mohan, G. (2013) 'Living multiculture: Under- standing the new spatial and social relations of ethnicity and multiculture in England', *Environment and Planning C: Government and Policy*, 31: 308-323.

Noble, G. (2009) 'Where the bloody hell are we? Multicultural managers in a world of hyperdiversity', in G. Noble (ed.) *Lines in the Sand: The Cronulla Riots, Multiculturalism and National Belonging*, Sydney, NSW: Sydney Institute of Criminology, pp. 1-22.

Noble, G. (2013) 'Cosmopolitan habits: The capacities and habits of intercultural conviviality', *Body and Society*, 19(2-3): 162-185.

Nowicka, M. and Vertovec, S. (2014) 'Comparing convivialities: Dreams and realities of living with difference', *European Journal of Cultural Studies*, 17(4): 341-356.

Nowotny, H. (1994) *Time: The Modern and Postmodern Experience*, Cambridge, UK: Polity Press.

Nussbaum, M. (2006) *Frontiers of Justice: Disability, Nationality, Species Membership*, Cambridge, MA and London: The Belknap Press of Harvard University Press.〔マーサ・C・ヌスバウム（2012）『正義のフロンティア――障碍者・外国人・動物という境界を越えて』神島裕子訳，筑法政大学出版局〕

Office of National Statistics (2017) *Migration Statistics Quarterly Report: August 2017*, Office of National Statistics: London.

Official Gazette of the Republic of the Philippines (2005) OFW personal remittances reach $17.9 billion, www.gov.ph/2015/10/15ofw-persoanl-remittances-reach-17-9-billion/ downloaded 15 August 2016.

Orwell, G. (1968 [1939]) 'Not counting niggers' in G. Orwell *The Collected Essays, Journalism and Letters of George Orwell*, London: Penguin, pp. 434-438.

Pascale, C. M. (2010) 'Epistemology and the politics of knowledge', *The Sociological Review*, 58(2): 154-165.

Pauwels, L. (2012) 'Conceptualising the visual essay as a way of generating and imparting sociological insight', Sociological Research Online, 17(1): 1, www.socresonline.org.uk/17/1/1.html.

Phillips, M. and Phillips, T. (1998) *Windrush: The Irresistible Rise of Multi-racial Britain*, London: Harper Collins.

Photovoice (2008) *New Londoners: Reflections on Home*, London: Photovoice.

Powell, M. and Rishbeth, C. (2011) 'Flexibility in place and meanings of place by first generation migrants', *Royal Dutch Geographical Society KNAG*, 103(1): 69-84.

Preet, R. (2003) *Unholy Trinity. The IMF, World Bank and WTO*, London: Zed Books.

Prince, R. (2015) 'Calais crisis: Government will prove to migrants UK not "land of milk and honey" ', *The Daily Telegraph*, 2 August 2015.

Putnam, R. (2007) 'U Pluribus Unum: Diversity and community in the 21st century - The 2006 Johan Skyette Prize Lecture', *Scandinavian Political Studies*, 30(2): 137-174.

Rabinow, P. (2003) *Anthropos Today: Reflections on Modern Equipment*, Princeton, NJ and Oxford: Princeton University Press.

Rai, S. (2015) 'Political performances: A framework for understanding democratic politics', *Political Studies*, 63(5): 1179-1197.

Rappaport, J. (2008) 'Beyond participant observation: Collaborative ethnography as theoretical innovation', *Collaborative Anthropologies*, 1(1): 1-31.

Ⅰ・Ⅱ, 川田順造訳，中央公論社 (中公クラシックス)〕
———(1985) *The View from Afar*, Harmondsworth: Penguin Books.〔クロード・レヴィ＝ストロース（2006）『はるかなる視線』1・2, 新装版，三保元訳，みすず書房〕
Lewis, G. (2005) 'Welcome to the margins: Diversity, tolerance and policies of exclusion', *Ethnic and Racial Studies*, 28(3): 536-558.
Lewis, G. (2007) 'Racialising culture is ordinary', *Cultural Studies*, 21(6): 866-886.
Madianou, M. (2016) 'Ambient co-presence: Transnational family practices in polymedia environments', *Global Networks*, 16(2): 183-201.
Madianou, M. and Miller, D. (2012) *Migration and New Media: Transnational Families and Polymedia*, London and New York: Routledge.
Malik, K. (2013) 'In defense of diversity', *New Humanist*, Winter: 42-45.
Marx, K. (1983) [1887] *Capital: A Critique of Political Economy – Volume I*, London: Lawrence & Wishart.〔カール・マルクス（2024）『資本論　第一巻』上, 今村仁司・三島憲一・鈴木直訳, 筑摩書房（ちくま文庫)〕
Mason, J. and Davies, K. (2009) 'Coming to our senses? A critical approach to sensory methodology', *Qualitative Research*, 9(5): 587-603.
Massey, D. (1991) 'A global sense of place', *Marxism Today* 38(June): 24-29.
———(1994) *Space, Place and Gender*, Cambridge, UK: Polity Press.
——— (2005) *For Space*, London: Sage.〔ドリーン・マッシー（2014）『空間のために』森正人・伊澤高志訳, 月曜社〕
——— (2007) *World City*, Cambridge, UK: Polity Press.
———(2015) 'London inside out', *Open Learn*, The Open University www.open.edu/openlearn/society/politics-policy-people/geography/london-inside-out?in_menu=4029 downloaded 16 September 2016.
Massey, D. S. and Sánchez, M. R. (2010) *Brokered Boundaries: Creating Immigrant Identity in Anti-Immigrant Times*, New York: Russell Sage Foundation.
Mauss, M. (1966) *The Gift*, London: Cohen & West.〔マルセル・モース（2009）『贈与論』吉田禎吾・江川純一訳, 筑摩書房（ちくま学芸文庫)〕
Meissner, F. and Vertovec, S. (2015) 'Comparing super-diversity', *Ethnic and Racial Studies*, 38(4): 541-555.
Mezzadra, S. and Neilson, B. (2008) 'Border as method, or, the multiplication of labor', *Transversal – EIPCP multilingual webjournal*, March http://eipcp.net/transversal/0608/ mezzadraneilson/en, pp. 1-9 downloaded 12 December 2017.
——— (2013) *Border as Method, or the Multiplication of Labor*, Durham, NC and London: Duke University Press.
Morley, D. (2010) 'Television as a means of transport', in J. Gripsrud (ed.) *Relocating Television*, London: Routledge, pp. 257-270.
Morris, N. (2010) 'BNP votes in favour of non-whites: Anti-immigration party changes its rules; but says it will never be "multi-racial"', *The Independent*, 15 February 2010, www.independent.co.uk/news/uk/politics/bnp-votes-in-favour-of-non-whites-1899533. html downloaded 4 December 2017.
Mott, C. and Roberts, S. M. (2014) 'Not everyone has (the) balls: Urban exploration and the persistence of masculinst geography', Antipode, 46(1): 229-245.
Muir, S. and Mason, J. (2012) 'Capturing Christmas: The sensory potential of data from participant produced video', Sociological Research Online, 17(1): 5 www.socresonline.org.uk/17/1/5.html.
Muller, B. J. (2013) 'Borderworld: Biometrics, AVATAR and global criminalisation', in F. Pakes (ed.) Globalisation

Inman, P. (2017) 'Housing crisis: More than 200, 000 homes in England lie empty', *The Guardian*, 20 April 2017 downloaded 7 July 2017.

Jackson, J. L. (2010) 'On ethnographic sincerity', *Current Anthropology*, 51(S2): S279-S287.

——— (2012) 'Ethnography is, ethnography ain't', *Cultural Anthropology*, 27(3): 480-497.

Jones, H., Bhattacharyya, G., Forkert, K., Davies, W., Sukhwant Dhaliwal, S., Gunaratnam, Y., Jackson, E. and Saltus, R. (2014) '"Swamped" by anti-immigrant communications?', *Discover Society*, 6 May, www.discoversociety.org/2014/05/06/swamped-by-anti-immi grant-communications/ downloaded 30 May 2014.

Jones, H., Gunaratnam, Y., Bhattacharyya, G., Davis, W., Dhaliwhal, S., Forkert, K., Jackson, E. and Saltus, R. (2017) *Go Home? The Politics of Immigration Controversies*, Manchester, UK: Manchester University Press.

Jones, S. (1988) *Black Culture, White Youth: The Reggae Tradition from JA to UK*, Basingstoke, UK: Macmillan Education.

Kankhwende, K. (2017) 'Afterword' in H. Jones, Y. Gunaratnam, G. Bhattacharyya, W. Davis, S. Dhaliwhal, K. Forkert, E. Jackson and R. Saltus, *Go Home? The Politics of Immigration Controversies*, Manchester, UK: Manchester University Press, pp. 178-180.

Kaufmann, E. (2017) *Racial Self-Interest is Not Racism: Ethno-Demographic Interests and the Immigration Debate*, London: Policy Exchange.

Kearns, G. and Reid-Henry, S. (2009) 'Vital geographies: Life, luck, and the human condition', *Annals of The Association of American Geographers*, 99(3): 554-574.

Kemmis, S. and McTaggart, R. (2008) 'Participatory Action Research', in N. K. Denzin and Y. S. Lincoln (eds) *Strategies of Qualitative Inquiry*, 3rd edition, London: Sage, pp. 567-605.

Khosravi, S. (2014) 'Waiting' in B. Anderson and M. Keith (eds) *Migration: The Compas Anthology*, Oxford: COMPAS, pp. 66-67.

King, M. L. (1967) *Where Do We Go from Here: Chaos or Community?*, Toronto, New York and London: Bantam Books.〔マーチン・ルーサー・キング（1968）『黒人の進む道』猿谷要訳，サイマル出版会〕

Krausova, A. and Vargas-Silva, C. (2013) *London: Census Profile*, Oxford: The Migration Observatory, www.migrationobservatory.ox.ac.uk/briefings/london-census-profile down loaded 29 May 2014.

Kumar, K. (1995) *Time: The Modern and Postmodern Experi*ence, Cambridge, UK: Polity Press.

Kvale, S. and Brinkmann, S. (2009) *InterViews: Learning the Craft of Qualitative Research Interviewing*, 2nd edition, Los Angeles, London, New Delhi and Singapore: Sage Publications.

Lassiter, L. M. (2005) *The Chicago Guide to Collaborative Ethnography*, Chicago, IL: University of Chicago Press.

Lassiter, L. M. and Campbell, E. (2010) 'What will we have ethnography do?', *Qualitative Inquiry*, 16(9): 757-767.

Ladner, J. (ed.) (1973) The Death of White Sociology, New York: Vintage Books. Lassiter, L. M. and Campbell, E. (2010) 'What will we have ethnography do?', *Qualitative Inquiry*, 16(9): 757-767.

Lawrence, E. (1982) 'In the abundance of water the fool is thirsty: Sociology and black "pathology" ', in CCCS Race and Politics Group, *The Empire Strikes Back: Race and Racism in 70s Britain*, London: Hutchinson, pp. 95-142.

Leder, D., Baxter, C., Brown, W., Chatman-Bey, T., Cowan, J., Green, M., Huffman, G., Johnson, H.B., Jones, O. J. A., Thompson, D., Tillett, S. and Woodland, J. (2000) *The Soul Knows No Bars: Inmates Reflect on Life, Death, and Hope*, Lanham, BO, New York and London: Rowman & Littlefield.

Lee, R. M. (2004) 'Recording technologies and the interview in sociology, 1920-2000', *Sociology*, 38(5): 869-899.

Lévi-Strauss, C. (1974) *Tristes Tropiques*, New York: Atheneum.〔レヴィ＝ストロース（2001）『悲しき熱帯』

——— (2000) 'Conclusion: The multicultural question', in B. Hesse (ed.) *Un/settled 4 Multiculturalism: Diasporas, Entanglements, Transruptions*, London: Zed Books, pp. 209-241.

Hall, S. and Back, L. (2009) 'At home and not at home', *Cultural Studies*, 23(4): 658-668.〔スチュアート・ホール，レス・バック (2004)「ホームの居心地、場違いな心地」抄訳，栢木清吾訳，『現代思想』42(5): xviii-xxxii〕

Hall, S. (2012) *City, Street and Citizen: The Measure of The Ordinary*, London and New York: Routledge.

——— (2015) 'Super-diverse street: A trans-local ethnography across migrant localities', *Ethnic and Racial Studies*, 38(1): 22-37.

Harris, R. (2006) *New Ethnicities and Language Use*, Basingstoke, UK: Palgrave Macmillan.

Harvey, D. (1990) *The Condition of Postmodernity: An Enquiry into the Origins of Cultural Change*, Oxford: Blackwell.〔デヴィッド・ハーヴェイ（1999）『ポストモダニティの条件』吉原直樹監訳，青木書店〕

Hetherington, P. (2015) *Whose Land is Our Land; The Use and Abuse of Britain's Forgotten Acres*, Bristol, UK: Policy Press.

Hewitt, R. (1986) *White Talk Black Talk: Inter-racial Friendship and Communication amongst Adolescents*, Cambridge, UK: Cambridge University Press.

Hickman, M., Walter, B., Morgan, S. and J. Bradley (2005) 'The limitations of whiteness and the boundaries of Englishness: Second-generation Irish identifications and positionings in multi-ethnic Britain', *Ethnicities*, 5(2): 160-182.

Hobbs, D. (2013) *Lush Life: Constructing Organised Crime in the UK*, Oxford: Oxford University Press.

Holmes, D. R. and Marcus, G. E. (2008) 'Collaboration today and the re-imagination of the classic scene of fieldwork encounter', *Collaborative Anthropologies*, 1(1): 81-101.

Home Office (2013) *Operation Vaken Evaluation Report*, Home Office and Immigration Enforcement: London, www.gov.uk/government/uploads/system/uploads/attachment_data/file/254411/Operation_Vaken_Evaluation_Report.pdf downloaded 20 February 2018.

Home Office (2017) Second report on statistics being collected under the exit checks programme, Home Office: London.

House of Commons Committee of Public Accounts (2014) *Reforming the UK Border and Immigration System: Twentieth Report of Session 2014–15*, London: The Stationery Office.

Hopps, K. (2017) 'Plashet Park killing: Police name victim as Moosakhan Nasiri', *Newham Recorder*, 23 October 2017 downloaded 6 December 2017.

Human Rights Watch (2010) 'Letter to President Aquino regarding extrajudicial killings in the Philippines', *Human Right Watch News*, www.hrw.org/en/news/2010/07/12/letterpresident-aquino-regarding-extrajudicial-killings-philippines downloaded 23 August2014.

Ibrahimi, N. (2009) 'The dissipation of political capital among Afghanistan's Hazaras: 2001-2009', *Crisis States Working Papers Series No. 2*, Crisis States Research Centre, London School of Economics: London.

Illich, I. (2009 [1973]) *Tools for Conviviality*. London and New York: Marion Boyars.〔イヴァン・イリイチ (2015)『コンヴィヴィアリティのための道具』渡辺京二・渡辺梨佐訳，筑摩書房（ちくま学芸文庫)〕

Independent Television News (2014) Interview with David Cameron, Tuesday 29 July 2014 available at www.theguardian.com/uk-news/video/2014/jul/29/david-cameron-illegal-immigrants-go-home-video downloaded 10 August 2014.

Inglis, T. (2010) 'Sociological forensics: Illuminating the whole from the particular', *Sociology*, 44(3): 507-522.

Ingold, T. (2014) 'That's enough about ethnography', *HAU: Journal of Ethnographic Theory*, 4(1): 383-395.

——— (2010) *Darker than Blue: On the Moral Economies of Black Atlantic Culture*, Cambridge, MA and London: Belknap Press of Harvard University Press.

Glass, R. (1964) 'Introduction: aspects of change', in Centre for Urban Studies (ed.) *London: Aspects of Change*, London: MacGibbon & Kee, pp. xiii-xlii.

Gleason, P. (1983) 'Identifying identity: A semantic history', *The Journal of American History*, 69(4): 910-931.

Goffman, E. (1961) *Asylums: Essays on the Social Situation of Mental Patients and Other Inmates*, London: Penguin Books.〔E・ゴッフマン（1984）『アサイラム――施設被収容者の日常世界』石黒毅訳，誠信書房〕

Goodhart, D. (2014a) *The British Dream: Successes and Failures of Post-war Immigration*, London: Atlantic Books.

——— (2014b) 'Racism: Less is more', *The Political Quarterly*, 85(3): 251-258.

——— (2017a) *The Road to Somewhere: The Populist Revolt and the Future of Politics*, London: C. Hurst & Co.

———(2017b) 'Why I left my liberal London tribe', *Financial Times*, 17 March 2017, www.ft.com/content/39a0867a-0974-11e7-ac5a-903b21361b43?mhq5j=e1 down-loaded 24 April 2017.

Gordon, A. (2014) 'On "lived theory": An interview with A. Sivanandan', *Race and Class*, 55(4): 1-7.

Gove-White, R. (2014) 'Immigration Act 2014: What next for migrants' access to NHS care?', *Migrant Rights Network Blog*, www.migrantsrights.org.uk/blog/2014/05/immigration-act-2014-what-next-migrants-access-nhs-care downloaded 7 September 2017.

Gramsci, A. (1971) *Selections from the Prison Notebooks*, London: Lawrence and Wishart.〔グラムシ（1961）「若干の予備的参照点」，山崎功監修，代久二編『グラムシ選集 1』合同出版，pp. 235-261〕

Griffiths, M. B. E. (2014) 'Out of time: The temporal uncertainties of refused asylum seekers and immigration detainees', *Journal of Ethnic and Migration Studies*, 40(12): 1991-2009.

Guevarra, A. R. (2014) 'Supermaids: The racial branding of global Filipino care labour', in B. Anderson and I. Shutes (eds) *Migration and Care Labour: Theory, Policy and Politics*, Basingstoke, UK and New York: Palgrave Macmillan, pp. 130-150.

Gunaratnam, Y. (2013) 'Roadworks: British Bangladeshi mothers, temporality and intimate citizenship in East London', *European Journal of Women's Studies*, 20(3): 249-263.

Hage, G. (1998) *White Nation: Fantasies of White Supremacy in a Multicultural Society*, Routledge.〔ガッサン・ハージ（2003）『ホワイト・ネイション――ネオ・ナショナリズム批判』保苅実・塩原良和訳，平凡社〕

——— (2003) *Against Paranoid Nationalism: Searching for Hope in a Shrinking Society*, Annandale, NSW: Pluto Press/London: Merlin Press.〔ガッサン・ハージ（2008）『希望分配のメカニズム――パラノイア・ナショナリズム批判』塩原良和訳，御茶の水書房〕.

——— (2009) *Waiting*, Carlton South, NSW: Melbourne University Press.

Hall, S. (1987) 'Minimal selves', in *Identity: The Real Me*, Institute of Contemporary Art Documents 6, London: ICA/BFI, pp. 44-46.

——— (1988) 'New ethnicities', in K. Mercer (ed.) *Black Film British Cinema*, Institute of Contemporary Arts, Documents 7, London: ICA/BFI, pp. 27-31.〔スチュアート・ホール（2014）「ニュー・エスニシティーズ」大熊高明訳，『現代思想』42(5): 80-89〕

———. (1992) 'The question of cultural identity', in S. Hall, D. Held and A. McGrew (eds) *Modernity and Its Futures*, Cambridge, UK: Polity Press, pp. 274-316.

——— (1993) 'Culture, community, nation', *Cultural Studies*, 7(3): 349-363.

and Planning D: Society and Space, 32(3): 484-500.

Darling, J. (2016) 'Privatising asylum: Neoliberalism, depoliticisation and the governance of forced migration', *Transactions*, 41(3): 230-243.

Derrida, J. with Dufourmantelle, A. (2000) *Of Hospitality*, Stanford, CA: Stanford University Press.〔ジャック・デリダ（2018）『歓待について――パリ講義の記録』廣瀬浩司訳，筑摩書房（ちくま学芸文庫）〕

Dikeç, M. (2009) 'The "where" of asylum', *Environment and Planning D: Space and Society*, 27(2): 183-189.

Dorling, D. (2014) *All That Is Solid: The Great Housing Disaster*, London: Allen Lane.

Durkheim, E. (1933) [1964] *The Division of Labour*, New York: The Free Press.〔エミール・デュルケーム（2017）『社会分業論』田原音和訳，筑摩書房（ちくま学芸文庫）〕

Easthope, H. (2009) 'Fixed identities in a mobile world?' The relationship between mobility, place and identity', *Identities: Studies in Global Culture and Power*, 16(1): 61-82.

Edde, J. (2017) 'This levy on luxury London homes isn't working', *Bloomberg*, www.bloomberg.com/news/articles/2017-03-23/kensington-chelsea-has-almost-700-empty-homes-despite-levy downloaded 7 July 2017.

Fangen, K., Johansson, T. and Hammerén, N. (2012) *Young Migrants: Exclusion and Belonging in Europe*, Basingstoke, UK: Palgrave Macmillan.

Fanon, F. (1980) *Towards the Africa Revolution*, London: Writers and Readers Publishing Collective.〔フランツ・ファノン（2008）『アフリカ革命に向けて』新装版，北山晴一訳，みすず書房〕

――――(1986) *Black Skins, White Masks*, London: Pluto Press.〔フランツ・ファノン（2020）『黒い皮膚・白い仮面』新装版，海老坂武・加藤晴久訳，みすず書房〕

Fekete, L. (2009) *A Suitable Enemy: Racism, Migration and Islamophobia in Europe*, London: Pluto Press.

Fortier, A.M. (forthcoming) 'The psychic life of policy: Desire, anxiety and "citizenisation" in Britain', *Critical Social Policy*.

Freeman, E. (2010) *Time Binds: Queer Temporalities, Queer Histories*, Durham, NC and London: Duke University Press.

Gadamer, H. (2004) *Truth and Method*, London and New York: Continuum.〔H. G. ガダマー（2012/2015/2021）『真理と方法』新装版Ⅰ～Ⅲ，轡田収ほか訳，法政大学出版会〕

Genova De, N. (2002) 'Migrant "illegality" and deportability in everyday life', *Annual Review of Anthropology*, 31(1): 419-447.

Gentleman, A. (2017) 'Scepticism persists over Grenfell death toll despite Met's finalfigure', *The Guardian*, www.theguardian.com/uk-news/2017/nov/16/scepticism-persists-over-grenfell-death-toll-despite-mets-final-figure downloaded Monday 15 January 2018.

Gibson, W. J. and Brown, A. W. (2009) Working with Qualitative Data, London: Sage.

Giddens, A. (1991) *Modernity and Self-Identity: Self and Society in the Late Modern Age*, Cambridge, UK: Polity Press.〔アンソニー・ギデンズ（2021）『モダニティと自己アイデンティティ――後期近代における自己と社会』秋吉美都・安藤太郎・筒井淳也訳，筑摩書房（ちくま学芸文庫）〕

Gilroy, P. (1987) *There Ain't No Black in the Union Jack: The Cultural Politics of Race and Nation*, London: Unwin Hyman.〔ポール・ギルロイ（2017）『ユニオンジャックに黒はない――人種と国民をめぐる文化政治』田中東子・山本敦久・井上弘貴訳，月曜社〕

――――(2000) *Between Camps: Nations, Culture and the Allure of Race*, London: Allen Lane.

――――(2004) *After Empire: Melancholia of Convivial Culture*, London: Routledge.

――――(2006) 'Multiculture in times of war: An inaugural lecture given at the London School of Economics', *Critical Quarterly*, 48(4): 27-44.

Europe', *Feminist Review*, 45(Autumn): 9-28.

Brannen, J. and Nilsen, A. (2002) 'Young people's time perspectives', *Sociology*, 36(3): 513-537.

British Broadcasting Corporation News (2013) 'David Cameron backs illegal-immigrant text message campaign', BBC News Website, 18 October 2013, www.bbc.co.uk/news/ uk-politics-24575795 downloaded 1 December 2017.

British Sociology Association (2002) [updated in 2004] *Statement of Ethical Practice for the British Sociological Association*, Durham: British Sociological Association.

Byrne, E. (2013) 'Trick questions: Cosmopolitan hospitality', *Open Arts Journal*, 1(Summer): 68-77.

Butler, J. (2004) *Undoing Gender*, London: Routledge.

Butler, J. (2008) 'Sexual politics, torture, and secular time', *The British Journal ofSociology*, 59(1): 1-23.〔ジュディス・バトラー（2012）「性の政治、拷問、そして世俗的時間」『戦争の枠組――生はいつ嘆きうるものであるのか』清水晶子訳，筑摩書房，pp. 129-167〕

Cameron, D. (2011) *Prime Minister's speech at Munich Security Conference*, www. gov.uk/government/speeches/pms-speech-at-munich-security-conference downloaded 22 September 2016.

Carby, H. (1982) 'White woman listen! Black feminism and the boundaries of sisterhood', in CCCS, *The Empire Strikes Back: Race and Racism in 70s Britain*, London: Hutchinson, pp. 212-235.

Carr, M. (2014) 'The battle of Calais', Matt Carr's Infernal Machine Blog, http://infernal machine.co.uk/the-battles-of-calais/ downloaded 25 August, 2014.

Castles, S.， de Haas, H. and Miller, M. J. (2014) *The Age of Migration: International Population Movements in the Modern World,* Fifth Edition, Basingstoke, UK: Palgrave Macmillan.〔S・カースルズ，M・J・ミラー（2011）『国際移民の時代［第 4 版]』関根正美・関根薫訳，名古屋大学出版会〕

Chambers, I. (2008) *Mediterranean Crossings: The Politics of an Interrupted Modernity*, Durham, NC: Duke University Press.

Chambers, I. (2016) 'Method: Ways of seeing migration, ways of narrating. . . the world', in Y. Gunaratnam and A. Chandan (eds) *A Jar of Wild Flowers: Essays in Celebration of John Berger*, London: Zed Books, pp. 118-130.

Christensen, P. (2004) 'Children's participation in ethnographic research: Issues of power and representations', *Children and Society: The International Journal of Childhood and Children's Services*, 18(2): 165-176.

Cohen, P. and Bains, J. (1988) *Multi-racist Britain*, London: Macmillan Education.

Cohen, T. (2014) 'UKIP leader Nigel Farage says he feels awkward when he doesn't hearEnglish on the train', *Daily Mail*, 28 February 2014, downloaded Tuesday 11 July, 2017.

Cornwall, A. and Jewkes, R. (1995) 'What is participatory research?', *Social Science and Medicine*, 41(12): 1667-1676.

Couldry, N. (2010) *Why Voice Matters: Culture and Politics after Neoliberalism*, London: Sage.

Cox, R.， Jackson, S.， Khatwa, M. and Kirwan, D. (2009) 'Living in London: Women negotiating identities in a postcolonial city', in M. Wetherell (ed.) *Identity in the 21st Century: New Trends in Changing Times*, Basingstoke, UK: Palgrave Macmillan, pp. 175-194.

Cwerner, S. (2004) 'Faster, faster, faster: The time politics of asylum in the UK', *Time & Society*, 13(1): 71-88.

———— (2010) 'The times of migration', *Ethnic and Migration Studies*, 27(1): 7-36.

Dados, N. and Connell, R. (2012) 'The Global South', *Contexts*, 11(1): 12-13.

Daly, K. (1996) *Families and Time: Keeping Pace in a Hurried Culture*, London: Sage.

Darling, J. (2014) 'Another letter from the Home Office: Reading the material politics of asylum', *Environment* anti-migrant-british-policy-to-world downloaded 30 May 2014.

Back, L., Farrell, B. and Vandermass, E. (2005) *A Human Service For Global Citizens Enquiry into the Service Provision at the Immigration and Nationality Directorate at Lunar House*, London: South London Citizens.

Bagnoli, A. and Clark, A. (2010) 'Focus groups with young people: A participatory approach to research planning', *Journal of Youth Studies*, 13(1): 101-119.

Balibar, E. (2004) *We, the People of Europe? Reflections on Transnational Citizenship*, Princeton, NJ: Princeton University Press.〔エティエンヌ・バリバール（2007）『ヨーロッパ市民とは誰か——境界・国家・民衆』松葉祥一・亀井大輔訳，平凡社〕

Barber, B. (2003) *Fear's Empire: War, Terrorism, and Democracy*, New York and London: W. W. Norton.〔ベンジャミン・バーバー（2004）『予防戦争という論理——アメリカはなぜテロとの戦いで苦戦するのか』鈴木主税・浅岡政子訳，阪急コミュニケーションズ〕

Barker, M. and Beezer, A. (1983) 'The language of racism: An examination of Lord Scarman's report on the Brixton Riots', *International Socialist*, 2(18): 108-125.

Bauman, Z. (1997) *Life in Fragments: Essays in Postmodern Morality*, Cambridge, UK: Polity Press.

——— (1998) *Globalization: The Human Consequences*, Cambridge, UK: Polity Press.〔ジグムント・バウマン（2010）『グローバリゼーション——人間への影響』澤田眞治・中井愛子訳，法政大学出版局〕

——— (2001) *The Individualised Society*, Cambridge, UK: Polity Press.〔ジグムント・バウマン（2008）『個人化社会』澤井敦・菅野博史・鈴木智之訳，青弓社〕

——— (2004) *Identity*, Cambridge, UK: Polity Press.〔ジグムント・バウマン（2008）『アイデンティティ』伊藤茂訳，日本経済評論社〕

——— (2016) *Strangers at the Door*, Cambridge, UK: Polity Press.〔ジグムント・バウマン (2017)『自分とは違った人たちとどう向き合うか——難民問題から考える』伊藤茂訳，青土社〕

Bastain, M. (2014) 'Time', in B. Anderson and M. Keith (eds) *Migration: The Compas Anthology*, Oxford: COMPAS, pp. 52-53.

Beck, U. (2007) *Cosmopolitan Europe*, Cambridge, UK: Polity Press.

Becker, H. S. (2002) 'Visual evidence: A Seventh Man, the specified generalization, and 7 the work of the reader', *Visual Studies*, 17(1): 3-11.

Bell, D., Caplan, P. and Karim, W. J. (1993) *Gendered Fields: Women, Men & Ethnography*, London: Routledge.

Berger, J. (2010) 'Preface' to Verso edition in J. Berger and J. Mohr *A Seventh Man*, London and New York: Verso, pp. 7-10.〔ジョン・バージャー (2024)「序文」，ジョン・バージャー＝文，ジャン・モア＝写真『第七の男』金聖源・若林恵訳，黒鳥社，pp. 7-9〕

Berger, J. and Mohr, J. (1975) *A Seventh Man*, London: Granta.〔ジョン・バージャー＝文，ジャン・モア＝写真（2024）『第七の男』金聖源・若林恵訳，黒鳥社〕

Berlant, L. (2011) *Cruel Optimism*, Raleigh, NC: Duke University Press.

Bhachu, P, (1985) *Twice Migrants: East African Sikh settlers in Britain*, London: Tavistock.

Bhambra, G. (2016) 'Viewpoint: Brexit, class and British "national" identity', *Discover Society*, 34, http://discoversociety.org/2016/07/05/viewpoint-brexit-class-and-british-national-identity/ downloaded 29 August 2017.

Blinder, S. (2016) *Migration to the UK*, Oxford: Asylum Migration Observatory Compas University of Oxford.

Bourdieu, P. (2000) *Pascalian Meditations*, Stanford, CA: Stanford University Press.〔ピエール・ブルデュー（2009）『パスカル的省察』加藤晴久訳，藤原書店〕

Brah, A. (1993) 'Reframing Europe: En-gendered racisms, ethnicities and nationalisms in contemporary Western

文 献

Abbot, A. (2007) 'Against narrative: A preface to lyrical sociology', *Sociological Theory*, 25(1): 63-99.

Adkins, L. (2012) 'Out of work or out of time? Re-thinking labor after the financial crisis', *South Atlantic Quarterly*, 111(4): 621-641.

Adkins, L. and Lury, C. (2009) 'What is the empirical?', *European Journal of Social Theory*, 12(1): 5-20.

Ahmed, S. (2000) *Strange Encounters: Embodied Others in Post-Coloniality*, London: Routledge.

Alexander, C. (1996) *The Art of Being Black*, Oxford: Oxford University Press.

——— (2002) 'Beyond black: Rethinking the colour culture divide', *Ethnic and Racial Studies*, 25(4): 552-571.

Alexander, C., Kaur, R. and St Louis, B. (2012) 'Identities: New directions in uncertain times', *Identities: Global Studies in Culture and Power*, 19(1): 1-7.

Allnutt, G. ed. (2010) The Galloping Stone, Newcastle upon Tyne, UK: New Writing North.

Allport, G. W. (1954) *The Nature of Prejudice*, Reading, MA: Addison-Wesley.〔G・W・オルポート（1968）『偏見の心理』野村昭・原谷達夫訳，培風館〕

Amin, A. (2002). 'Ethnicity and the Multicultural City: Living with Diversity', *Environment and Planning A: Economy and Space, 34*(6), 959-980. https://doi.org/10.1068/a3537

Anderson, B., Sharma, N. and Wright, C. (2009) 'Editorial: Why no borders?', *Refuge*, 26(2): 5-18.

Anderson, B. (2013) *Us and Them? The Dangerous Politics of Immigration Control*, Oxford: Oxford University Press.

Anderson, R. (2014) *Illegality, INC.: Clandestine Migration and the Business of Bordering Europe*, Oakland, CA: University of California Press.

Anthias, F. and Yuval-Davies, N. (1993) *Racialised Boundaries: Race, Nation, Gender, Colour and Class and the Anti-Racist Struggle*, London: Routledge.

Anwar, M. (2002) *Between Cultures: Continuity and Change in the Lives of Young Asians*, London: Taylor & Francis.

Appiah, A. (2007) *Cosmopolitanism: Ethics in A World of Strangers*, London: Penguin Books.

Asis, M. M. B. (2008) 'The Philippines', *Asian and Pacific Migration Journal*, 17(3-4): 349-378.

Athwal, H. (2014) 'Still being driven to desperate measures', *Institute of Race Relations News Service*, www.irr.org.uk/news/still-being-driven-to-desperate-measures/ down loaded 25 August 2014.

Back, L. (1996) *New Ethnicities and Urban Culture: Racisms and Multiculture in Young Lives*, London: UCL Press.

Back, L. (2007) *The Art of Listening*. Oxford: Berg.〔レス・バック（2014）『耳を傾ける技術』有元健訳，せりか書房〕

Back, L. (2009) 'Researching community and its moral projects', *Twenty-First Century Society*, 4(2): 201-214.

Back, L. (2011) 'Trust your senses? War, memory and the racist nervous system', *Senses& Society*, 6(3): 304-322.

Back, L. and Bryan, C. (2013) 'Sociable sociology', Postcards from a sabbatical podcast series, 15 October 2013 downloaded from www.gold.ac.uk/podcasts/app/front/podcastsbyseries/24/15 downloaded 3 August 2017.

Back, L. and Sinha, S. and with Bryan, C. (2012) 'New hierarchies of belonging', *European Journal of Cultural Studies*, 15(2): 139-154.

Back, L. and Sinha, S. (2013) '"Go Home" texts expose anti-migrant British policy to the world', *Opendemocracy*, 26 October 2013, www.opendemocracy.net/ourkingdom/les-back-and-shamser-sinha/go-home-texts-expose-

や　行

ら　行

わ　行

な　行

は　行

ま　行

さ 行

た 行

事項索引

略　歴

著者

レス・バック（Les Back）

グラスゴー大学教授。邦訳書に『耳を傾ける技術』（有元健訳、せりか書房）がある。その他「ユニオンジャックの下の黒――アイデンティティの見世物、W杯、そしてなぜサッカーを真剣に考える必要があるのか」（有元健・小笠原博毅編『サッカーの詩学と政治学』所収、有元健訳、人文書院）、「なぜスポーツが問題なのか？――レス・バック氏との対話」（聞き手：有元健）『スポーツ社会学研究』21(1)2016 年 3 月。

シャムサー・シンハ（Shamser Sinha）

イギリス・サフォーク大学法学・社会学部上級講師（社会学・若者研究を担当）。劇作家。青少年の成長や社会関与を支援するユース・ワーカーとしても活動。専門は、人種と人種主義、ポストコロニアル研究、若者研究、民族誌的調査。劇作品に『菩提樹の下に座った 3 人』（*Three Sat Under the Banyan Tree*）、『ハディージャは 18 歳』（*Khadijia is 18*）など。

訳者（担当順）

有元健（ありもと・たけし）【序文、序章、第七章、おわりに】

国際基督教大学教養学部アーツ・サイエンス学科上級准教授。専門はカルチュラル・スタディーズ、身体文化論。共著書に『サッカーの詩学と政治学』（人文書院）、『メディア論の冒険者たち』（東京大学出版会）、『日本代表論』（せりか書房）など。訳書にレス・バック『耳を傾ける技術』（せりか書房）。

挽地康彦（ひきち・やすひこ）【第一章～第三章】

和光大学現代人間学部人間科学科教授。NPO 法人「移住者と連帯する全国ネットワーク（移住連）」編集部を兼任。専門は社会学、移民研究、カルチュラル・スタディーズ。共著書に『非正規滞在者と在留特別許可――移住者たちの過去・現在・未来』（日本評論社）、『九州という思想』（花書院）、『入管問題とは何か』（明石書店）など。

栢木清吾（かやのき・せいご）【第四章～第六章】

翻訳家。桃山学院大学、広島工業大学ほか非常勤講師。専門はイギリス近現代史、歴史社会学、移民研究。訳書にニケシュ・シュクラ編『よい移民』、パニコス・パナイー『フィッシュ・アンド・チップスの歴史』（ともに創元社）、共訳書に『「大東亜」を建設する――帝国日本の技術とイデオロギー』（人文書院）、共著書に『ふれる社会学』（北樹出版）、『舌の上の階級闘争』（リトルモア）などがある。

JIMBUN SHOIN Printed in Japan
ISBN978-4-409-24166-0 C0036

移民都市

二〇二四年一〇月二〇日　初版第一刷発行
二〇二五年　三月一〇日　初版第二刷発行

著　者　レス・バック／シャムサー・シンハ
訳　者　有元健／挽地康彦／栢木清吾
発行者　渡辺博史
発行所　人文書院
〒六一二-八四四七
京都市伏見区竹田西内畑町九
電話〇七五（六〇三）一三四四
振替〇一〇〇〇-八-一一〇三

装丁　鎌内　文
装画　沢　朱女
印刷・製本　モリモト印刷株式会社

https://www.jimbunshoin.co.jp/